欧美主权信用评级下调对我国经济冲击的聚集、扩散与演变

田益祥　著

国家社会科学基金资助项目（14BJY174）

科 学 出 版 社
北　京

内 容 简 介

本书从金融市场和实体经济的多个维度出发，集成金融市场与实体经济的信息，融合区域物理距离和金融市场相关性指标，构建广义经济测度距离和引力空间权重矩阵；将实体经济指标与金融市场的指标融合，建立了一个广义多维经济空间，在一个系统中研究金融市场和实体经济的空间效应，开创了实体与金融市场融合到一个系统来研究的新方法；结合协整理论、面板数据、复杂网络层次模型、Copula 函数、博弈论等模型与方法，从多维度、多视角研究欧美主权信用评级下调对我国经济冲击短期聚集、中期扩散和长期演变的规律。

本书可以作为经济金融类研究生、经济理论工作者、信用评级问题的研究者、投资者和风险管理研究者的参考读物。

图书在版编目（CIP）数据

欧美主权信用评级下调对我国经济冲击的聚集、扩散与演变 / 田益祥著. —北京：科学出版社，2020.11

ISBN 978-7-03-066693-2

Ⅰ. ①欧… Ⅱ. ①田… Ⅲ. ①欧洲–国际信用–信用评级–影响–中国经济–研究 ②美国–国际信用–信用评级–影响–中国经济–研究 Ⅳ. ①F12

中国版本图书馆 CIP 数据核字（2020）第 215351 号

责任编辑：马 跃 / 责任校对：杨 然
责任印制：张 伟 / 封面设计：无极书装

科 学 出 版 社 出版
北京东黄城根北街 16 号
邮政编码：100717
http：//www.sciencep.com
北京建宏印刷有限公司 印刷
科学出版社发行 各地新华书店经销
*
2020 年 11 月第 一 版 开本：720 × 1000 B5
2020 年 11 月第一次印刷 印张：15
字数：302 000

定价：136.00 元

序　言

随着经济全球化的飞速推进和全球互联网的兴起，金融市场资本流动日益加速。各国政府大力推行金融开放政策，为各主权国家跨国资本流动创造了便利条件。在金融开放的条件下，各国经济之间的依存度逐渐上升，金融事件在全球的影响越来越大。近年来，欧美主权信用评级下调使全球资本快速流动，加剧了各国的金融市场波动，严重地影响了各国经济持续、稳定发展。研究欧美主权信用评级下调对我国经济冲击的聚集、扩散与演变，有助于我国经济的持续、稳定、健康发展。

金融事件冲击金融市场的同时，严重地影响了实体经济的稳定。单纯从实体经济或者金融市场角度出发，研究欧美主权信用评级下调对我国经济冲击的聚集、扩散与演变，忽略了实体经济和金融市场之间跨市场、跨区域的多维空间效应系统信息特性，得到的结果会产生偏差，缺乏系统性结论。本书从实体经济和金融市场的多维角度出发，集成金融市场与实体经济的信息，融合区域物理距离和金融市场相关性指标，创新性地提出广义经济测度距离，构建新的引力空间权重矩阵，将实体经济指标与金融市场的指标相融合，建立一个经济空间，提出广义多维经济空间理论。这一理论能捕捉金融市场和实体经济之间的多维混合空间信息，综合各市场（实体经济和金融市场）之间跨市场、跨区域的多维空间效应，在一定程度上解决了将金融市场与实体经济指标放在一个空间系统模型的研究难题。该理论提高了参数估计精度，推广了空间计量经济模型的应用范围。从多维经济空间出发，综合捕捉金融市场和实体经济之间的多维混合空间效应，结合协整理论、信息理论、面板数据、复杂网络层次模型、Copula函数、博弈论等模型与方法，从多维度、多方法、多视角研究欧美主权信用评级下调对我国经济冲击的聚集、扩散与演变，得到更丰富的结论。

本书各章节内容如下：

第 1 章介绍研究背景、研究价值和研究内容；第 2 章介绍基本概念和欧美主权信用评级下调对我国经济冲击的短期聚集、中期扩散、长期演变、短期波动与长期均衡关系的机理；第 3 章研究欧美主权信用评级下调对我国股票市场、债券市场、信贷市场、金融衍生品 CDS（credit default swaps，信用违约互换）市场的冲击效应；第 4 章从行业一般短期聚集效应到多维经济空间聚集效应，对行业聚集性进行排序，找出聚集分布；第 5 章提出广义多维经济空间理论，对欧洲债务危机风险多维经济空间溢出效应、金融市场间跨市场效应及多维经济空间溢出路径进行分析；第 6 章研究从金融市场间传染效应的动态到多维经济空间长期动态的演变；第 7 章研究欧美主权信用评级下调冲击的短期波动与长期均衡；第 8 章为主要结论和研究展望。

本书由国家社会科学基金项目（14BJY174）资助，电子科技大学田益祥教授牵头、组织编写和审校，周香芸汇总所有课题参与人员的研究成果，整理编撰。课题参与人员李立博士完成了广义多维经济空间理论和模型的构建，研究了多维经济空间短期集聚效应、溢出路径和长期动态演变。谭地军博士和罗明华博士完成了投资转移、风险传染和跨市场效应的相关理论研究。陈秀荣博士构建了动态转移熵 GARCH（generalized autoregressive conditional heteroskedasticity，广义自回归条件异方差）模型，检验评级下调对我国金融市场冲击的跨市场效应。蒋志平博士构建了新的 Copula 模型，研究中国与欧美金融市场间传染效应的动态演变。韩穆盼研究了评级下调冲击下资金流动博弈论分析及评级下调冲击的短期波动与长期均衡。罗恂研究了评级下调对各行业股价收益和波动冲击的动态分析、行业间短期聚集效应和行业间扩散路径。潘菲对主权信用评级下调对债券与股票市场的冲击效应、运用订单流检验评级下调对我国金融市场冲击的跨市场效应这两类效应进行了比较。陆留存负责主权信用评级变动对股票市场、债券市场和信贷市场冲击的实证分析。曾琳轩研究了主权信用评级下调对 CDS 市场的冲击效应，比较了评级下调对债券与 CDS 市场的冲击效应。宋悦东和赵涵亦负责校稿工作。

目　　录

第 1 章　绪论 ······ 1

1.1　欧美主权信用评级下调的起源与发展 ······ 1
1.2　研究价值 ······ 2
1.3　研究内容 ······ 4

第 2 章　理论基础 ······ 7

2.1　基本概念 ······ 7
2.2　短期聚集效应 ······ 13
2.3　中期扩散效应 ······ 14
2.4　多维经济空间长期动态演变 ······ 21
2.5　短期波动与长期均衡关系 ······ 21

第 3 章　欧美主权信用评级下调对金融市场的冲击效应 ······ 25

3.1　评级下调冲击下资金流动的博弈理论分析 ······ 25
3.2　主权信用评级变动对股票市场的冲击风险 ······ 34
3.3　主权信用评级变动对债券市场的冲击风险 ······ 38
3.4　主权信用评级变动对信贷市场的冲击风险 ······ 40
3.5　主权信用评级下调对 CDS 市场的冲击效应 ······ 43
3.6　主权信用评级下调对债券与股票市场冲击效应的比较 ······ 50
3.7　主权信用评级下调对债券与 CDS 市场冲击效应的比较 ······ 58
3.8　本章总结 ······ 61

第 4 章　欧美主权信用评级下调冲击下的短期聚集效应 ······ 63

4.1　评级下调对各行业股价收益冲击的动态分析 ······ 63
4.2　评级下调对各行业股价波动冲击的动态分析 ······ 75

4.3 评级下调冲击下的行业间短期聚集效应分析 ……77
4.4 多维经济空间短期聚集效应 ……88
4.5 本章总结 ……98

第 5 章 欧美主权信用评级下调冲击下的中期扩散 ……100

5.1 广义多维经济空间理论 ……100
5.2 广义多维经济空间计量模型 ……107
5.3 广义多维经济空间理论与方法的有效性分析 ……114
5.4 广义多维经济空间溢出效应 ……116
5.5 评级下调对我国金融市场冲击的跨市场效应 ……120
5.6 评级下调冲击下的行业间扩散路径分析 ……143
5.7 广义多维经济空间溢出路径 ……155
5.8 本章总结 ……172

第 6 章 欧美主权信用评级下调冲击下的长期演变 ……174

6.1 长期动态演变过程 ……174
6.2 我国与欧美金融市场间传染效应的动态演变 ……176
6.3 多维经济空间演变度量模型 ……186
6.4 多维经济空间长期动态演变 ……191
6.5 多维经济空间演变的内在机制 ……199
6.6 本章总结 ……202

第 7 章 欧美主权信用评级下调冲击的短期波动与长期均衡 ……204

7.1 主权信用评级变动冲击下的短期波动 ……204
7.2 主权信用评级变动对股票价格波动冲击的动态分析 ……208
7.3 主权信用评级变动冲击下的长期均衡 ……211
7.4 本章总结 ……217

第 8 章 研究结论 ……218

8.1 主要结论 ……218
8.2 研究展望 ……221

参考文献 ……223

第1章 绪　　论

1.1 欧美主权信用评级下调的起源与发展

20 世纪 90 年代以来，金融危机爆发后，金融风险迅速席卷全球，特别是美国次贷危机和欧洲债务危机，迅速传染到全球各个经济体。2006 年，美国次级抵押贷款机构的破产引起投资基金的关闭和资本市场的剧烈震荡，这场金融风暴导致全球各金融市场的流动性不足，并从2007年8月开始迅速传染，对美国、日本、欧洲等国家和地区形成巨大冲击，中国金融市场也未能幸免。2009 年底，希腊政府的财政赤字和公共债务占国内生产总值（gross domestic product，GDP）的比例严重超出《马斯特里赫特条约》规定的上限，财政状况恶化。全球三大评级机构标准普尔、穆迪和惠誉相继下调希腊主权信用评级，引发欧洲债务危机，导致国际资本在各国、各地区、各行业之间的大规模异常流动，严重冲击了全球经济。根据世界银行对欧洲债务危机发展阶段的划分，2009 年 12 月 8 日，惠誉评级机构下调希腊信贷评级标志着欧洲债务危机的爆发，并迅速在全球金融系统空间网络中溢出。2010 年 3 月，欧美主权信用评级下调引发的金融危机风险短时间内在葡萄牙、意大利、爱尔兰、西班牙等区域经济体和金融行业形成短期聚集。随着时间的推移，金融危机不断蔓延。

由于全球经济、金融市场的多元性、多级性不断深入，金融市场之间、实体经济之间、金融市场和实体经济之间的关系错综复杂。在跨区域、跨市场、跨行业等方面的空间相关性（spatial dependence）越来越强，空间异质性（spatial heterogeneity）不断突出，呈现出多维空间效应（spatial effects）新特性。这种新特性加快了全球性的投资转移和风险传染，在有利于分散风险的同时，也增加了金融危机全球性空间溢出风险。2011 年 3 月以后，全球各经济体政府和投资人的“避险”“趋富”经济行为，导致全球资本的异常流动，金融危机风险空间溢出通过不同的溢出路径进行投资转移和风险传染，并以前期聚集的“空间单元”为中心，向欧洲、亚洲、美洲等区域经济体和能源、材料等实体经济行业扩散，导致全球各金融市场和实体经济行业形成混合的多维空间动态演变过程，造成相关国家的实体经济和金融市场的大幅波动。

近年来，主权信用评级下调使全球的资本快速流动，加剧了各国的金融市场波动，严重地影响了各国经济的持续稳定发展。欧元区国家和美国的主权信用评级的频繁下调导致欧美国债收益率屡创历史新高，同时也将全球股票市场推向不断动荡的状态，严重影响中国经济和金融市场的健康发展。研究欧美主权信用评级下调对我国经济冲击的聚集、扩散与演变，有助于我国经济的持续、稳定、健康发展。

1.2 研究价值

本书提出多维经济空间理论与方法，提高了参数估计精度及应用效率，扩大了应用范围。利用新的理论和方法实证研究欧美主权信用评级下调对我国经济冲击的聚集、扩散与演变，其具体研究价值如下。

1.2.1 构建多维经济空间：提高参数估计精度，扩大应用范围

从实体经济和金融市场的多维经济空间角度出发，集成金融市场与实体经济的特征，融合区域物理距离和金融市场相关性指标，提出经济测度距离，构建新的引力空间权重矩阵，将实体经济指标与金融市场的指标融合，建立经济空间——多维经济空间[1]。捕捉金融市场和实体经济之间的多维空间信息，综合各市场之间跨市场、跨区域的多维空间效应，解决了将金融市场与实体经济指标放在一个空间系统模型的研究难题。实证结果表明：多维空间理论方法能有效地捕捉空间效应信息，提高模型参数估计精度；将实体经济指标与金融市场指标融合在空间模型中，扩展了空间计量经济模型的应用范围[2]。

1.2.2 学术价值：改进经典方法，提高理论模型方法应用效率

（1）将 SVR（support vector regression，支持向量回归）模型与 BEKK 模型结合构建 SVAR-BEKK 模型，研究行业短期聚集效应；在多维经济空间基础上，通过两阶段建立多元空间分数协整非对称自回归条件异方差模型（Multivariate Spatial-FIAPARCH-DCC），将多维经济空间理论与金融传染聚集模型相结合，构建空间似不相关聚集度量模型（S-SUR）分析金融危机风险的多

维经济空间短期聚集效应。

（2）结合信息论，引入转移熵改进传统 GARCH 模型，构建了动态转移熵 GARCH（1，1）模型，检验欧美主权信用评级下调引起的我国股票市场和债券市场间的跨市场效应；在多维经济空间下，应用 TSGMM 估计法的改进形式对模型进行参数估计，构建多维空间自回归面板模型；在多维经济空间理论下改进风险价值（value at risk，VAR）模型，建立多维 SVAR 模型，检验多维经济空间的有效性；通过引入多维经济空间因子，构建 S-CAPM 模型和 S-COVAR 模型度量金融危机风险的多维经济空间溢出；将金融危机风险溢出路径指标以动态参数形式引入新构建的引力空间权重矩阵结构中，构建新的多维 SAR（spatial autoregressive，空间自回归）模型和 SEM（structural equation modeling，结构方程模型），分析金融危机风险在金融市场和实体经济之间的多维混合空间溢出路径。

（3）在多维经济空间理论基础上，结合超度量空间和最小生成树（minimum spanning tree，MST）理论，构建欧洲债务危机在全球范围内的跨地区、跨市场、跨实体经济行业的金融风险空间溢出拓扑结构图。在传统 Bonacich 关键节点测算的基础上，使用加权 Bonacich 网络空间关键性节点测度模型，研究金融危机风险的多维经济空间动态演变[3]。

1.2.3　应用价值：实证得到的结论有助于风险防范

（1）从行业短期聚集效应和多维经济空间短期聚集效应进行研究，重点对欧美主权信用评级下调后的短时期各行业股指收益及波动情况进行进一步分析，研究行业间由于欧洲债务危机冲击而出现的短期聚集效应，通过改进的模型对行业聚集性进行排序，找出行业聚集的分布，提出相应的对策。

（2）从空间溢出效应、跨市场效应和扩散路径研究欧美主权信用评级下调对我国经济的扩散效应。运用订单流和 Copula 函数刻画资金流向，捕捉欧美主权信用评级下调的资金流向，分析评级下调冲击下我国债券市场、股票市场、金融衍生品 CDS 市场间的跨市场效应。提出多维经济空间理论，测度经济金融领域“距离”等空间特征，捕捉金融市场和实体经济之间的多维经济空间效应，检验欧洲债务危机风险多维经济空间溢出的存在性。在多维经济空间下，分析欧洲债务危机风险的空间溢出路径、扩散方式。

（3）在多维经济空间理论下，引入复杂空间网络思想，将各区域金融市场、各实体经济行业视为空间网络节点。对动态演变过程进行划分，度量空间相关性系数动态演变过程，寻找金融危机风险动态演变网络结构中的关键空间节点，分析空间溢出效应的动态演变机制。

（4）在欧洲债务危机背景下，研究欧美主权信用评级变动对股票市场的冲击，度量评级下调冲击下股票市场的短期波动，检验股票市场是否存在长期均衡，探究短期波动与长期均衡的关系[4]。

1.3 研究内容

在欧美主权信用评级下调对我国经济冲击的聚集、扩散与演变过程中，需要解决的主要问题如下：

（1）评级变动对股票市场、债券市场、信贷市场和金融衍生品市场的冲击风险。

（2）评级变动冲击股票市场的短期聚集效应：哪些行业受到的冲击最明显？行业板块间聚集性的差异性，以及全球金融市场多维经济空间聚集效应。

（3）评级变动冲击下的中期扩散效应：金融市场风险的多维经济空间溢出程度如何量化？金融市场间的跨市场效应：金融市场风险的广义多维经济空间溢出路径及多维混合溢出路径是怎样的？

（4）评级变动引发金融市场的跨区域维度风险溢出和时间维度风险溢出相结合的多维经济空间动态演变过程。

（5）主权信用评级的变动冲击着各国股票市场，对股票市场的波动性产生深远的影响，刻画出评级下调冲击的短期波动与长期均衡。

为解决以上问题，本书主要从以下几方面深入研究：

（1）第 3 章基于多方博弈视角，研究评级下调冲击股票市场、投资转移导致资本流动冲击全球经济、风险传染影响全球经济短期波动与长期稳定。采用动态面板模型分别检验主权信用评级变动对我国股票市场、债券市场、信贷市场和金融衍生品 CDS 市场的冲击风险。

（2）第 4 章沿着行业短期聚集效应到多维经济空间聚集效应的路径进行研究。运用 SVAR-BEKK 模型分析行业间短期聚集效应。从股指价格溢出效应及波动溢出效应两个角度挖掘行业间内在的关联，最后通过权重指标的构建，捕捉受到冲击最明显、反应最迅速的行业，以及冲击的短期聚集分布；探讨欧美主权信用评级下调在行业冲击过程中形成的多维经济空间短期聚集效应，构建多元空间分数协整非对称自回归条件异方差模型和空间似不相关模型对行业聚集性进行排序，寻找短期聚集分布。

（3）第 5 章在多维经济空间下，构建多维 SVAR 模型，检验多维经济空间的有效性，即金融危机传染是否存在风险的多维经济空间溢出效应；引入多维经济空间因子，构建 S-CAPM 模型和 S-COVAR 模型度量欧洲债务危机风险对不同地区、不同金融市场、不同行业的空间溢出大小。

将金融危机风险溢出路径指标以动态参数形式引入新构建的引力空间权重矩阵结构中，构建新的多维 SAR 模型和 SEM，分析欧洲债务危机风险的空间溢出路径，研究金融危机风险将通过怎样的方式向其他空间单元溢出与扩散；从多维经济空间溢出路径到金融市场间跨市场效应，运用似不相关模型、订单流和 Copula 函数检验欧美主权信用评级下调冲击下，我国债券市场和股票市场、CDS 市场之间是否存在跨市场效应。结合信息论引入转移熵，提出动态转移熵 GARCH（1，1）模型，检验欧美主权信用评级下调对我国股票市场和债券市场间的跨市场效应。

通过 BEKK 模型从行业间的单向、双向传导角度入手，形成行业间的动态扩散路径。通过拓扑网络结构结合权重系数，构建行业板块间经济距离，分析动态扩散路径图[5]。

（4）第 6 章考虑金融市场收益率分布的尖峰厚尾、波动聚类和非对称性特征，引入 DCC-T-Copula 和 BB7-Copula 两类多元条件相关模型，分别从一般相关性和极值相关性角度，对中国 A 股与欧洲、美国和中国香港金融市场间常规传染和极值传染效应的动态特征进行测定。

在多维经济空间理论下，利用超度量空间和最小生成树理论，构建跨区域、跨实体经济行业市场在不同样本区间（金融危机前、次贷危机扩散后、欧洲债务危机扩散后）的金融危机风险传染空间网络拓扑分层结构图，分析金融危机风险空间溢出效应的动态演变；建立多维复杂空间网络层次模型和加权 Bonacich 关键性节点测算模型，识别直接与间接关联节点对金融危机风险的权重，寻找金融危机风险空间网络结构中的关键空间节点；利用 SIR 传染模型，在假设不同关键性节点测度值的空间单元发生金融事件时，检验金融危机对整个金融风险空间溢出网络的冲击效应，捕捉空间溢出效应的动态演变机制。

（5）第 7 章研究欧美主权信用评级下调对我国股票市场冲击的波动，从不同的角度分析主权信用评级下调冲击下的短期波动与长期均衡关系。运用多元 GARCH 参数模型过滤提取评级变动对股票市场冲击的波动，同时采用非对称 GARCH 模型实证分析，将此波动代入误差修正模型，刻画出评级下调冲击导致的短期波动；影响主权信用评级的因素包含反映一个国家经济发展状况的长期因素和短期内非正常偏离长期趋势的短期因素，将随时间和国家变化的影响因素分解为长期因素和短期控制变量，在 VAR 模型的基础上建立向量误差修正模型，衡量短期波动与长期均衡的关系。

以评级下调导致的资本流动和金融风险传染为主线，研究欧美主权信用评级下调冲击我国经济的分布与聚集、扩散路径、演变。其技术路线如图 1-1 所示。

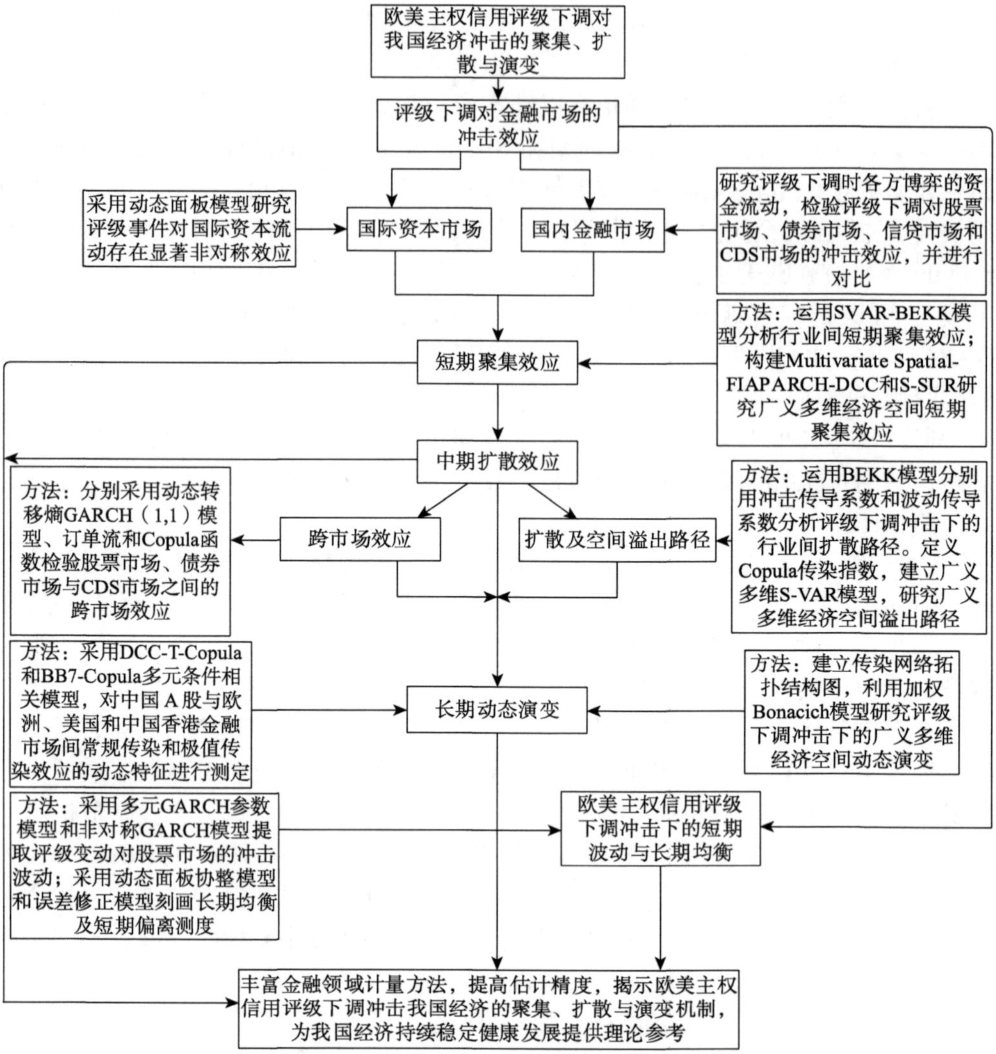
欧美主权信用评级下调对我国经济冲击的聚集、扩散与演变
评级下调对金融市场的冲击效应
采用动态面板模型研究评级事件对国际资本流动存在显著非对称效应
国际资本市场
国内金融市场
研究评级下调时各方博弈的资金流动，检验评级下调对股票市场、债券市场、信贷市场和CDS市场的冲击效应，并进行对比
方法：运用SVAR-BEKK模型分析行业间短期聚集效应；构建Multivariate Spatial-FIAPARCH-DCC和S-SUR研究广义多维经济空间短期聚集效应
短期聚集效应
中期扩散效应
方法：分别采用动态转移熵GARCH（1,1）模型、订单流和Copula函数检验股票市场、债券市场与CDS市场之间的跨市场效应
跨市场效应
扩散及空间溢出路径
方法：运用BEKK模型分别用冲击传导系数和波动传导系数分析评级下调冲击下的行业间扩散路径。定义Copula传染指数，建立广义多维S-VAR模型，研究广义多维经济空间溢出路径
方法：采用DCC-T-Copula和BB7-Copula多元条件相关模型，对中国A股与欧洲、美国和中国香港金融市场间常规传染和极值传染效应的动态特征进行测定
长期动态演变
方法：建立传染网络拓扑结构图，利用加权Bonacich模型研究评级下调冲击下的广义多维经济空间动态演变
方法：采用多元GARCH参数模型和非对称GARCH模型提取评级变动对股票市场的冲击波动；采用动态面板协整模型和误差修正模型刻画长期均衡及短期偏离测度
欧美主权信用评级下调冲击下的短期波动与长期均衡
丰富金融领域计量方法，提高估计精度，揭示欧美主权信用评级下调冲击我国经济的聚集、扩散与演变机制，为我国经济持续稳定健康发展提供理论参考

图 1-1　技术路线图

第2章 理论基础

2.1 基本概念

2.1.1 主权信用评级

主权信用评级是对主权国家信用风险的看法，是对其完全并及时履行财务责任的能力及意愿的意见，它表示了一国违约的可能性。当一国政府可以通过改变其政策来产生足够的储蓄时，表明它能够偿还债务。政府是否能偿还负债取决于许多因素，而不仅仅是产生收入的能力。这些因素包括执行债务偿还的约束条件、主权声誉、债券持有者的国籍、政府债务的期限结构和国内银行持有政府债务的份额。主权信用评级除了要对一个国家 GDP 增长趋势、对外贸易、国际收支情况、外汇储备、外债总量及结构、财政收支、政策实施等影响国家偿债能力的因素进行分析外，还要对金融体制改革、国企改革、社会保障体制改革所造成的财政负担进行分析。

主权信用评级由专业评估信用风险的信用评级机构发布。信用评级机构专门从事分析发债人信贷风险和债务问题的工作。这些信用评级机构制定并发布评级意见，投资者和其他市场参与者会根据信用风险再做相应的投资和商业决策。评级意见是由经验丰富的专业人员在搜集发债人公开发行的报告、与管理者的访谈和讨论等相关信息后，对这些信息做出的分析及对其财务状况、经济水平、政策和风险状况的评估。

全球最负盛名的三家评级机构分别是标准普尔、穆迪和惠誉。三家评级机构通常对所有发债人（包括企业、政府和金融机构）采取相似的评级流程，具体评级流程见图 2-1。

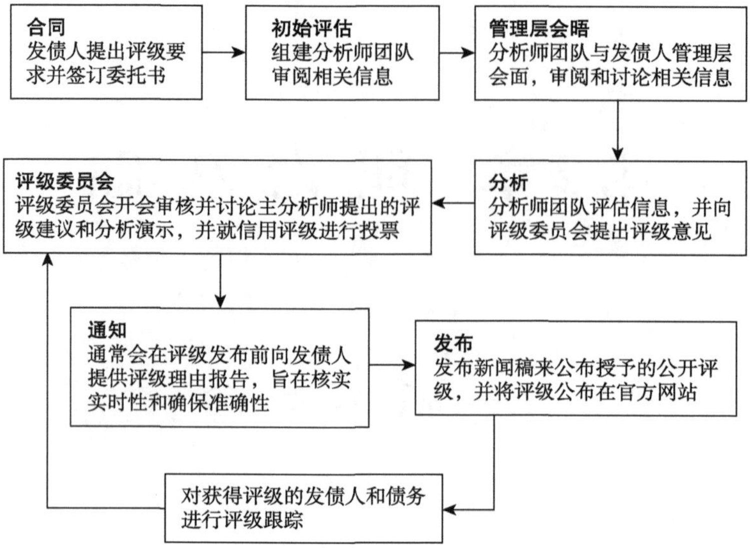

图 2-1　评级机构的评级流程

每家评级机构采用各自的方法对信用可靠性进行评估，并使用特定的评级体系表达其评级意见。具体涉及的主权信用评级有长、短期外币计价债务信用评级与长、短期本币计价债务信用评级。通常使用字母符号表达信用风险相对水平的意见，以标准普尔的评判标准为例（表 2-1）。

表 2-1　标准普尔评判标准

评级符号	含义
AAA	偿还债务能力极强（extremely strong），为最高评级级别
AA	偿还债务能力很强（very strong）
A	偿还债务能力强（strong），但略微容易受外在环境及经济状况变动的不利因素影响
BBB	具有适当（adequate）偿还能力，还债能力较可能因不利经济状况而减弱
BBB−	市场参与者认为的最低投资级评级
BB+	市场参与者认为的最高投资级评级
BB	相对于其他投机级级别评级，违约的风险更低。但持续存在的重大不稳定因素或不利的商业、金融、经济状况，可能导致发债人没有足够能力偿还债务
B	违约可能性较“BB”级高，发债人目前仍有能力偿还债务，但不利的商业、金融、经济条件可能削弱发债人偿还债务的能力和意愿
CCC	目前有可能违约，发债人能否履行财务承诺将取决于商业、金融、经济条件是否有利。当遭遇不利的商业、金融或经济环境时，发债人可能会违约
CC	违约的可能性高。违约尚未发生，但预计会实际发生

续表

评级符号	含义
C	目前违约可能性高，且最终违约追偿比率预计会低于其他更高评级的债务
D	发债人未能按期偿还债务或违反推定承诺，也可在破产申请已被提交或采取类似行动时使用

注：“AAA”级至“CCC”级可加上加号（+）和减号（-）表示评级在各主要评级分类中的相对强度

政府在资本市场筹集资金时，主权信用评级可发挥有益作用。相对于从银行贷款，主权国家有时通过发行债券直接从投资者手中借钱。投资者购买类似于政府债券的金融产品，以期获得利息并返还本金。因此，主权信用评级通过提供一个高效、广泛认可和基于长期测量的相对信用风险来促进发行和购买债券与其他债务。投资者和其他市场参与者可以使用主权信用评级作为投资参考，在主权国家信贷风险、债务问题和投资者个人的风险承受能力中寻找平衡。

即使如此，主权信用评级也不是衡量违约的绝对标准。由于存在不可预见的未来事件和发展，主权信用评级的分配并不是一门精确的科学。主权信用评级并不能保证一个主权国家的信贷质量。

2.1.2 投资转移

美国经济学家Viner于1950年提出了“贸易转移”的基本概念[6]，用以反映贸易一体化。Despres 和 Kindleberger 在此基础上提出一体化组织的贸易流向会对国际直接投资的流向和流量产生影响，形成投资转移效应[7]。投资转移效应是指作为国际区域经济一体化的直接成果，国家之间贸易壁垒的消除和交易规则的统一带来了交易空间扩大和交易成本下降，从而区内外的企业可对该地区的生产经营活动进行重新布局，更有效地配置资源以实现规模经济和专业化。对于单个国家而言，投资转移效应是指由于国际区域一体化的建立，国外直接投资从本国转移出去的现象。

Christopher 等从投资者行为的角度进行了研究[8]，这些研究表明，评级下调时，投资者从安全性或流动性的角度，根据自身的风险偏好修正投资策略，反映在金融市场及实体经济上就是我们通常说的投资转移：①投资快速非正常转移将导致资本流动冲击全球经济，以及行业间的资金转移。同时消费需求的减少也会使金融市场受到影响。②由于生产需求减少，消费需求减少，厂商库存积压会使得实体经济产量下降，政府对基础建设、医疗健康等支出的减少也会直接影响到实体经济的需求。由于金融市场最先受到冲击，投资者的资金转移，使其流动资金减少，将难以满足实体经济的融资需求。同时，实体经济恶化，企业产量减少，扩大生产的可能性减小，相应的融资需求也会减少，将会反向影响金融市场的服务需求[9]。③经济系统中各部门间的相互作用也会反作用调节投资者情绪，使其在投资、消费等活动中改变策略，并加剧经济波动。同时，经济波动的长期持续会使得投资者情绪恐慌，促使其投资转移，资金向不同经济部门或行业板块中流动[10]。罗明华等分析了中国股票市场上市值不同的股票之间订单流、流动性和收益率的相互关系，讨论了市场内不同股票之间的投资转移行为[11]。Xie 等采用基于广义误差分布的弹性结构模型，发现不同债券评级的结构转换并不同步，表明投资在不同评级债券之间存在转移现象[12]。

2.1.3 金融风险传染

传染广义上是指受到冲击的主体的跨国界溢出效应，或者说，传染是冲击跨国界的相关性超过了国家之间的任何基本联系。美国芝加哥大学经济学教授Kaufman[13]认为，金融风险传染是在一个可能发生危机的金融市场中，事件在一连串机构和市场构成的系统中引起一系列持续损失的现象。金融稳定委员会给出的定义是金融风险传染是指由于经济周期、国家宏观经济政策的变动及外部金融冲击等风险因素引起的一个国家的金融体系发生激烈动荡的可能性，这种风险具有强力的潜伏性、积累性和传染性，对国际金融市场和全球实体经济都会产生巨大的负外部效应，并且这类系统性风险不能通过一般的风险管理手段相互抵消或者被削弱，只能防止其积累或爆发，无法根本消除。

本书主要从行业的角度进行传染路径的分析，以欧洲债务危机作为研究的背景，我们将 A 行业股票市场的异常波动引起 B 行业股票市场异常波动的影响过程定义为A行业对B行业的传染路径。欧洲债务危机期间行业间的传染路径包括如下三种：①冲击从 A 行业的股指收益率波动到 B 行业的股指收益率，称为 A 行业对B行业的直接传染路径；②A 行业前期滞后效应引起的股指收益率异常波动，称为 A 行业受到的间接传染效应；③冲击由 A 行业的股指收益率波动到 B 行业，再由 B 行业的股指收益率波动到 C 行业，称为 A 行业对 C 行业的间接传染路径。本书将重点研究前两种情况，即行业间的直接传染路径及行业自身的滞后效应，并将行业划分为实体经济和虚拟经济两部分，分析各行业间的聚集及扩散路径方式[14]。

行业间的风险传染随着投资者的投资转移行为进行，各行业板块受到不同程度的冲击，并且各行业之间的风险传染也会伴随不同的路径扩散，因此风险传染是基于时变的多途径的联动现象。进一步分析，企业与企业、行业与行业之间的风险传染主要以横向、纵向两种方式出现，横向传染主要是某一企业或行业过高的信用风险导致与之关联的同类型企业、行业也发生类似的波动联动效应，纵向传染的发生可以划分为上下游企业竞争、上下游行业联动这两种模式。

（1）上下游企业竞争：行业由于所属上下游关系，其存在一定的竞争、依赖关系，由于不同企业竞争实力的改变，行业内的信用风险也会发生变化。例如，上游行业由于经济波动，供货成本变动，对行业内企业的经营风险造成冲击，上游原材料价格上升，下游运营成本急剧上升，利润下降，因而产生信用风险。而这种情况下上游行业压缩成本风险减少，转移到下游行业，使其经营风险上升，上下游行业形成负向的风险传染效应[15]。

（2）上下游行业联动：由于上下游行业处于同一产业链下，当出现经济衰退、市场需求减少的情况时，商品销量减少使得制造业企业产生大量积压商品，库存增加会极大地增加企业成本，从而迫使企业逐步减少产量甚至停产，而这一情况同样会影响到下游行业的经营，形成相互之间的联动效应，恶性循环，加剧行业的波动。

行业受到的冲击在风险传染情况下不断恶化，最终引起实体经济的进一步萧条，从而使企业融资需求减少，整个实体经济萧条，并将风险传染到金融市场。同时，由于金融市场受到的冲击最明显，会使得投资者的资金流出，使企业的融资需求更加难以满足。投资者的资金会根据各行业受冲击的影响情况而发生转移，因此，风险传染会加剧行业间的投资转移[16，17]。靳飞等探讨了中国股票市场内，高市值股票与低市值股票之间的风险传染和投资转移现象[18]。

投资者行为会受市场情绪影响，出现“羊群效应”，而这种情况会加剧行业板块间的波动。具体而言，投资者的情绪会造成“过度反应”从而使风险传染进一步加剧，使投资转移效应更明显。主权信用评价的变动通常具有滞后效应，会在一国经济景气时提高其等级，在经济恶化时降低其等级，而市场投资者受此信息的影响会过度反应，从而夸大某国的经济繁荣或是拉长其经济衰退周期[19]。因此，评级的变动对经济周期而言是放大了经济繁荣或萧条的周期。一方面，投资者的避险情绪使得各行业的投资、消费需求减少；另一方面，经济波动引起消费下降，产能降低，以及政府相应的行为政策。同时，投资、消费、生产及政府行为又会反作用于投资者情绪及经济波动，因此，评级下调等极端事件的发生将加剧国民经济的不稳定性。谭地军等较系统地分析了中国企业债券特征与风险补偿的关系[20]。评级下调引发欧洲债务危机，首先会引发投资者避险情绪，同时会造成经济波动，进而在宏观经济的投资、消费、生产、政府行为四个方面形成进一步的影响。一方面，通过有效市场下的风险传染，实体经济下的各行业均受到不同程度的冲击，而这种冲击效应会被投资者情绪加剧，最终引起投资者在不同行业间的投资转移。另一方面，行业板块的波动及相互作用又会反过来影响投资者行为及宏观经济，形成新的循环体系[21]。陈秀荣认为随着全球经济一体化、多元化和自由化程度的不断发展，以及互联网技术和计算机技术的飞速发展，各地区之间、各经济体之间、各金融市场之间的关联越来越紧密，空间效应也随之越来越显著，并呈现出了多维、混合等一些新的特点，这在很大程度上增加了金融风险传染的可能[22]。

2.1.4 经济距离

国内外学者对经济空间的测度性主要通过经济距离（economic distance）来实现。根据现有文献，经济距离的定义并没有统一的指标，大多根据研究对象的不同而不同，常采用的指标包括区域地理位置、经济指标差异、金融时间序列的相关性、政策制度差异、文化技术差异等[23~32]。

度量空间在数学理论中是指一个集合，集合中任意两元素之间的距离是可以定义的。目前大多学者采用欧几里得空间（Euclidean space）性质检验经济距离的测度性[33]。欧几里得测度的三条性质如式（2-1）所示。

$$\begin{cases} d\left(x_i,x_j\right)\geqslant 0, d\left(x_i,x_j\right)=0 \Leftrightarrow i=j \\ d\left(x_i,x_j\right)=d\left(x_j,x_i\right) \\ d\left(x_i,x_j\right)\leqslant d\left(x_i,x_k\right)+d\left(x_k,x_j\right) \end{cases} \tag{2-1}$$

在此基础之上，本章引入超度量空间（ultrametric spaces）的概念。超度量空间下的距离测度在满足欧几里得距离的前两条性质基础上，满足 $d\left(x_i,x_j\right)\leqslant \max\left\{d\left(x_i,x_k\right),d\left(x_k,x_j\right)\right\}$。本书将根据以上性质检验新构建的广义多维经济空间对金融市场实际问题的空间测度性。

2.1.5 引力空间权重矩阵

经典的空间权重大多还是单一考察区域物理距离，利用二元邻接思想构建空间权重，如传统的 0-1 矩阵、邻近矩阵，此外还有 Paas 和 Schlitte 提出的以地理距离平方的倒数为权重的方法[34]，以及 Diebold 和 Yilmaz 提出的以地理距离的待估幂函数的倒数为权重的方法[35]。随着经济全球化的发展，各地区、各行业及各市场之间空间相关性呈现出多维空间异质性，它们对这种多维空间效应的提取不再有效。同时，实体经济虚拟化程度加快，将实体经济和金融市场有效融合，捕捉它们之间的空间效应迫在眉睫。单独考虑金融市场或实体经济，很难捕捉它们之间的多维空间效应。

引力模型[36]最早是由诺贝尔经济学奖获得者 Tingbergen 提出的，用来研究区域贸易问题，其思想根源是物理学中的万有引力定律，认为空间溢出效应是广泛存在的，两个地区的经济实力越强，交流合作的吸引力就越大，相应的溢出效应就越大。在此基础上，我们利用前文定义的经济测度距离，从多维角度出发，引入区域经济的空间引力效应，结合地理区域权重和实体经济状态权重指标，构建引力空间权重矩阵，用 W_{ge} 表示。空间单元 i 与空间单元 j 对应矩阵元素定义如式（2-2）所示。

$$w_{ij} = c \cdot \frac{m_i m_j}{\exp\left(D_{i,j}\right)} \tag{2-2}$$

其中，c 为常数，$D_{i,j}$ 表示金融市场 i 与金融市场 j 之间的经济测度距离，m_i 表示第 i（i=1，2，…，n）个经济体的实体经济投资吸引力。其隐含的经济含义表示投资吸引力大的经济体对"相邻"经济体的空间影响力更大。

2.1.6　广义多维经济空间

多维经济测度距离是将实体经济指标与金融市场指标融合，形成广义多维空间权重矩阵，在将实体经济与金融市场融合的一个经济系统下，建立多维经济空间计量经济模型。我们称这一空间为广义多维经济空间。广义多维经济空间是指在一定区域范围内，经济金融系统的各种空间单元（如区域组织、国家、市场、行业及各经济金融指标）在网络空间内的相互作用形成的空间结构，表现为金融机构、金融资本在区域空间上的不同程度空间聚集、扩散与演变。广义多维经济空间的形成是空间相关性、空间异质性和空间聚集性合力的结果，是各经济金融关系的空间投影，是经济金融行为的空间组织形态。本书的广义多维经济空间是指以全球各经济体、各金融市场、各经济体实体行业为空间节点构成的经济空间网络。

广义多维经济空间解决了将金融市场与实体经济指标放在一个空间系统模型的研究难题，提高了参数估计精度，推广了空间计量经济模型的应用范围。从广义多维经济空间出发，综合捕捉金融市场和实体经济之间的多维混合空间效应，构建了新的理论与方法，以研究欧美主权信用评级下调对我国经济冲击的聚集、扩散与演变。

2.2　短期聚集效应

2.2.1　行业短期聚集效应

行业短期聚集效应：欧美主权信用评级下调使各行业、各区域、各市场出现不同程度的波动，在短期波动过程中部分行业的波动效应最明显，在危机中形成聚集分布特征。

欧美主权信用评级下调首先会冲击某些特定的市场和行业，形成冲击的分布与聚集。主权信用评级下调引发欧洲债务危机，各经济体为了避险，将风险区域的投资资本向安全区域经济体转移，将金融活动重新聚集在非危机区域，因此欧洲债务危机将驱动全球金融风险在金融系统空间内的大幅溢出。特别是最近几年的欧美主权信用评级下调发生后，由于全球发展程度和行业分工的不同，一些发达国家开始新一轮金融改革和全球经济空间结构的演变，出现有利于发达经济的新型金融秩序，欧洲债务危机风险存在显著的区域聚集和行业聚集。行业板块间除了存在竞争、传染效应，还会有协同效应，其具体在股票指数上的表现形式为行业指数间的波动性及相关性，由此可分析其产生的聚集效应。通过对行业聚集效应的捕捉，找出重点关注的行业，制定针对性措施以降低风险，调控相关政策促使经济早日恢复。

2.2.2 多维经济空间短期聚集效应

多维经济空间短期聚集效应：金融危机风险在特定的时间点上，首先对哪些区域、哪些市场、哪些行业形成冲击，即进一步研究金融危机风险短期内在金融系统广义多维经济空间内如何分布与聚集。

经济金融活动在全球经济空间上的非均匀分布是一种非常普遍的现象，经济学中称这种经济金融行为的“空间”集中现象为空间聚集效应。以空间关联性与空间异质性为主的空间效应是空间聚集的根本原因。以欧洲债务危机为例，当欧洲债务危机爆发后，全球各经济体为了“避险”与“趋富”，根据各自的实际情况制定应对政策机制，从而导致欧洲债务危机风险和资本流动。这些进一步促使全球各经济活动形成不同形式、不同层次、不同规模的空间网络节点，包括区域聚集、企业聚集、市场聚集及实体行业聚集等。

2.3 中期扩散效应

2.3.1 空间溢出效应

空间溢出效应：伴随区域经济金融一体化的推进，同时由于各经济体在经济、资源、政治、科技文化等方面的差异，各经济体之间存在显著的空间相关性和空间异质性，从而导致欧美主权信用评级下调，引发欧洲债务危机风险的空间溢出效应。

1. 行业空间溢出效应

行业空间溢出效应：实体经济行业层次的溢出新特征导致不同地区、不同行业资产收益发生空间联动反应。欧洲债务危机爆发后出现了明显不同的价格溢出效应和波动溢出效应。金融、服务、材料行业效应最为明显，其价格波动不仅受到自身前期波动的影响，同时受到多个行业的前期波动的影响，对多个其他行业也造成类似的溢出效应。

Ewing 使用 1988~1997 年的 S&P 指数来代表不同行业、经济部门：金融指数、资本品指数、交通指数等。通过研究，他发现某一个行业指数在受到冲击后会对其他行业的收益率也产生显著的影响[37]。为进一步验证其理论，Ewing 和 Malik 对大盘股和小盘股指数的关联性影响进行了分析，通过实证研究发现，冲击效果存在非对称性，而且，由于大资本化公司的股票更易被投资者认可，其高流动性造成更低的成本，从而使得冲击效应存在非对称性，而这一现象对于各行业间的风险传染及波动非对称效应也同样有效[38]。Hassan 和 Malik 利用 1992 年 1 月到 2005 年 6 月的 6 个行业指数构建 BEKK 模型，并通过其数据实证来寻找行业间的收益波动率传递的机制，以此验证各行业之间的确存在显著的风险传染[39]。李昆对上海证券交易所 5 个行业指数的收益率及波动率进行研究，通过非对称 GARCH 模型的模拟，发现了工业和商业指数收益波动率对于其他 3 个行业指数存在单项的风险扩散，并且还指出行业指数波动率的扩散效应有较大的基于时差的联动性[40]。陈梦根和曹凤岐也对上海证券交易所的不同行业指数板块进行实证分析，通过建立 VAR 分析框架来验证板块间的联动效应[41]。

2. 多维空间溢出效应

多维空间溢出效应：全球各经济体的区域差异和时间滞后等因素，使得全球各金融市场和实体经济之间在跨地区、跨市场及跨行业等方面出现多维空间特征。以空间视角研究金融危机风险的多维经济空间溢出，度量经济金融领域的“距离”“相邻”等空间特征，捕捉金融市场和实体经济之间的多维混合空间效应；在多维经济空间下，检验金融危机风险的空间溢出效应并度量其大小。

Li 等利用面板数据检验表明，某国评级的改变会影响他国的股票市场，存在传染效应[42]。Arezki 等研究表明，欧元区国家间存在显著的金融风险溢出效应[43]。Lee 和 Yu 发现评级的改变对股票流动性的影响是显著的[44]。Afonso 等利用欧洲数据实证表明政府债券收益率和 CDS 利差在评级公布前后有显著的变化，低评级国家向高评级国家有显著的溢出效应[17]。Longstaff 在研究 1998 年俄罗斯国债危机等极端事件时，分析了亚洲、南美洲新兴国家及发达国家股票市场之间的风险传染[45]。Adelino 和 Ferreira 的研究表明，主权信用评级下调会引起银行贷款金额的减少及贷款利息差的增加，同时会对银行给私营企业的贷款供给产生重大影响[46]。Caccioli 等利用空间网络思想构建了一个程式化模型，研究以重叠组合的杠杆化金融资产为媒介的金融危机风险机制[47]。Grilli 等以银行信贷为研究对象，发现微观层面的网络关联性为金融危机风险创造了潜在可能性[48]。Aït-Sahalia 等应用跳跃模型捕捉金融资产的收益动态变化，通过跳跃强度指标刻画金融危机风险的存在及区域的空间溢出效应[49]。

蒋志平等采用 Copula 函数理论研究了金融市场的风险溢出[50]。程棵等在对美国次贷危机的研究中，应用空间计量方法发现金融传染的国际贸易渠道的重要性要弱于金融渠道[51]。周舟等利用 VAR 和 DCC-MGARCH 方法对欧洲债务危机期间的金融传染效应及爆发机理进行了研究[52]。田益祥等利用动态面板模型实证表明主权信用评级对股票市场和债券市场存在显著的非对称效应，对股票市场的冲击大于债券市场[53]。Chen 和 Tian 构建了多维经济空间 BEKK- GARCH 模型，研究发现，主权信用评级下调对股票市场具有明显的影响，股票市场存在显著的单向和双向空间波动溢出效应[54]。

针对金融危机风险强度和溢出大小，国内外学者也进行了深入研究。Acharya 等利用微观经济理论和机制理论构建系统期望损失（systemic expected shortfall，SES）[55]，度量金融市场中单个金融机构对整个系统风险的贡献值，即边际风险贡献度。Patro 等在研究金融市场风险传染时，将股票收益率之间的相关性作为度量指标，同时发现大型金融机构的股票收益率相关性对系统风险预测具有稳健性和前瞻性，可作为金融市场系统风险度量指标[56]。Wied 研究发现各金融市场之间存在空间效应，尝试利用空间计量经济理论度量金融市场风险[57]。Durante 等利用金融市场序列的条件相关性测算金融传染的空间溢出效应[58]。

余星等把期权作为一种投资对象融入投资组合中，利用条件在险价值刻画金融市场投资组合风险[59]。张高勋等利用 Pair-Copula 方法估计金融市场资产组合的非线性结构，结合广义逆高斯分析，构建新的 VAR 风险度量模型[60]。庞晓波等基于金融传染的贸易渠道构建了 244 个经济体网络，利用空间网络思想和 SEIR 模型对欧洲债务危机风险传染进行度量[61]。

本书根据以上空间溢出效应的内在驱动和存在领域进行了分析和总结，发现空间溢出效应的多维性，在研究金融领域实际问题时，需要将越来越多的要素纳入分析框架。因此，本书融合金融市场与实体经济行业在跨区域、跨市场、跨行业及时间的多维混合空间溢出效应（图 2-2），考察空间溢出的多维协同作用，这是建立多维经济空间的理论前提，也为欧美主权信用评级下调引发欧洲债务危机风险提供了一种新思路。

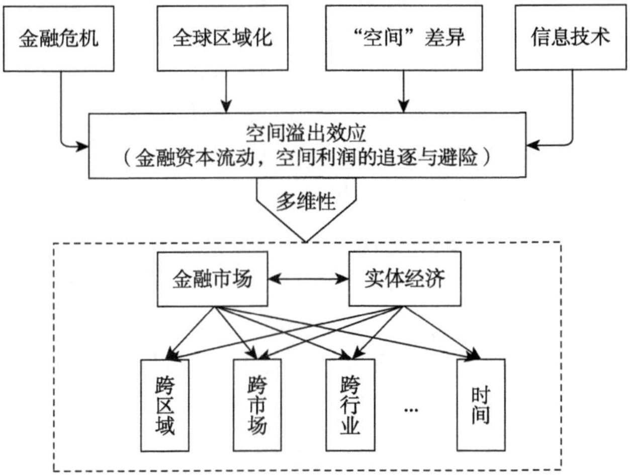

图 2-2　多维混合空间溢出效应理论框架图

2.3.2　跨市场效应

跨市场效应：一般被认为是市场风险引起的跨市场投资转移现象和跨市场风险传染现象。市场风险会在不同的金融子市场之间传染，如股票市场和国债市场之间、外汇市场和股票市场之间等。

跨市场风险传染通常被定义为经济危机时期不同金融市场间的关联性相比经济稳定时期出现显著正向增加的现象[62]，即当不同金融市场间的协同运动（金融市场向同一个方向运动的趋势）程度增强时，认为二者之间发生了跨市场风险传染现象。例如，危机前的负关联性在危机时期变为正的关联性，或者危机前的正关联性在危机时期呈现出更显著的正关联性。但是如果仅存在关联性的正向增加，而最终两市场的关联性却仍是负相关，则不是风险传染现象，如从−0.8 到−0.3，虽然有 0.5 的正向增加，但二者的最终运动方向却仍是异向的，不是同向的。这种情况就不属于风险传染。跨市场风险传染是指风险在不同地区的金融市场间或者同一地区不同金融市场间进行的传染。Lonstaff 实证检验了次级资产抵押债务债券和股票、国债和企业债市场的风险传染效应[45]。结果显示，在金融市场间存在较强的风险传染现象。并且，风险传染主要是通过流动性和风险溢价渠道传播。Geert 等分析了 2007~2009 年金融危机期间 55 个股票市场和 10 个部门间的风险传染。他们使用因子分析模型，将残差项的相关性定义为风险传染[63]。研究发现，金融市场与国际市场联系是否紧密并不是风险传染的主要原因，投资者反而在金融危机传播上扮演了举足轻重的角色。具体来说，风险并不是随机地在金融市场间进行传染，而是从国内资本市场传染到国内个人证券投资组合，然后通过持有经济基本面较弱、主权信用评级较低、财政和经常性账户赤字较高经济体的证券传染至全国甚至全球。Afnouch 和 Hammami 研究了 2006~2009 年美国、英国、法国、德国、日本、巴西、俄罗斯、印度和中国股票市场间的风险传染现象[64]。他们将这些国家的日股票收益率作为研究对象，通过相关性分析证实风险传染是否存在，通过格兰杰因果关系研究分析九个股票市场间风险传染的因果关系。结果显示，在 2008 年金融危机期间，美国、英国、法国、德国、日本和俄罗斯股票市场间具有风险传染现象；在金融危机前后，风险传染的因果关系具有显著变化。

投资转移是指投资者在不同的金融子市场之间进行投资资金转移的一种现象。其通常是指当一个金融子市场受到冲击时，如果同期存在其他不断增值的不同的金融子市场，则投资者会在二者之间进行投资转移。相应地，投资转移通常被定义为经济危机时期不同金融市场间的关联性相比经济稳定时期出现显著负向减少的现象，即当不同金融市场间的协同运动（金融市场向同一个方向运动的趋势）程度降低时，认为二者之间发生了跨市场投资转移现象。若是股票市场到债券市场的投资转移，称其为安全性投资转移；反之，若是债券市场到股票市场的投资转移，则称其为流动性投资转移。投资转移包括从危机前的正关联性变为危机时期的负关联性和从危机前的负关联性变为在危机时期更显著的负关联性两种情况。同理，如果仅存在关联性的负向减少，而最终两市场的关联性却仍是正相关，则不是投资转移现象，如从 0.7 降低到 0.2。只有同时满足关联性的负向降低和最终呈现异步运动趋势两个条件，才属于投资转移效应。无论是安全性投资转移还是流动性投资转移，都会呈现出股票市场和债券市场相关系数显著降低的共同特征。不同的是安全性投资转移发生在股票市场大跌时期，而流动性投资转移则发生在债券市场大跌时期。

从资产的视角来看，跨市场风险传染和跨市场投资转移是互斥的，如果两个不同的金融资产之间存在跨市场风险传染，则不可能存在投资转移现象；反之亦反。而从跨国的角度来讲，二者是可以并存的。若各国的股票市场间发生风险传染而造成同时下跌，可能会导致这些国家从股票市场到债券市场的投资转移现象；若同时发生从债券市场到股票市场的投资转移，则各国的债券市场之间可能会发生风险传染。风险传染和投资转移也可能彼此促进或削弱。风险传染可能会加剧（削弱）投资转移，投资转移也可能会使风险传染更加严重（减弱）。

Gonzalo 和 Olmo 提出了一个新的 Copula 函数来证实跨市场投资转移是否存在，以及投资转移的大小和方向[65]。他们提出的新的 Copula 方法能够描述不同模式的相关性，也可以描述研究变量的不对称效应。学者使用此方法估计金融危机期间债券市场和股票市场间投资转移的强度和方向。研究发现，如果两年到期的道琼斯公司债券指数和道琼斯股票价格指数其中一个处于危机中，二者存在替代效应；相反，如果二者都处于危机期间，就会存在风险传染效应。Baur 和 Lucey 分析了债券市场和股票市场间存在的投资转移[66]。他们提出了对安全性投资转移、风险性投资转移和交叉资产传染的定义及检验方法，并检测了它们的特点和对金融体系的影响。实证分析包含了美国、英国、德国等八个发达国家的债券市场和股票市场。结果显示，由于投资转移可以提供多样化的收益、可以增强金融市场的恢复力，故投资转移是多个危机时期的共同特点，并且它不仅发生在国家内部不同金融市场间，也发生在不同国家的金融市场间。Cho 等的实证分析包括 1996~2009 年 21 个国家的货币市场和股票市场，他们着重研究两两市场间的相关性，证明了新兴国家和发达国家间的资本流动对国际资本市场状况异常敏感。具体来说，当全球市场低迷时，资本会从新兴市场转移到发达国家市场，造成新兴国家（发达国家）货币市场和股票市场间相关性的增加，从而导致新兴市场（发达国家）货币贬值（升值）[67]。

国内学者对跨市场效应的研究起步较晚、研究成果相对较少。在现有研究基础之上，王永巧和刘诗文研究了 2000 年 1 月至 2010 年 11 月期间中国股票市场和国际股票市场间的风险传染问题，使用时变 SJC Copula 方法证明在金融开放条件下，中国股票市场和美国、英国、日本股票市场间拥有微弱下尾相依关系，与中国香港股票市场的下尾相依关系显著上升；与各国际股票市场的上尾相依关系较弱[68]。梁芹和陆静研究了金融危机期间欧洲、澳大利亚、中国、日本和英国外汇市场的风险传染效应。研究显示，金融危机期间，各外汇市场均出现大幅波动；在危机事件的冲击下，各外汇市场间存在一定风险传染效应[69]。谭地军等讨论了中国债券市场上市场内部和跨市场的“流动性转移”行为[70]。Li 等研究了股票市场系统风险因素对公司债务定价的跨市场效应[71]。罗明华和田益祥利用定单流蕴含利率变动的跨市场信息含量，构建似不相关模型检验了利率变动的跨市场效应，建立时变参数状态空间模型，刻画了利率变动跨市场效应的时变特征[62]。Chen 等研究了英国脱欧事件对九个主要国家的股票和债券市场的跨市场效应[72]。陈秀荣等利用符号化转移熵提出一种新的空间权重矩阵构建方式，并基于此构建空间似不相关模型对欧洲债务危机期间欧洲主权信用评级下调冲击我国金融市场的空间效应和跨市场效应进行了研究[73]。

2.3.3 中期扩散路径

欧美主权信用评级下调的中期扩散路径：在前期欧洲债务危机中行业间明显的聚集效应后，继续分析其后的行业收益与波动情况，可以发现各行业间构成了新的均衡稳定状态，并且在此过程中，各行业不断自发调整优化，这个过程即扩散过程。

1. 行业扩散路径

行业扩散路径：欧洲债务危机爆发三个月后，危机的影响开始从最明显的行业向其他行业扩散，并形成新的均衡。其中，工业、金融、服务行业为整个行业扩散路径中的关键节点，工业与材料、金融、公用行业形成双向传导，金融与公用、消费品、服务、工业形成双向传导，服务与消费品、金融行业形成双向传导。形成这种传导关系的原因主要是欧洲债务危机开始由虚拟经济爆发，因此金融、服务行业最先受到冲击，并由此向实体经济扩散，同时，由于欧盟“再工业化”进程的加快，最终形成以工业为中心的传染路径。

Elhorst 和 Vega 提出的协同市场假说是建立在社会模仿理论基础之上的，这个理论将资本市场描述为一个内部各大因素互相影响、互相作用的系统，同时还会受到外部力量的作用[74]。在他们看来，资本市场的风险、收益可以通过“外部经济”“内部投资者情绪”这两大因素来决定。最具备代表性的是协同市场情形，在这种情况下，强烈的外部经济与强烈的内部投资者情绪相结合，产生巨大的市场协同效应，从而使股价出现正向或负向的波动。

2. 多维空间扩散路径

多维空间扩散路径：随着时间和空间的演变，金融危机风险必然以不同的路径在全球跨区域、跨市场、跨行业的空间结构中扩散。欧洲债务危机爆发后，金融危机风险迅速通过不同的空间扩散方式和渠道进行投资转移和风险传染，对其他区域经济体和金融市场产生空间溢出。在广义多维经济空间下，分析金融危机风险的空间扩散路径，研究金融危机风险向其他空间单元扩散的机理，有利于风险防范。

欧洲债务危机迅速传染到全球各地，表现出金融风险溢出渠道多元化等新特征，对于金融溢出机制和路径的研究也引起国内外学者的广泛关注。也有学者的研究表明，金融危机主要通过实体经济和虚拟经济两种路径溢出[75~78]。实体经济溢出路径主要以贸易渠道为主，是两经济体之间以直接的商品贸易关系和投资等经济活动为基础的溢出路径，当某一经济体出现危机时，通过相关资产的贬值和进出口额度变化，对与其贸易关系紧密的经济体市场产生冲击，进而导致多个经济体发生危机。虚拟经济溢出路径主要以金融资本渠道为主，指通过以金融市场（如股票市场、债券市场、信贷市场等）为依托的跨国经济活动（如去杠杆、资产负债再平衡等运作模式或者信息不对称、“羊群效应”等投资行为）使危机在多个经济体之间溢出与传播[75]。随着经济全球化发展，国内外学者开始采用全局空间的视角，从多维角度研究金融危机风险溢出路径[79~81]。

2.4 多维经济空间长期动态演变

多维经济空间长期动态演变：全球经济不断发展，金融资本不断流动，全球经济空间在稳定中随着时间推进，特别是欧美主权信用评级下调导致的欧洲债务危机风险和资本异常流动，加剧了经济空间的演变性。

因此，在建立广义多维经济空间理论时，考虑空间的演变是非常必要的。同时，随着空间节点对规模经济的追求和自身经济的演进，空间节点又进一步促使资源的聚集与资本的转移，改变资本流向的强度和方向，引导空间重心的动态变化，推动经济空间的扩展与演变。本书在构建多维经济空间的基础上，提出多维空间复杂网络层次模型和加权 Bonacich 网络空间关键性节点测度模型等新的空间计量模型构建理论思想，捕捉欧洲债务危机风险的多维空间溢出效应，分析欧洲债务危机风险的动态演变等内在机制[82]。

2.5 短期波动与长期均衡关系

2.5.1 短期波动理论

当主权信用评级变动冲击发生时，资金的异常流动导致股票市场发生波动，打破股票市场的均衡。田益祥和庄作钦利用拉格朗日乘子，选择不同的频率来检验中国股票市场短期效应[83]。靳飞等建立基于区间均值的GARCH模型及其非对称形式，捕捉中国债券市场的波动率特征[84]。谭地军等将金融市场的冲击分为有信息冲击和无信息冲击，构建一种区间均值 GARCH 模型，捕捉中国股票市场波动率特征和预测波动率[85]。Fratzscher 使用 GARCH-M 模型实证检验了股票市场波动的溢出效应，结果表明，在全样本期间存在着由英国传向美国，由美国、日本传向英国，以及由美国、英国传向日本的波动溢出效应[86]。归纳不同国家、不同样本期间的研究结果可以发现：①规模较大且相对成熟的股票市场处于世界股票市场信息传导链的主导地位，其中影响力最大的是美国。②在全球性金融危机导致的恐慌时期，国际股票市场间的风险传染效应有着显著提高。其中，中国股票市场的风险迅速传染发达国家股票市场，反向传导效应并不存在。Missiuro 等指出，波动溢出效应的方向表明了股票市场间信息的传导方向，收益波动率与市场间的信息流动直接相关[87]。因此，基于信息流动的角度，中国股票市场的风险单方向传导至发达国家可以视为中国股票市场的信息顺利传导至其他国家股票市场，而从国外流向中国的信息则受到严重阻碍。Harju和Hussain使用美国、英国及德国高频数据，运用多变量 AR-EGARCH 模型进行了实证分析，研究发现，英德两国的股票市场间存在着双向的波动溢出效应，而美国股票市场受欧洲股票市场波动的影响，却并不存在反向波动溢出效应，并且这些波动溢出效应均具有非对称性特征，即利空消息比利好消息对波动率的影响更大[88]。

根据资本资产定价模型、套利定价模型、BS（Black-Scholes）期权定价公式等现代金融理论，证券二级市场的核心功能指标通过波动性进行衡量。波动性这一指标在二级市场上具有价格发现功能与资本配置功能，同时，波动性与其他指标密切相关（例如，反映证券市场质量和效率的其他指标：流动性、交易成本、市场信息流动等）。因此，波动性是能够综合反映股票市场的效率、价格行为、质量的最简洁和最有效的指标之一。股票市场的波动性反映的是市场参与者所搜集到的各种信息，造成理性预期发生波动，从而反映股票市场波动。由于股票市场是金融危机传染的重要途径，资本市场发生传染的联动效应均是通过资金转移这一途径，当资金出现非正常流动时，股票市场会表现出相应的波动。

金融市场资产风险的度量一般存在两个概念，即价格收益和价格波动。其中价格收益类似于一般价格收益率。在金融领域可以追溯到早期 Molodovsky 系统地给出的价格收益的经济内涵[89]。Milonas 将价格波动定义为随机变量的离散程度，在残差正态分布假设下，价格波动由标准残差或方差来刻画，一般用 $\sigma_{i,t}$ 表示[90]。后来的众多经济学家、金融学家通过大量实证检验证明价格波动并不总是存在正态性假设，与实际存在偏差。在实际中，金融资产价格波动存在尖峰厚尾的特征，因此，后来学术界用改进过的其他价格波动模型如 ARCH 等来衡量波动。

由于股票指数的波动主要表现在收益率序列的波动方面，因而本章用股票指数的日收盘价来计算股票指数的收益率，计算公式如式（2-3）所示。

$$r_{i,t}^{s} = \ln\left(\text{stock}_{i,t}\right) - \ln\left(\text{stock}_{i,t-1}\right) \tag{2-3}$$

波动性与反映证券市场质量和效率的其他指标如流动性、交易成本、市场信息流动等密切相关，因此波动性是综合反映股票市场的价格行为、质量和效率的最简洁和最有效的指标之一。由于不能直接获得波动率数据，我们通过使用参数波动模型来估计波动率。具体应用指数广义自回归条件异方差性的模型来描述市场收益率对于评级机构信息披露的波动。这个模型通过具体的条件边缘分布来过滤条件波动率的过程。在对稳健性的检验中，使用绝对值和平方项来替代收益的波动性。

$$r_{i,t+1} = \mu_i + \varepsilon_{i,t+1}，\ \varepsilon_{i,t+1} = \sigma_{i,t+1} z_{i,t+1} \tag{2-4}$$

$$\ln\left(\sigma_{i,t+1}\right)=\omega_i+\beta_i\ln\left(\sigma_{i,t}\right)+\gamma_i z_{i,t}+\alpha_i\left(\left|z_{i,t}\right|-E\left|z_{i,t}\right|\right) \tag{2-5}$$

$$z_{i,t}=\varepsilon_{i,t}/\sigma_{i,t} \tag{2-6}$$

根据 Asai 和 McAleer 的分类[91]，式（2-5）是一个 EGARCH 模型，用来检验和刻画对于正向与负向冲击的非对称性模型。$z_{i,t}=\varepsilon_{i,t}/\sigma_{i,t}$ 定义了标准化的残差，α_i 刻画了非对称效应的波动性，相比于同等程度的正向冲击，负向冲击会产生更高的波动。正向的冲击斜率系数是 $\gamma_i+\alpha_i$，负向的冲击斜率系数是 $\gamma_i-\alpha_i$。如果 α_i 是正的，γ_i 是负的，那么负向冲击产生的波动大于正向冲击的波动。因为 $|\gamma_i-\alpha_i|\geqslant|\gamma_i+\alpha_i|$。

2.5.2 长期均衡理论

一般情况下，时间序列通常存在趋势平稳过程与差分平稳过程。通常采用差分变换来消除序列中的非平稳趋势，使序列变为平稳序列再建立模型。差分后的序列并不能真正直观表达所讨论的经济问题的现实意义，甚至于变换后的序列限制了讨论经济问题的范围，因此，化为平稳序列后得到的时间序列不能被解释清晰。虽然有些经济变量本身的序列是非平稳的，这些序列的矩会随时间变化，但存在一种情况，经过线性组合后的序列可能是不随时间变化的平稳序列。如果经过处理后这种平稳线性组合存在，那么就认为这些非平稳时间序列之间存在协整关系。

协整是一个很强的概念，假如经济系统将一些经济指标联系在一起，那么从某个角度来看，这些变量之间应该存在某种均衡关系，这是建立模型、检验模型的出发点，否则会出现伪回归。由于存在随机干扰因素或季节影响因素，这些变量有可能与均值有偏离，但是随着时间的推移，变量之间的相互关系会回归到均衡状态。如果出现的偏离随着时间的推移无法消除，即偏离是持久的，我们就不能认为这些变量之间存在协整关系。

由协整理论中的格兰杰表达式定理可知，变量序列之间的协整关系意味着误差修正机制的存在。也就是说，如果经济系统中的各个变量之间存在协整关系，其中某些经济变量在受到各种随机冲击而偏离其长期均衡轨道后，经济系统内部将会有一种内在机制使其向长期均衡轨道回归。在经典协整理论中，不论经济变量所受到的冲击是正向还是负向，都假定经济变量不论正的方向还是负的方向偏离了长期均衡轨道，其向长期均衡轨道回归的速度都相同。

2.5.3 长期均衡及短期波动模型

欧阳敏华和雷钦礼认为这种回归速度同一性的假定往往并不符合实际[92]。

例如，我们看到由于经济过热和经济衰退导致的经济变量对长期均衡轨道的偏离的回复过程往往很不相同，回复所需的时间长度也往往相差很大。因此，考虑到不同方向的非均衡误差可能具有不同的修正速度，以及在不同的政策环境下经济变量也会具有不同的误差修正速度，就需要将经典的误差修正模型扩展，构造出可以描述不同政策环境下或不同方向的非均衡误差具有不同修正速度的模型，这种误差修正模型就是非对称误差修正模型。

$$\Delta x_{it} = \sum_{j=1}^{m}\sum_{k=1}^{p}\gamma_{ij(k)}\Delta x_{jt-k} + \alpha_i + \lambda_i^{(1)} z_{t-1} I\left(z_{t-1} \leqslant 0\right) + \lambda_i^{(2)} z_{t-1} I\left(z_{t-1} > 0\right) + \mu_{it} \tag{2-7}$$

$i = 1, 2, \cdots, m$

则线性非对称误差修正模型就可表示为

$$\Delta x_t = \sum_{k=1}^{p}\gamma_{(k)}\Delta x_{t-k} + \alpha + \lambda^{(1)} z_{t-1} I\left(z_{t-1} \leqslant 0\right) + \lambda^{(2)} z_{t-1} I\left(z_{t-1} > 0\right) + \mu_t \tag{2-8}$$

更一般地，考虑到不同政策环境下经济变量本身的短期动态运行结构和非均衡误差修正速度可能不同，可将该经济系统的误差修正机制拓展设定为

$$\begin{aligned}\Delta x_t = &\left(\sum_{k=1}^{p}\gamma_{(k)}^{(1)}\Delta x_{t-k} + \alpha^{(1)} + \lambda^{(1)} z_{t-1}\right) I\left(q_{t-d} \leqslant c\right) \\ &+ \left(\sum_{k=1}^{p}\gamma_{(k)}^{(2)}\Delta x_{t-k} + \alpha^{(2)} + \lambda^{(2)} z_{t-1}\right) I\left(q_{t-d} > c\right) + \mu_t\end{aligned} \tag{2-9}$$

在误差修正模型中，差分项反映了长期非均衡误差对短期波动的影响、短期波动相对于长期均衡的偏离程度。误差修正项的系数大小反映了将非均衡状态拉回到均衡状态时对偏离长期均衡的调整力度。负的误差修正项的系数表示下一个时期研究对象回落并恢复均衡。确定滞后阶数，再用从一般到特殊的建模方法去掉不显著的解释变量。确定股票市场收益率的误差修正模型：

$$\begin{aligned}\Delta \mathrm{strade} = &\; c + \alpha_0 \mathrm{ecm}_{t-1} + \sum_{i=1}^{n}\alpha_1 \Delta \mathrm{strade}_{i,t-1} + \sum_{i=0}^{n}\alpha_2 \Delta \mathrm{rating}_{i,t-1} \\ &+ \sum_{i=0}^{n}\alpha_3 \Delta \mathrm{events}_{i,t} + \sum_{i=0}^{n}\alpha_k \Delta\left(\sum_{k=1}^{p}\gamma_k \mathrm{EC}_{i,t}^{k}\right) + \varepsilon_{i,t}\end{aligned} \tag{2-10}$$

分析误差修正项系数的大小，剔除掉不显著的控制变量。考虑到波动率的特殊性，可以用通过 GARCH 模型过滤的收益率波动表示。田益祥和韩穆盼运用多元 GARCH 参数模型过滤提取主权信用评级变动对股票市场冲击的波动，将此波动代入误差修正模型，分析了宏观经济因素对股票市场的长短期影响，刻画出评级下调冲击导致的短期偏离与长期均衡[93]。

第3章 欧美主权信用评级下调对金融市场的冲击效应

本章基于多方博弈视角，研究评级下调的投资转移和金融风险传染导致资本流动冲击股票市场、债务市场、信贷市场和金融衍生品 CDS 市场的程度。实证欧美主权信用评级下调对我国股票市场、债券市场、信贷市场和金融衍生品 CDS 市场的冲击效应，并比较各市场冲击效应的特征。

3.1 评级下调冲击下资金流动的博弈理论分析

债务危机爆发后，危机从希腊传导葡萄牙、意大利、爱尔兰和西班牙，危机逐渐恶化，评级变动发生国经济开始逐步萎缩，区域周边国家惨遭波及，产生联动效应。整个市场投资者情绪恐慌，危机蔓延至国际金融市场，股票市场发生大幅震荡，大宗商品齐跌。股票价格本质是一种未来理性期望，是通过投资者影响股票价格的实体经济未来价值的理性期望。理性预期的本质是对这些经济变量所包含的相关信息的搜集、传递和应用。所以股票市场的波动性反映的是市场中参与者所搜集到的各种信息造成理性预期发生变动，导致投资者进行资金转移。例如，本国挤兑造成投资转移，或者风险传染，进而对股票市场进行冲击，于是反映在股票市场波动。

博弈双方不同的策略选择对应着资金的不同流动方向、是否发生投资转移、是否对股票市场产生冲击。当评级变动冲击发生时，资金的异常流动导致股票市场发生震荡，打破股票市场的均衡。由于欧洲经济一体化，各国致力于减缓危机的蔓延，以促使经济系统趋于均衡，进行是否进行资金援助的博弈。资金援助是资金从高信用国家转移至低信用国家的过程。此时评级下调带来的冲击不单独是一个国家面临的问题，而是关系到整个欧元区经济一体化的前景和地位。在评级下调对金融市场的剧烈冲击下，各个国家会出台救市政策。救市政策的手段之一就是扩大外债规模，所以随着救市力度的增强，国家所承担的债务规模随之扩大，进而使该国不能偿还其主权债务，导致违约，因而使国际关系恶化。为了防止危机大幅扩散，并对评级下调国家给予救助，帮助欧元区国家恢复经济，国际货币基金组织（International Monetary Fund，IMF）和欧盟27国财政部达成一致救助协议，即一揽子救助计划。如此就存在援助方与被援助方的博弈行为。援助的博弈行为的本质是资金注入。考虑到博弈各方会进行动态、重复的策略选择，本节基于演化博弈视角，来分析评级变动引发的非正常资金流动对股票市场造成的冲击。

3.1.1 不同国家间金融风险传染与投资转移

金融事件冲击导致资产价格产生剧烈震荡的情况越来越多，个人及机构投资者一般通过在金融子市场中调整资金的配置来分散风险。当某金融子市场遭遇金融事件冲击时，其他金融子市场资产持续增加，表明两市场间存在负向投资转移。投资者同时减持某种资产和加持其他资产，加持其他资产带来的收益就会抵消减持某种资产带来的损失。当某金融子市场遭遇金融事件冲击时，若它和其他金融子市场资产同时贬值，则表明两市场间存在正向风险传染[94]。关于风险传染与投资转移的概念，沿用Baur和Lucey[67]文献的定义：比较某时期和基准期的金融子市场收益率间关联系数的变化，此关联系数显著并且正向增加为风险传染，显著并且负向减少为投资转移。具体来说，多个金融子市场同方向运行程度高于正常时期运行程度时，存在多个金融子市场间的传染效应；而如果正常时期金融子市场有着正向相关性，却在特定时期改变为负向关系，则在特定时期存在投资转移效应。投资转移在资本市场上存在两种用来抵消风险的行为，分别是流动性投资转移与安全性投资转移。流动性投资转移主要指投资者把流动性差的资产转换成流动性好的资产。后者主要指投资者偏好于风险低的金融资产的转移行为。投资转移从转移方向来划分，也可分为正向与反向。正向投资转移是指投资者更加偏好于风险小、流动性好的市场，即将资产从风险高的市场转移到风险低的市场。反向转移正好相反。

一国主权风险、透明度和信息控制的改善会使流入该国的国际资本有所增加。但由于信息不对称性的存在，外国投资者无法了解被投资国的相关信息。通过考核一国的政治经济等因素，评级机构可给出综合评价，即主权信用评级。很多学者给出了主权信用评级对资本流向的影响，如Reinhart和Rogoff研究了主权违约风险对资本流向的影响，发现主权违约风险的存在会导致资本从发达国家市场流入新兴国家市场[95]。

主权信用评级不仅影响国际投资者是否购买主权债务，还会影响国际投资者其他资本流入行为。例如，Ratha 等的研究表明主权信用评级会影响国际债券市场间的投资决策、FDI（foreign direct investment，外商直接投资）配置和组合投资流向[96]。Fuentes 和 Saravia 研究发现，当发生主权信用违约时，FDI 将会显著流出[97]。

Fratzscher 等使用 GARCH-M 模型实证检验了股票市场波动的溢出效应，结果表明，在全样本期间存在着由英国传向美国，由美国、日本传向英国及由美国、英国传向日本的波动溢出效应[86]。归纳不同国家、不同样本期间的研究结果可以发现：①规模较大且相对成熟的股票市场处于世界股票市场信息传导链的主导地位，其中影响力最大的是美国。②在全球性金融危机导致的恐慌时期，国际股票市场间的风险传染效应显著提高。其中，中国股票市场的风险迅速传染到发达国家股票市场，反向传导效应并不存在。杨飞给出的结构性变化检验结果显示，在动态条件相关系数序列的均值方程中，美国—巴西、美国—俄罗斯、美国—印度及美国—中国回归结果显著。这些结构性变化产生的原因如下：从国际贸易的角度看，美国是巴西的第二大出口国。从出口贸易构成的角度看，巴西主要输出矿石、能源及农副产品等大宗商品。而大宗商品关系到国计民生，极易受到国际市场突发事件的影响，因此，巴西与美国股票市场的动态条件相关系数一直保持在很高的水平，并在次贷危机后发生了结构性变化。俄罗斯的情况与巴西较为相似，其股票市场也与美国保持着相对较高的动态条件相关系数水平，而在次贷危机爆发后发生了结构性变化，因为其出口商品主要以原油产品、天然气等能源类大宗商品为主。由于印度与中国都有着数量众多的廉价劳动力并依托此优势确立了外向型的发展战略，两国情况比较接近。美国作为印度的第三大出口市场、中国的第一大出口市场，由于受到次贷危机的冲击，主要发达市场的进口需求萎缩，中印两国外向型的发展战略受到了不同程度的影响。因此，在危机爆发后，中印两国股票市场与美国股票市场的动态相关关系产生了结构性变化。由于美国更高的经济和市场发展程度、更高的金融市场发达程度，其经济和金融的组织形式成为各国竞相模仿的对象[98]。

3.1.2　公众与政府博弈的资金流动

本节从参与者行为倾向的博弈角度来解释评级下调时各个参与者选择倾向于何种策略。首先定义强势政府和弱势政府。强势政府指的是有能力承诺并坚持维持固定汇率的政府；弱势政府指的是在投机者进行资金转移攻击市场时放弃固定汇率任其国家货币贬值的政府。

如图 3-1 所示，在博弈之前，政府、民众都不知道对方的策略及每一个策略对应的支付水平，因此，这是不完全信息的动态博弈过程。在此博弈过程中，双方的行动并不是同时进行，而是存在先后顺序。后行动者通过观察先行动者的行为得到先行动者的策略空间，再做出自己的策略，进一步修正自己的判断。公众可以根据先验概率来判断政府是强势政府（信用等级高）还是弱势政府（信用等级低），进而选择自己的策略。公众会选择相信政府，继续保留资金，或者选择资金转移。公众最终选择哪一个对策取决于先验判断：对于强势政府，假设公众对政府有信心，配合政府的政策引导，并不进行资金的转移，理性地将资金投入本国市场。此时对于公众而言，其支付最小假设为 0（此处的数字只代表其相对大小，并不代表具体的四则运算绝对值），对市场的冲击也最小。假如政府并没有积极应对，即选择不干预时，公众最优选择是保留资金，不进行资金的转移。因为公众的积极配合为国家的债务调整提供了有力保障。此时公众的支付为 -1。所以对于强势政府，公众的最优选择是合作，不进行资本转移。对于弱势政府，不管政府是否干预，公众的最优策略选择都是进行投资转移，使自己的资产最大限度保值，蒙受最小的损失。

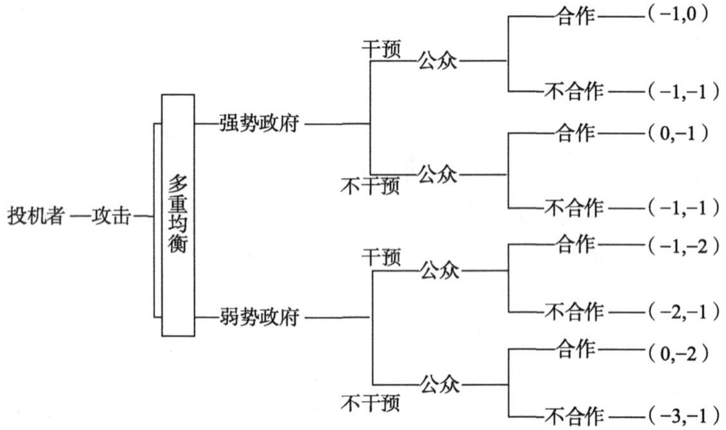

图 3-1 公众与政府的均衡博弈

所以，公众是否选择合作，依赖于根据先验概率对政府的主观判断。当公众判断政府是弱势政府时，选择不合作虽然并不是最优策略，但也是次优策略。因此，在实际中公众不断地使用贝叶斯规则修正自己的主观概率判断，从而调整到最优于自己的策略。

由上述博弈分析可知，如果公众认为政府为强势政府且实施干预，最佳均衡一定是合作。所以只要条件合适，政府便会释放强势政府的信号，稳定公众信心，防止因为公众进行资金转移而对股票市场造成冲击，进而达到稳定市场的目的。

3.1.3 投机者与政府博弈的资金流动

投机者的行为会影响政府所采取的策略。假如投机者选择配合政府政策，保留其头寸，在国际资本市场上无相互游资转移，那么政府会选择负责任的态度维持其固定汇率，稳定金融市场，防止风险恶化造成评级下调。假如投机者选择抛售资产，将国际资本撤离，造成资本大幅流出。此时，政府选择维持汇率的成本大于收益，那么政府将会不干预，听任货币贬值，造成负债扩大，引发评级下调，对危机国资本市场造成重大冲击，金融市场异常波动。在此博弈中投机者有两种选择，过程如图 3-2 所示。其一，投机者选择“不攻击”，即不发生资本的撤离，将资金继续投资于本国经济中。其二，投机者选择“攻击”，即抛售所在国货币，对于政府来说，这是不利且违背政府意愿的做法，造成资金借贷失衡，货币供求失衡，资本市场失衡。在投机者不发动攻击时，强势政府与弱势政府的贬值概率都是0，在投机者发动攻击时，对强势政府而言，贬值概率为0.2，不贬值概率为 0.8。弱势政府贬值概率为 0.8，不贬值概率为 0.2。假如投机者不发生资本转移，将蒙受巨额损失的概率增大，所以选择攻击的可能性为 0.8。面对投机者的铤而走险，经济基本面好的强势政府会选择用外汇储备换取本币的干预手段；经济基本面差的国家会因为经济实力的不足选择不干预，任其本国货币贬值。投机者会根据政府是否选择干预来判断其所在国经济情况，继而选择是否攻击。另一个可能存在的均衡是，不管国家经济基本面怎样，政府都选择干预，对于投机者而言，其选择攻击的概率为 0.8，所以投机者仍然会进行资本转移，如卖出股票等金融资产，会对国家经济造成重大冲击。该均衡是一个混同均衡。

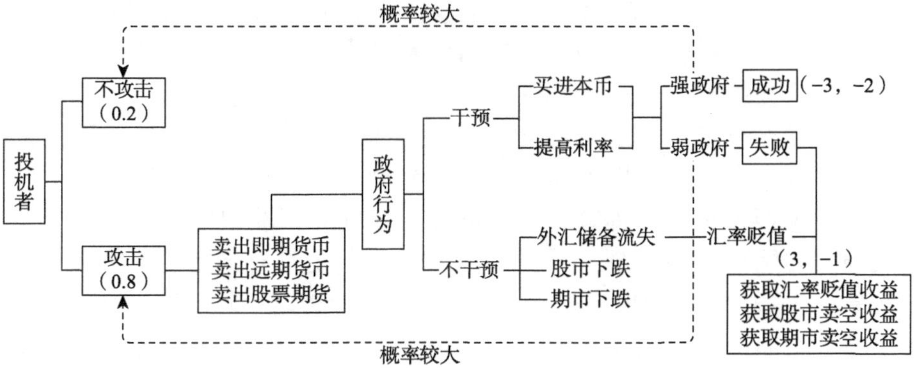

图 3-2　投机者与政府之间的博弈

3.1.4 政府间相互博弈的资金流动

我们可以设想这样一个博弈框架：欧洲债务危机治理的双方，即援助方与被援助方，均有两种行为策略，分别为援助和不援助、减支和不减支。对于被援助方而言，由于信息不对称和局部利益最大化等原因，若被援助方减支，将会面临国家内部社会福利下降，进而引发各种社会矛盾和政治压力，严重时可导致执政党丢失执政地位；反之，若被援助方不减支，虽然可以暂时缓解国家内部的压力，但将得不到外部援助，自身的债务问题至少在短期内得不到解决，甚至有发生主权债务违约的现实风险。对于援助方而言，援助可以帮助成员国渡过难关，以维护欧元区经济的稳定，但是同时也存在着被援助方不合作的情形，从而使援助行动不能达到解决债务危机问题的目的；反之若不援助，被援助方极有可能会出现主权债务违约，并因此而引发一系列的连锁反应，从而造成欧元区经济动荡，乃至出现欧元区解体的情形。程棵和魏先华关于金融危机对金融机构的冲击及政府救助金融机构的效果的模拟分析结果发现，金融危机中金融机构的脆弱性主要源于债务/资产比率过高、中短期债务过多及资产质量过低，政府对危机中金融机构的救助措施以低频大幅注资辅以购买短期债务和劣质资产最为有效[99]。

设 X 为援助方给予被援助方的援助，其具体方式可以为提供贷款、购买发生债务危机国家的国债或提供直接赠送等。$E_0(B_1)$ 为被援助方采取减支策略时可获得的收益，$E_0(B_2)$ 为被援助方采取不减支策略时可获得的收益。当援助方做出援助策略时，需要监督被援助方的行为，假设其监督成本为 C；反之，若援助方采取不援助策略，那么就无须对被援助方的行为进行监督，其监督成本为 0。为了保证援助的有效性，援助方希望当自身做出援助策略时，被援助方应做出减支行为，若被援助方未履行减支义务，就会对其进行惩罚。对于被援助方来说，其惩罚成本为 D_1。援助不仅仅对被援助方存在着约束，而且对援助方也存在着类似的约束。当被援助方做出减支行为时，援助方理应提供援助。否则就会对其进行惩罚，也可以理解为主权债务国违约对于欧盟冲击的潜在成本，此时对援助方的惩罚成本为 D_2。从另一角度看，D_2 也是对被援助方做出减支行为的某种意义的激励。G 为被援助方具体的减支额度，与此相应 $E_1(G)$ 为被援助方做出减支策略时所需要付出的代价，集中表现为国内的各种社会矛盾和政治压力。

根据以上设想，这种策略下的双方博弈的收益矩阵可概括，从静态角度看，博弈双方的策略选择取决于其收益和成本的比较。根据表 3-1，对于援助方来讲，$X+C$ 与 D_2 之间的大小即援助与不援助的成本大小决定了其收益。当 $X+C>D_2$ 时，援助方的较优策略是不援助。反之，将选择援助。对于被援助方而言，$E_1(G)$ 与 D_1 的大小决定其占优策略，即被援助方减支时的成本与不减支时的成本比较，当 $E_1(G)>D_1$ 时被援助方选择不减支策略，反之选择减支策略。

表 3-1　欧洲债务危机治理中援助方与被援助方博弈的收益矩阵

收益情况		被援助方	
		减支（合作）	不减支（不合作）
援助方	援助	$-X+E_0(B_1)-C,\ X-E_1(G)$	$-X+E_0(B_2)-C,\ X-D_1$
	不援助	$E_0(B_1)-D_2,\ -E_1(G)$	$E_0(B_2)-D_2,\ -D_1$

由于不确定性的存在，静态下的纳什均衡实际上是不存在的。相反，由于援助方与被援助方的行为策略在现实中是重复和动态性的，其行为选择基于有限理性，因此双方的策略选择实际上是不断变化的，即总是根据对方策略的变化而对己方的策略选择不断地做出相应的调整。在某种意义上，我们也可以说双方的策略选择是一个不断试探的过程。基于这一考虑，本章认为采用演化博弈分析方法来研究援助方与被援助方之间的博弈过程更贴近现实情况，也更为有效。

假定援助方和被援助方所做出的策略选择是随机且独立的，并在多次决策过程中进行重复博弈。援助方采取援助策略的概率为 p，采取不援助的策略的概率为 $1-p$。被援助方采取减支策略的概率为 q，选取不减支策略的概率为 $1-q$。根据演化博弈理论，援助方采取援助策略概率的变化率 $\dot{p}$ 可以表示如下：

$$\dot{p}=\left[e\times \boldsymbol{A}\times(q,1-q)T-(p,1-p)\times \boldsymbol{A}\times(q,1-q)T\right]\times p \tag{3-1}$$

其中，$e=[1,0]$；援助方的收益矩阵 $\boldsymbol{A}=\begin{bmatrix}-X+E_0(B_1)-C & -X+E_0(B_2)-C\\ E_0(B_1)-D_2 & E_0(B_2)-D_2\end{bmatrix}$，

通过计算，援助方选择援助策略必须满足以下平衡式：

$$\dot{p}=(1-q)\times(-X-C+D_2)\times p \tag{3-2}$$

被援助方选择合作策略即减少债务支出的平衡式：

$$\dot{q}=(1-q)\times\left(D_1-E_1(G)\right) \tag{3-3}$$

上述两个方程构成了援助方与被援助方的动力系统。可以得到四个博弈的纯策略均衡点：E_1=（0，0），E_2=（0，1），E_3=（1，0），E_4=（1，1）。我们根据演化博弈的雅克比矩阵的渐进稳定性分析得到策略的稳定性。

$$J=\begin{bmatrix}\frac{\partial\dot{p}}{\partial p} & \frac{\partial\dot{p}}{\partial q}\\ \frac{\partial\dot{q}}{\partial p} & \frac{\partial\dot{q}}{\partial q}\end{bmatrix}=\begin{bmatrix}(I-2p)\times(-X-C-D_2) & 0\\ 0 & (I-2p)\times(D_1-E_1(G))\end{bmatrix} \quad (3\text{-}4)$$

将四个纯策略均衡式代入雅克比行列式，得到各自的特征根，即各自均衡点数值的表达式，见表3-2。

表 3-2　均衡点数值表达式

均衡点	λ_1	λ_2
E_1	$-X-C+D_2$	$D_1-E_1(G)$
E_2	$-X-C+D_2$	$E_1(G)-D_1$
E_3	$X+C-D_2$	$D_1-E_1(G)$
E_4	$X+C-D_2$	$E_1(G)-D_1$

接下来检验各个均衡点的局部稳定性，分四种情况讨论：

（1）当 $D_2>X+C$，$D_1>E_1(G)$时，演化博弈策略是（援助，减支）。均衡点E_1（λ_1为正，λ_2为正）为不稳定点，E_2（λ_1为正，λ_2为负）为鞍点，E_3（λ_1为负，λ_2为正）为鞍点，E_4（λ_1为负，λ_2为负）为稳定点。

一方面，当 $D_2>X+C$ 时，援助方若是不援助，那么其所遭受的惩罚将大于选择援助时所付出的成本，因此，援助应是其最优的选择；另一方面，当 $D_1>E_1(G)$时，被援助方若是不减支，那么其所遭受的惩罚将大于选择减支时所面临的国内成本。因此，减支应为其最优的选择。综合上述两个方面，当 $D_2>X+C$，$D_1>E_1(G)$时，双方的演化博弈均衡策略E_4，即$p=1$，$q=1$，为最优策略援助和减支。这时均衡属于纯策略纳什均衡，亦每方根据自身面临的约束而进行选择，与他方无关。

演化博弈具有动态重复性特征，可以看到，E_1有移动到E_2或E_3的趋势，最终达到E_4实现局部稳定，如图3-3所示。

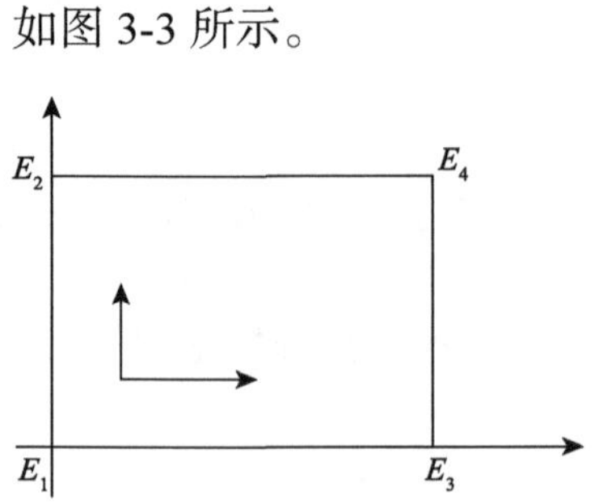

图 3-3　命题（1）的演化博弈相位图

（2）当 $D_2>X+C$，$D_1<E_1(G)$时，演化博弈策略是（援助，不减支）。均衡点 E_1（λ_1为正，λ_2为负）为鞍点，E_2（λ_1为正，λ_2为正）为不稳定点，E_3（λ_1为负，λ_2为负）为稳定点，E_4（λ_1为负，λ_2为正）为鞍点。一方面，当 $D_2>X+C$ 时，援助方若是不援助，那么其所遭受的惩罚将大于选择援助时所付出的成本，因此，援助应是其最优的选择；另一方面，当 $D_1<E_1(G)$时，被援助方若是减支，那么其所以面临的国内成本将大于不减支所遭受的惩罚。综合上述两个方面，当 $D_2>X+C$，$D_1<E_1(G)$时，双方的演化博弈均衡策略 E_3，即 $p=1$，$q=0$，为最优策略援助和不减支。同样可以看到，E_2 有移动到 E_1 或 E_4 的趋势，最终达到 E_3 实现局部稳定，如图 3-4 所示。

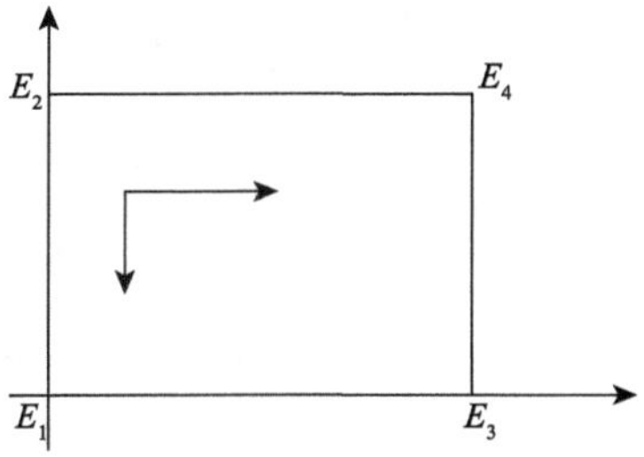

图 3-4　命题（2）的演化博弈相位图

（3）当 $D_2<X+C$，$D_1>E_1(G)$时，演化博弈策略是（不援助，减支）。均衡点 E_1（λ_1为负，λ_2为正）为鞍点，E_2（λ_1为负，λ_2为负）为稳定点，E_3（λ_1为正，λ_2为正）为不稳定点，E_4（λ_1为正，λ_2为负）为鞍点。一方面，当 $D_2<X+C$ 时，援助方选择援助时所付出的成本大于其所遭受的惩罚。因此，不援助应是其最优的选择；当 $D_1>E_1(G)$时被援助方若是不减支，所遭受的惩罚大于面临的国内成本。双方的演化博弈均衡策略 E_2，即 $p=0$，$q=1$，为最优策略不援助和减支，如图 3-5 所示。

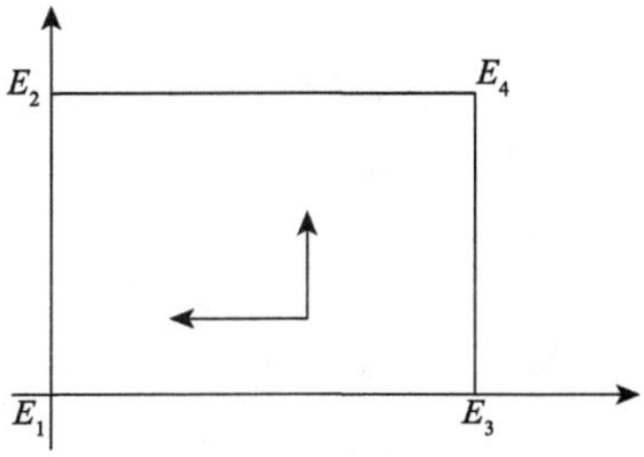

图 3-5　命题（3）的演化博弈相位图

（4）当 $D_2<X+C$，$D_1<E_1(G)$时，演化博弈策略是（不援助，不减支）。均

衡点 E_1（λ_1为负，λ_2为负）为稳定点，E_2（λ_1为负，λ_2为正）为鞍点，E_3（λ_1为正，λ_2为负）为鞍点，E_4（λ_1为正，λ_2为正）为不稳定点。一方面，当 $D_2<X+C$ 时，援助方若是援助，选择援助时所付出的成本大于其所遭受的惩罚，因此，不援助应是其最优的选择；另一方面，当 $D_1<E_1(G)$时，被援助方若是减支，所面临的国内成本大于其所遭受的惩罚。因此，不减支应为其最优的选择。同样可以看到，E_4有移动到E_2或E_3的趋势，最终达到E_1实现局部稳定。综合上述两个方面，当 $D_2<X+C$，$D_1<E_1(G)$时，双方的演化博弈均衡策略 E_1，为最优策略，如图 3-6 所示。

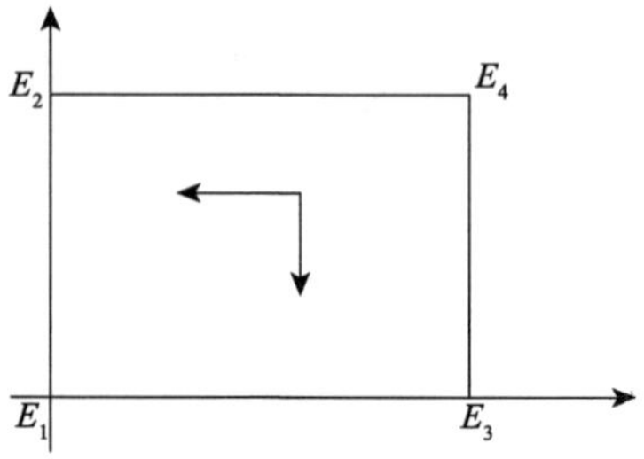

图 3-6　命题（4）的演化博弈相位图

上述分析意味着有效治理欧洲主权债务危机的基础或根本保障在于以 ESM（European stability mechanism，欧洲稳定机制）为主的援助方及各发达国家与以希腊为主的被援助方之间的合作。如果一方选择不合作，就会使欧洲债务危机进一步扩展蔓延，对金融市场造成更加严重的冲击。为了促使双方合作，必须实现 $D_2>X+C$，$D_1>E_1(G)$这一均衡条件。被援助方承诺减支，援助方履行援助承诺。这样才会保证资本不会出现大幅流动，对资本市场的冲击减小，减缓危机的蔓延，对于资本市场趋于稳定有促进作用。

3.2　主权信用评级变动对股票市场的冲击风险

股票市场作为一国经济的“晴雨表”，对一国经济发展注入了强大的动力。主权信用评级提高带来的“利好”与评级下调带来的“利空”都将反映到股票走势中。为此，本节将检验主权信用评级下调对股票市场的冲击风险及评级上升、下调对股票市场的非对称效应。

陆留存和田益祥发现评级机构公布的众多影响因素中，以下指标具有决定性作用：实际 GDP 增长、人均 GDP、通货膨胀、政府效率、经常账户收支、外汇储备、政府盈余/赤字，政府债务等[100]。Tian 等的研究表明政府债务、政府赤字会促使主权信用评级下调，而政府效率、人均 GDP 和外汇储备能抑制评级下调[101]。结合已有研究成果，选取相应指标进行实证分析。评级数据采用了标准普尔长期主权信用评级。股票市场的变化采用股票市值占 GDP 比率这一指标。该指标基本反映了股票市场的运行情况。此外，为防止遗漏重要变量而对估计结果的准确性产生影响，本节还加入了如下控制变量：GDP 增长率、通货膨胀及广义货币存量 $M2$。GDP 增长率代表了一国经济增长速率，较高的 GDP 增速表明一国正处于经济增长的轨道，未来前景良好，也会刺激股票市场的发展，对股票市场应具有正影响；通货膨胀对股票市场的影响较为复杂，一方面它表明资产价格的上升，社会资金较为充裕，对股票市场利好，另一方面较高的通货膨胀也说明一国经济存在一定的问题，尤其是恶性通货膨胀，严重冲击一国经济的增长；广义货币存量作为政府的货币政策，起着调控市场流动性的作用，尤其对于我国股票，由于受政策影响较大，广义货币存量的增减直接影响着股票市场的涨跌。因此，预期也对股票市场具有正影响。

表 3-3 列出了最近几年股票市值占 GDP 比率的描述统计，从均值来看，所选新兴经济体的股票市值比率在 40%左右，且在 2007 年牛市中达到峰值 59.238%，随后全球金融危机爆发，股票市值也逐渐缩水，2009 年股票市值占 GDP 比率低于 50%。从各国股票市值比率差异中分析，金融自由化程度最高的我国香港地区，2008 年股票市值占 GDP 比率一度达到了 775.8%，远远高过其他新兴经济体。而另外一些国家这一比率不到 1%，发展程度极为低下。因此，本节的分析考虑到了国家间的差异，具有一般性。

表 3-3　股票市值占 GDP 比率的描述统计

年份	均值	中位数	最大值	最小值	标准误
2006	38.385%	17.850%	212.641%	0.009%	49.593%
2007	59.238%	26.117%	442.785%	0.036%	85.801%
2008	54.932%	26.117%	442.785%	0.023%	120.438%
2009	49.368%	13.747%	707.435%	0.019%	114.483%

资料来源：世界发展指标数据库

另外，从表 3-4 的相关性分析中可知，股票市值与评级、GDP 增长率和广义货币存量存在正相关关系。这与我们的预期相符，可以在此基础上进行模型分析。

表 3-4 相关性分析

项目	股票市值	评级	GDP 增长率	通货膨胀	广义货币存量
股票市值	1				
评级	0.40	1			
GDP 增长率	0.12	0.12	1		
通货膨胀	−0.06	−0.16	−0.11	1	
广义货币存量	0.50	0.42	0.01	−0.12	1

为检验主权信用评级变动对股票市场的影响，本节构建了如下动态面板数据模型：

$$\text{STrade}_{it}=\alpha_i+\beta_1\text{STrade}_{i,t-1}+\beta_2\text{Rating}_{i,t-1}+\beta_3\text{Events}_{i,t-1}+\sum_{k=1}^{p}\gamma_k\text{EC}_{it}^{k}+\varepsilon_{it} \tag{3-5}$$

其中，STrade 表示股票市值占 GDP 比率；Rating 表示评级数据；Events 分别表示评级上升事件和评级下调事件。为得到评级上升事件和评级下调事件对股票市场的不同影响，对评级上升事件和评级下调事件将分开估计。EC 表示经济控制变量；α_i 表示个体效应；ε 表示随机误差项，i、t 分别代表了国家和时间。

在进行动态面板数据回归之前，为防止数据非平稳导致“伪回归”问题，有必要对股票市值占 GDP 比例进行单位根检验。股票市值比率的面板单位根检验结果如表 3-5 所示。

表 3-5 单位根检验

项目	统计量	P 值
Levin 等的检验 H_0：普通单位根	−16.246 7	0.000 0
ADF-Fisher-Chi-Square 检验 H_0：个体单位根	155.495 0	0.000 0
Im，Pesaran and Shin W-stat 检验 H_0：个体单位根	−4.551 4	0.000 0
PP-Fisher Chi-square 检验 H_0：个体单位根	164.004 0	0.000 0

从表 3-5 中可知，股票市值占 GDP 比率既不存在普通单位根也不存在个体单位根问题，数据是平稳的，可以进行动态面板回归。

分析表 3-6 可知，各系数的符号符合预期，股票市值比率存在滞后效应。主权信用评级滞后项的符号也符合预期，对股票市值比率具有正向影响。评级符号改变对股票市值比率的影响也符合预期。当评级机构提高一国主权信用评级时，该国的股票市值比率将会上升，然而这种影响并不显著，投资者对利好的刺激反应较为平静。而当评级机构下调一国主权信用评级时，股票市值比率将大幅下降，各类资本撤离股票市场，而且模型中评级下调事件的系数在 1%的水平下显著。通过比较系数还可以发现，评级下调带来的股票市值比率的下降幅度远大于评级上升带来的股票市值比率上升幅度，即主权信用评级对股票市值的影响存在着显著的非对称效应。

表 3-6　实证结果

变量	评级上升	评级下调
滞后项	0.790 1*** （0.059 1）	0.801 5*** （0.058 7）
评级滞后项	2.122 6* （1.227 8）	3.131 5*** （1.187 7）
评级事件	1.298 1 （4.124 5）	−19.335 1*** （5.604 1）
GDP 增长率	2.102 3*** （0.344 4）	1.905 2*** （0.345 5）
通货膨胀	0.021 2 （0.032 5）	0.022 0 （0.032 3）
$M2$	0.729 5*** （0.119 7）	0.709 0*** （0.118 3）
R^2	0.63	0.63

***、*分别代表在 1%、10%的水平下显著

此外，控制变量的符号也符合预期，GDP 的增长坚定了投资者的信心，促进股票市场的上涨，且涨幅高于 GDP 增幅；广义货币存量对股票市场也具有正影响，广义货币存量的提高增加了股票市场的资金来源，进而推动股票市场的上涨；通货膨胀对股票市场的影响十分复杂，既有可能推高股票市场也有可能引起股票市场下跌，模型中结果表明通货膨胀对股票市场比率的影响不显著，不是简单的单向刺激。

为防止解释变量共线性对模型估计结果的影响，我们将去掉控制变量，直接研究评级事件对股票市值占 GDP 比率的影响。其结果如表 3-7 所示。

表 3-7　无控制变量的回归结果

变量	评级上升	评级下调
滞后项	0.823 0*** （0.041 2）	0.819 1*** （0.040 6）
评级滞后项	3.672 0*** （1.338 0）	4.333 8*** （1.288 1）
评级事件	7.146 2 （4.486 1）	−24.520 8*** （6.144 4）
Wald chi2（3）	472.34***	496.25***

***代表在 1%的水平下显著

表 3-7 的结果说明，去除控制变量后，模型的结果没有受到影响，评级的上升会

带来股票市值比的上升，但系数不显著；而评级的下调将导致股票市值的大幅缩水，且在1%的水平下显著。评级的上升和下调对股票市值比的影响存在非对称效应。

此外，为防止数据异常值对模型结果的影响，我们将股票市值占 GDP 比率按大小排序，并去除掉其中 4 个最大和 4 个最小的国家，然后对数据重新回归，得到的结果如表 3-8 所示。

表 3-8　去除尾部数据的回归结果

变量	评级上升	评级下调
滞后项	0.359 2*** (0.051 2)	0.362 5*** (0.078 5)
评级滞后项	2.440 3*** (0.914 1)	2.133 5 (1.534 5)
评级事件	4.684 5* (2.805 2)	−6.017 6* (3.487 5)
GDP 增长率	1.046 5*** (0.247 0)	1.029 6*** (0.319 8)
通货膨胀	0.007 2 (0.021 3)	0.007 0* (0.004 0)
*M*2	0.348 6** (0.138 2)	0.338 6 (0.274 1)
R^2	0.34	0.35

***、**、*分别代表在 1%、5%、10%的水平下显著

表 3-8 中虽然解释变量系数的显著性发生了一些变化，但系数的符号并没有改变，不影响先前的结论。评级的上调仍会带来股票市值比率的上升，评级的下降也会带来股票市值比率的缩水，且负面评级带来的股票市值缩水也大于正面评级带来的市值增长，非对称效应同样存在。

3.3　主权信用评级变动对债券市场的冲击风险

随着资本市场的发展，企业的外部资金来源不再仅依赖于银行的贷款，而更多采用发行股票或债券等直接融资方式。股票、债券发行的成功与否及发行成本对企业都有重要的影响。主权信用评级作为国家风险的代理变量，理论上影响着一国债券市场的规模。因此，本节将重点检验主权信用评级对债券市场的影响。

债券市场的变量选用了公共债务占 GDP 的比率，公共债务是由政府发行的对内债务，反映了一国的债券市场发展程度，对一国经济具有重要影响。

此外，还采用了 GDP 增长率、通货膨胀及固定资本形成总值等变量，以防止缺失变量而造成错误推断。由于样本中只有 29 个国家具有公共债务数据，因

此我们将使用 29 个国家的相关数据进行实证。数据来源于世界银行数据库和 GDF（Global Development Finance）数据库，时间为 1996 年到 2009 年。

本节将采用动态面板数据模型估计主权信用评级变动对债券市场的影响，即

$$\text{Debt}_{it} = \alpha_i + \beta_1 \text{Debt}_{i,t-1} + \beta_2 \text{Rating}_{i,t-1} + \beta_3 \text{Events}_{i,t-1} + \sum_{k=1}^{p} \gamma_k \text{EC}_{it}^{k} + \varepsilon_{it} \quad (3\text{-}6)$$

其中，Debt 代表一国的公共债务；控制变量 EC 代表 GDP 增长率、通货膨胀和固定资本形成总值。其余解释同前。在正式估计之前，为防止因数据非平稳导致的伪回归问题，我们首先对公共债务占比进行单位根检验。结果如表 3-9 所示。

表 3-9 公共债务占比的面板单位根检验

项目	水平值		一阶差分	
	统计量	*P* 值	统计量	*P* 值
Levin 等的检验 H_0：普通单位根	−3.461 3	0.000 3	−4.399 0	0.000 0
ADF-Fisher-Chi-Square 检验 H_0：个体单位根	63.348 0	0.293 4	90.220 7	0.004 3
Im，Pesaran and Shin W-stat 检验 H_0：个体单位根	0.218 1	0.586 3	−2.866 5	0.002 1
PP-Fisher Chi-square 检验 H_0：个体单位根	33.855 6	0.995 3	142.632 0	0.000 0

从表 3-9 中我们可以看出，公共债务占 GDP 比率数据是非平稳的，而其一阶差分（即公共债务占 GDP 比率的变动）是平稳序列。因此，本节将采用公共债务占 GDP 比率的变动作为被解释变量。利用动态面板数据方法，根据式（3-6）得到回归结果，如表 3-10 所示。

表 3-10 实证结果

变量	评级上升	评级下调
滞后项	0.813 5*** （0.020 7）	0.805 1*** （0.020 6）
评级滞后项	−0.010 2 （0.007 9）	−0.004 6 （0.007 6）
评级事件	0.020 9 （0.027 2）	−0.095 7** （5.604 1）
GDP 增长率	−0.017 2*** （0.002 5）	−0.017 5*** （0.002 5）
通货膨胀	−0.004 6*** （0.001 5）	−0.003 9*** （0.001 5）
*M*2	−0.011 9*** （0.004 5）	−0.013 0*** （0.004 5）
R^2	0.9	0.9

***、**分别代表在 1%、5%的水平下显著

从表 3-10 的回归结果中我们发现，与股票市场的情况类似，主权信用评级的上调系数虽然为正，但对公共债务变动的影响并不显著。相反评级的下调会导致公共债务规模的萎缩，且评级下调的系数绝对值是评级上升的系数绝对值的 4 倍多，非对称效应显著。另外，由于被解释变量采用的是公共债务占 GDP 比率的变动，无论是主权信用评级较高的国家还是评级较低的国家，其公共债务都可能发生变动，故而主权信用评级的滞后项不显著。

控制变量的系数均显著，且对公共债务占 GDP 比率有负向影响。其中，GDP 增长率越高，公共债务占 GDP 比率的分母越大，而分子的增长速度赶不上分母，故而对公共债务占比有负面影响，同时这也说明 GDP 的增长不全由债务的增长推动。通货膨胀对债券市场而言是“利空”，较高的通货膨胀会导致债券利息收益的下降，购买力风险提高，因此对公共债务占比有负面影响。固定资本形成总额反映了一国的增长潜力，它与公共债务占比负相关可以被解释为新兴经济体中债券市场还处于发展的早期，增长缓慢，而较高水平的经济增长通常与较发达的金融系统紧密联系，固定资本形成总额的增加较少由债券市场解决。

虽然主权信用评级度量的是一国对外债务的偿还能力，但由于对外债务跟政府债务（公共债务）紧密相关，当主权信用评级下调时，一国对外债务收益率差提高，在国际资本市场上融资困难。这种影响理论上会传导到国内债券市场，影响投资者对未来经济发展的信心，从而导致国内公共债务发行的困难。

3.4 主权信用评级变动对信贷市场的冲击风险

以上两节研究了主权信用评级对企业或政府直接融资渠道的影响。利用动态面板数据方法我们得到了与预期相符的结论，即主权信用评级对直接融资具有非对称效应，评级的下调将严重冲击股票市场和债券市场。除了直接融资外，大多数企业都有间接融资行为，即通过银行贷款获取企业发展所需资金。因此，本节将重点研究主权信用评级对企业间接融资渠道的影响。此外，为避免模型偏误，以及考虑到研究方法的多样性，对于银行信贷的影响我们将采用面板 VAR 方法进行研究。

为说明主权信用评级对银行信贷的影响，本节选取银行信贷占 GDP 比率这一指标刻画银行信贷的变化。依据已有文献的研究，利用银行信贷占 GDP 比率、GDP 增长率、广义货币供应量 $M2$ 及主权信用评级来构建面板 VAR 模型。数据来源于世界银行。

VAR 模型[102]由 Sims 提出，它采用多方程联立的形式，模型的每个方程中，内生变量对模型中全部内生变量的滞后项进行回归，从而估计内生变量的动态关系。由于 VAR 模型无须设定结构模型，在经济学理论不足以退出估计模型及无法捕获变量之间的动态性时，VAR 模型具有广泛的应用空间。但 VAR 模型中变量个数的增加会导致待估参数的成倍增加，因此需要较大的样本容量。通过使用面板数据可以获得更多样本，因此，作为面板数据与 VAR 方法相结合的 PVAR 模型，兼具面板数据和 VAR 方法的优势，获得越来越多研究者的青睐。

面板 VAR 方法是多元系统方程，考虑了所有变量滞后项的影响。这种方法在对变量没有严格先后次序要求的情况下分析较为有效。面板向量自回归模型可表示成如下形式：

$$\boldsymbol{Y}_{it} = \boldsymbol{\alpha}_i + \boldsymbol{\Gamma}\boldsymbol{Y}_{i,t-1} + \mu_{it} \tag{3-7}$$

其中，$\boldsymbol{Y}_{it} = [\text{BANKCRED}, \text{RATING}, \text{GDP}, M2]^{\mathrm{T}}$ 是基于面板数据的 4×1 向量，BANKCRED、RATING、GDP、$M2$ 分别代表银行信贷、主权信用评级、GDP 增长率和广义货币供应量。i 代表各个国家；t 代表时间；$\boldsymbol{\Gamma}$ 代表滞后一期的解释变量系数矩阵；$\boldsymbol{\alpha}_i$ 是 4×1 的各国个体效应向量。

面板 VAR 的估计结果主要由三个部分组成：一是面板 VAR 模型的矩估计结果，说明变量之间的相关关系；二是脉冲反应图，考察各变量对其他变量冲击的动态反应过程；三是误差项的方差分析。

由于 VAR 模型的分析以变量的平稳性为前提，因此，在实证估计前对各变量需要作平稳性检验，以确定用变量的水平值或者差分值进行建模。各变量的单位根检验如表 3-11 所示。

表 3-11　银行信贷、主权信用评级和 GDP 增长率的单位根检验

项目	BANKCRED	RATING	GDP	$M2$
水平值				
Levin 等的检验 H_0：普通单位根	0.242 6	$-3.224\ 1^{***}$	−1.003 9	2.258 2
ADF-Fisher-Chi-Square 检验 H_0：个体单位根	1.518 1	0.167 8	$-2.699\ 5^{***}$	3.180 0
Im，Pesaran and Shin W-stat 检验 H_0：个体单位根	94.072 7	97.230 4	$133.097\ 0^{***}$	95.590 9
PP-Fisher Chi-square 检验 H_0：个体单位根	80.686 0	76.499 4	$140.354\ 0^{***}$	79.123 6
一阶差分				
Levin 等的检验 H_0：普通单位根	$-5.150\ 9^{***}$	$-9.054\ 9^{***}$	$-11.807\ 0^{***}$	$-4.876\ 8^{***}$
ADF-Fisher-Chi-Square 检验 H_0：个体单位根	$-4.680\ 7^{***}$	$-5.773\ 2^{***}$	$-7.773\ 8^{***}$	$-4.600\ 1^{***}$
Im，Pesaran and Shin W-stat 检验 H_0：个体单位根	$166.952\ 0^{***}$	$182.155\ 0^{***}$	$234.605\ 0^{***}$	$172.531\ 0^{***}$
PP-Fisher Chi-square 检验 H_0：个体单位根	$304.581\ 0^{***}$	$256.964\ 0^{***}$	$384.239\ 0^{***}$	$202.808\ 0^{***}$

***代表在 1%的水平下显著

表 3-11 的结果表明，各变量的水平值都存在着单位根，要么是普通单位根（common unit root），要么是个体单位根（individual unit root），或者两者都存在。而变量的一阶差分均不存在单位根。因此，接下来我们将采用各变量的一阶差分值做面板 VAR 分析。

（1）估计结果。

利用世界银行 Love 和 Zicchino 提供的面板 VAR 的 STATA 程序[103]，第一步先估计面板 VAR 模型。首先利用均值差分去掉各个国家的面板数据固定效应，此时得到的是系数的有效估计。此外，为简便起见，说明主权信用评级对银行信贷有影响，且利用不同的模型能得到与股票、债务市场类似的结果，本节将只采用变量的一期滞后。估计的结果如表 3-12 所示。

表 3-12　面板 VAR 估计结果

变量	b_GMM	se_GMM	t_GMM
	h_BANKCRED		
L.h_BANKCRED	0.224 1	0.063 9	3.466 4
L.h_RATING	0.678 3	0.483 2	1.403 6
L.h_GDP	0.090 8	0.090 3	1.005 2
L.h_*M*2	0.044 1	0.012 5	3.525 1
	h_RATING		
L.h_BANKCRED	−0.017 6	0.006 5	−2.699 0
L.h_RATING	0.022 5	0.087 0	0.258 3
L.h_GDP	0.033 2	0.016 3	2.030 7
L.h_*M*2	0.003 8	0.001 8	2.097 1
	h_GDP		
L.h_BANKCRED	−0.041 3	0.020 8	−1.987 5
L.h_RATING	0.025 1	0.263 0	0.095 3
L.h_GDP	−0.205 1	0.263 0	0.095 3
L.h_*M*2	−0.011 3	0.006 0	−1.872 9
	h_*M*2		
L.h_BANKCRED	−0.142 1	0.222 6	−0.638 3
L.h_RATING	−1.764 5	1.740 9	−1.013 6
L.h_GDP	0.335 6	0.710 9	0.472 0
L.h_*M*2	−0.106 7	0.061 4	−1.739 0

注：b_GMM 表示 GMM 估计系数；se_GMM 表示估计系数的标准误；t_GMM 表示 GMM 估计系数的 *T* 检验值

从以上回归结果可以看出，在银行信贷差分值作为依赖变量时，主权信用评级估计系数为正，即评级的变动与银行信贷同向变化。主权信用评级高，对银行信贷有正向影响，即较高的评级代表一国政治经济状况良好，企业发展较好，刺激银行更愿意放出更多贷款。GDP 的系数也为正，说明收益率差扩大，银行的贷款更有利可图，更愿意多贷款；GDP 增长较快，企业也需要更多的资金发展，需要更多的贷款；而 *M*2 的增长也为银行提供了更多资金放贷。

（2）方差分解。

然后是对面板 VAR 的方差分解。从表 3-13 的方差分解结果看，银行信贷受自身冲击较为明显，在第 10 期和第 20 期都达到了 93.70%，即银行信贷是主要因素，但主权信用评级对银行信贷也有影响。

表 3-13　方差分解

变量	*s*	BANKCRED	RATING	GDP	*M*2
BANKCRED	10	0.937 0	0.004 3	0.001 2	0.057 6
RATING	10	0.024 0	0.937 1	0.009 8	0.029 1
GDP	10	0.054 4	0.058 9	0.865 9	0.020 7
*M*2	10	0.002 0	0.015 5	0.001 2	0.981 3
BANKCRED	20	0.937 0	0.004 3	0.001 2	0.057 6
RATING	20	0.024 0	0.937 1	0.009 8	0.029 1
GDP	20	0.054 4	0.058 9	0.865 9	0.020 7
*M*2	20	0.002 0	0.015 5	0.001 2	0.981 3

利用面板 VAR 方法研究了主权信用评级对银行信贷的影响。理论上主权信用评级代表了未来国家风险，主权信用评级遭到下调时，说明一国未来经济存在问题，银行贷款不能按期收回的风险加大。因此，银行将收缩贷款规模，从而导致银行信贷的减少，即主权信用评级与银行信贷是同向变化的。

实证结果符合预期，面板 VAR 的估计结果及脉冲分析表明主权信用评级对银行信贷具有正向影响。

3.5　主权信用评级下调对 CDS 市场的冲击效应

信用衍生工具自问世以来，得到了很大的关注，也获得了大量资金的投入。其中 CDS 是这些信用衍生品当中最简单和应用最广泛的，现在已经是金融市场非常坚实的组成部分，最近英国银行的报告指出，很多高收益债券的 CDS 合约有非常巨大的增长，而新兴市场国家就是其中非常具有代表性的一部分，新兴市场国家有世界上收益最高的债券。而新兴市场国家与其他高收益债券不同的是，国家在金融压力下，不会清算他们的资产或者走银行破产的路子，而是进行资产重组，如将违约的债券重新做成年限更长或者利率更低的债券组合，在主权信用评级变动和主权资产赤字的背景下，我们非常有必要研究一下 CDS 对评级变动的反应及预期评级变动的可能性，从而引出在外部经济环境动荡的情况下，CDS 对东道国债券市场风险的管理。本节基于高收益国家（新兴市场国家）的主权 CDS 的时间序列对评级下调的反应和预期，回答以下问题：

（1）信用评级负面公告是否包含了新的信息？CDS 的价差是如何对其做出反应的？

（2）对于不同类型的新兴市场国家，CDS 对评级的反应是否相同？是否能改变投资者对于债券和 CDS 的投资组合，从而影响 CDS 与债券市场之间的资金流动。

为了解决上述问题，选取世界上的高收益国家（新兴市场国家）（包含巴西、俄罗斯、南非、哥伦比亚、墨西哥、韩国、委内瑞拉、土耳其、哈萨克斯坦、罗马尼亚、菲律宾、印度尼西亚、埃及、阿根廷、乌克兰、沙特阿拉伯等在内的 16 个国家）5 年期的主权 CDS 的价差在 2006 年 5 月 1 日至 2016 年 8 月 31 日的每日数据进行研究，描述性统计如表 3-14，数据来自彭博数据库。

表 3-14　16 个新兴市场国家 CDS 价差波动图与主权信用评级变动频率

国家	日观察值	CDS 价差（bps）		CDS 价差波动		
	起始日期 2006 年 5 月 1 日	平均值	标准差	平均值	标准差	下调（负面）评级次数
巴西	2 691	181.020 9	98.735 4	0.049 7%	9.060 2%	3
哥伦比亚	2 693	158.290 8	71.174 7	0.015 8%	8.646 3%	1
墨西哥	2 691	127.949 3	71.549 0	0.027 5%	8.679 5%	2
韩国	2 409	97.144 7	82.272 4	0.008 2%	8.045 0%	0
委内瑞拉	2 693	1 621.794 2	1 623.643 8	1.336 5%	139.258 9%	4
土耳其	2 676	222.218 5	76.284 8	0.039 7%	10.269 0%	2
俄罗斯	2 678	219.455 2	154.279 3	0.064 7%	14.364 9%	7
南非	2 662	178.835 1	92.366 7	0.075 8%	8.744 3%	4
哈萨克斯坦	2 692	246.443 4	203.304 2	0.054 6%	18.211 2%	2
罗马尼亚	2 698	222.523 5	150.031 0	0.026 7%	10.200 5%	1
菲律宾	2 522	163.838 8	81.048 3	−0.029 6%	9.975 7%	1
印度尼西亚	2 475	215.984 3	133.005 8	−0.013 7%	18.537 7%	0
埃及	2 222	425.052 1	179.297 1	0.133 2%	15.655 8%	6
阿根廷	2 347	1 402.231 1	1 189.726 3	0.049 7%	171.036 4%	2
乌克兰	2 530	1 014.579 5	1 000.658 7	0.214 6%	151.276 1%	7
沙特阿拉伯	2 092	109.921 5	54.307 0	0.046 1%	4.748 8%	1
平均值		412.955 2	328.855 3	0.131 2%	37.919 4%	2.687 5

从表 3-14 可以看出，相比于债券市场，CDS 市场的波动明显更大，国家与国家之间的差距也非常大，从平均值来看，韩国最低是 97.144 7，而委内瑞拉则高达 1 621.794 2，同属于新兴市场国家，差距在 15 倍左右。而各个国家 CDS 变动存在一个长期增长的趋势（2008~2009 年的金融危机导致的非正常收益除外），在2008~2009年，各个国家的CDS都产生了剧烈增长，危机过后又恢复平稳，说明 CDS 对金融危机有非常显著的反应。而在我们的样本区域内，各个国家的CDS伴随着主权信用评级变动都有大小不一的波动。图 3-7 展示了一些有代表性的国家的 CDS 与评级变动随着时间变化的变动，其中评级下调事件发生较多的国家是委内瑞拉、俄罗斯、南非、哈萨克斯坦等，从图中可以明显地看到，在评级下调事件频发的时间段，CDS 利差有显著的增长波动趋势。

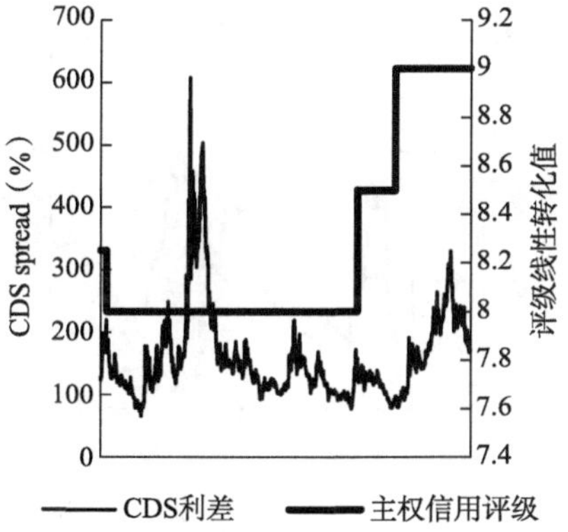

（a）哥伦比亚 CDS 与评级变动

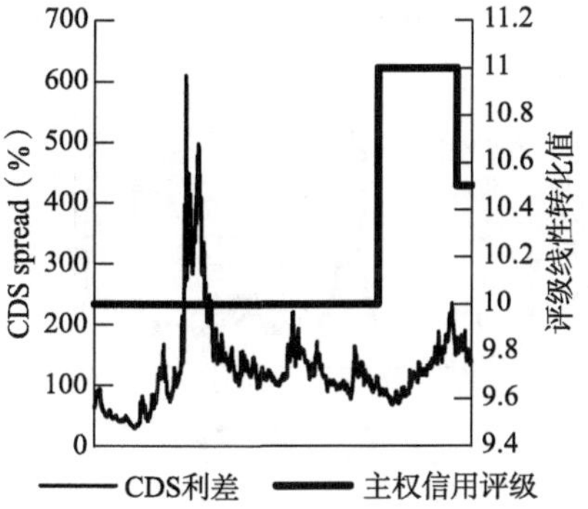

（b）墨西哥 CDS 与评级变动

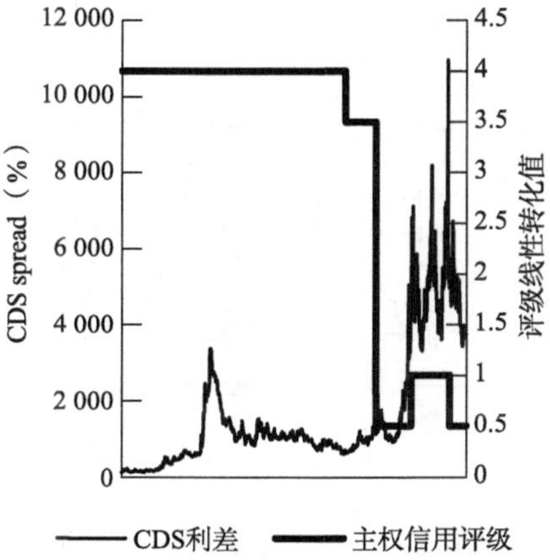

（c）委内瑞拉 CDS 与评级变动

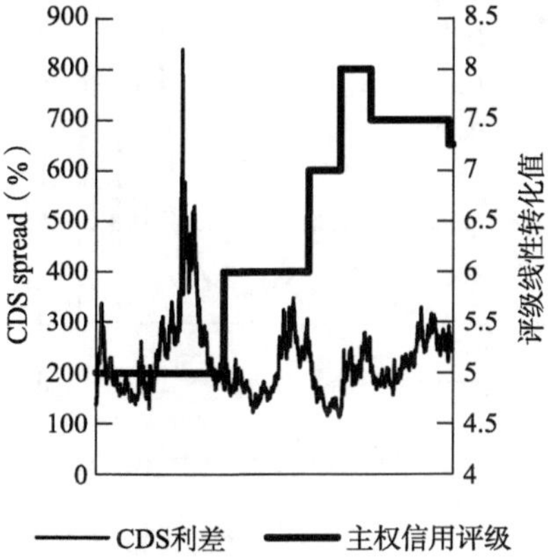

（d）土耳其 CDS 与评级变动

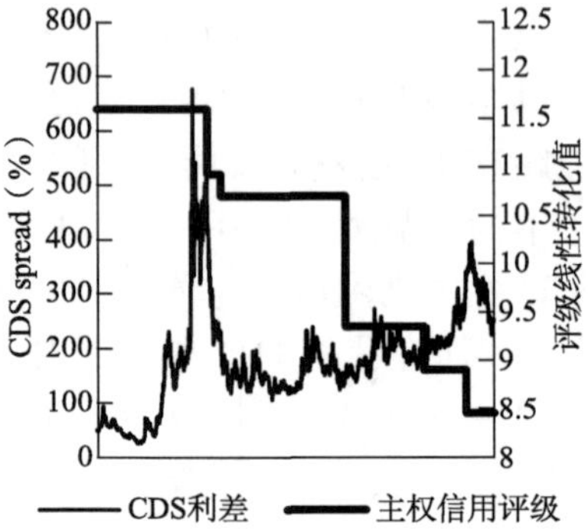

（e）俄罗斯 CDS 与评级变动

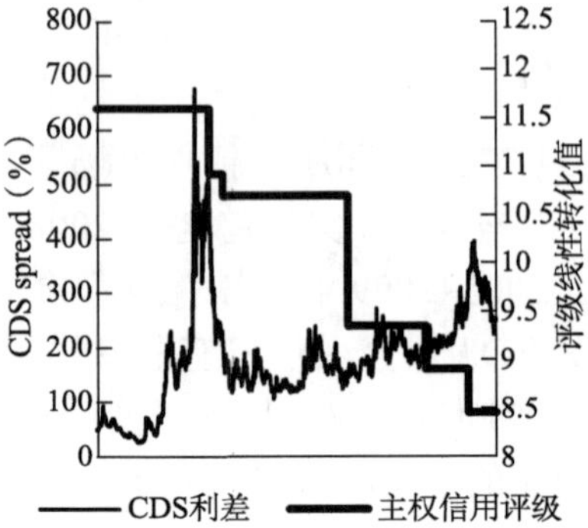

（f）南非 CDS 与评级变动

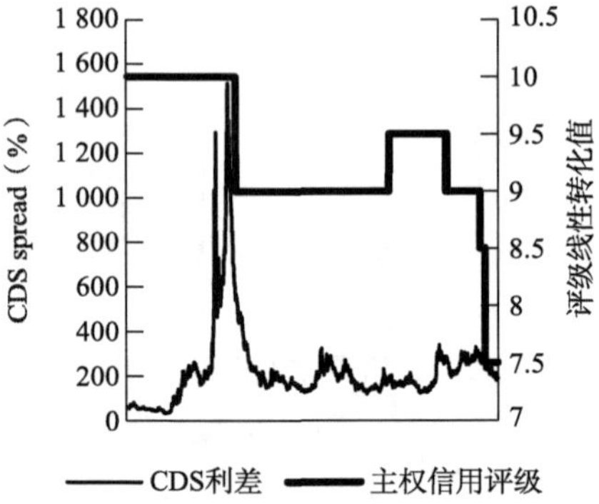

（g）哈萨克斯坦 CDS 与评级变动

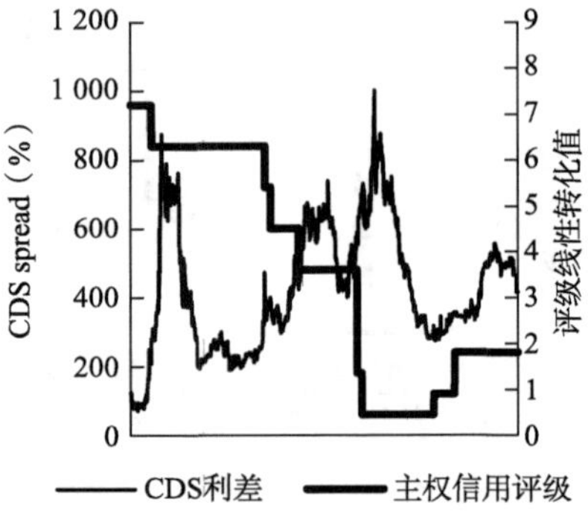

（h）埃及 CDS 与评级变动

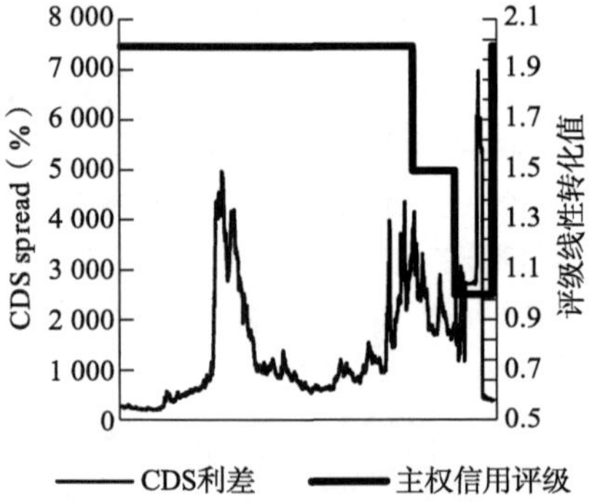

（i）阿根廷 CDS 与评级变动

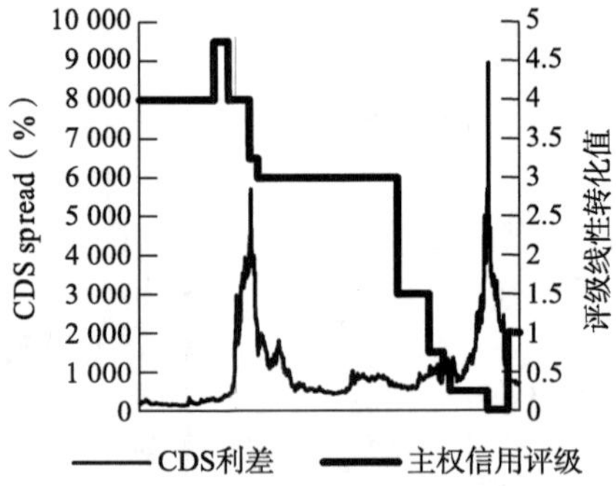

（j）乌克兰 CDS 与评级变动

图 3-7　代表性新兴市场国家主权信用评级和 CDS 变动图

从图 3-7 中我们可以看到，在评级发生变动之前，CDS 都有明显的上升趋势。对于俄罗斯来说，国际评级机构穆迪在 2015 年 2 月 20 日宣布，因乌克兰危机持续及油价和汇率对该国造成的冲击影响，将俄罗斯主权评级从 BAA3 下调至

BA1，展望为负面。评级下调时，CDS 有明显的上升趋势，穆迪指出，乌克兰危机持续，以及油价和外汇方面的冲击将进一步影响俄罗斯经济力道和中期成长前景。预计俄罗斯 2015 年将出现深度衰退，2016 年经济将继续萎缩。与此同时，穆迪还称，下调俄罗斯公债评级至BA1的第二个原因是预期该国的财政实力进一步减弱，外汇储备进一步减少，短期内不可能上调俄罗斯的主权债务评级，展望为负面，而这些信息都反映在了 CDS 价差里。其他国家亦然。

采用事件研究法，分析主权信用评级下调（包括展望和下调）对 CDS 利差在事件窗口期[−10，+10]的冲击，评级变动那一天被设定为第 0 天，为了避免窗口期的风险传染，我们同时采用评级变动前 50 天作为计算正常收益率的估计窗，也就是说窗口期 $T_1 - T_3$ 的时间长度是70天。这样做的目的是避免惠誉在发布评级信息的时候与全世界各种不同时区的地区的非同步交易问题。统计样本内的新兴市场国家2006年到2016年共43次负面消息（包括评级下调和负面展望）包含的 CDS 正向变动和负向变动的次数，从而来计算 CDS 在此期间正向变动和负向变动次数的比例，并进行卡方检验。

在本节的实证中，第一个要解决的问题是确定主权信用评级下调对 CDS 市场是否有显著的短期冲击。本节中所指的事件国是指评级发生下调的国家。利用事件研究法公式计算正常收益率，以美国同时期的 5 年期 CDS 价差作为 R_{mt}。综合本节所考虑的 16 个国家在 2006 年到 2016 年所产生的 43 次负面消息（包括下调和负面展望），得到表 3-15。

表 3-15　新兴市场国家 CDS 价差在评级变动时的 AR 值与 CAR 值（窗口期为[−10，+10]）

项目	−10DAY	−9DAY	−8DAY	−7DAY	−6DAY	−5DAY	−4DAY
AR	−6.804 133	−7.186 124	−6.715 676	−2.393 746	−20.707 7	−21.198 66	−22.904 55
CAR	−15.338 18	−19.741 88	−20.705 93	−16.295 54	−29.817 12	−44.300 11	−64.810 91
T 值	−0.710 949	−0.750 862	−0.701 706	−0.250 117	−2.163 702**	−2.215 002**	−2.393 247**
项目	−3DAY	−2DAY	−1DAY	0DAY	+1DAY	+2DAY	+3DAY
AR	−19.085 9	−17.882 2	−13.502 6	−6.177 897	−5.022 25	−6.640 68	−0.647 28
CAR	−63.189 1	−59.872 8	−50.470 9	−37.562 8	−24.702 8	−17.840 8	−12.310 2
T 值	−1.994 25*	−1.868 48*	−1.410 86	−0.645 51	−0.524 76	−0.693 87	−0.067 63
项目	+4DAY	+5DAY	+6DAY	+7DAY	+8DAY	+9DAY	+10DAY
AR	2.266 961	−2.530 97	−6.120 28	−5.730 68	−2.135 02	7.953 3	6.730 587
CAR	−5.021 00	−0.911 28	−6.384 29	−14.381 8	−13.985 9	0.087 665	12.548 85
T 值	0.236 869	−0.264 45	−0.639 49	−0.598 77	−0.223 08	0.831 023	0.703 264

**和*分别代表在 5%和 10%的水平下显著

注：AR（abnormal return，异常收益率）；CAR（cumulative abnormal return，累计异常收益率）

由表 3-15 可以看到，主权信用评级下调事件发生时，对 CDS 价差的冲击显著性不明显，为了进一步验证评级下调对 CDS 价差的短期冲击，我们缩短窗口期为[−1，+1]并再次采用事件研究法，其中利率的变量是CDS在两天之内的一个变动数据。综合我们所考虑的16个国家在2006年到2016年所产生的43次负面消息（包括下调和负面展望），从表3-16来看，在发生负面评级的前一天事件国的CDS价差平均增加了36.715 2bps，而在评级的后一天事件国的CDS价差平均增加了13.632 4bps，但是由于某些国家CDS的价差在事件发生前就有明显的反常数据变动，这可能是*T*检验不显著的原因。

表3-16 新兴市场国家CDS价差在评级变动后的AR值（窗口期[−1，+1]）

变量	评级负面信息（下调与负面展望）	
	窗口期[−1，0]	窗口期[0，+1]
CDS在一天之内的变动		
AR（平均值）	36.715 2	13.632 4
*T*值	0.114	0.262

由于平均值会被一些异常值影响，因此采用另外一种统计学的方法来实证主权信用评级下调是否给CDS市场带来新的消息。

这个方法就是在窗口期[−1，+1]中统计样本内的新兴市场国家在2006年到2016年共43次负面消息（包括评级下调和负面展望）中包含的CDS正向变动和负向变动的次数，从而来计算CDS在此期间正向变动和负向变动次数的比例，而其中正向变动和负向变动的相似比则采用统计学卡方检验χ^2。从表3-17中可以看出，事件国CDS市场对主权信用评级下调的反应在窗口期[−1，+1]天内是比较微弱的，均没有通过卡方分布的显著性检验，但是仍然有66.7%的评级下调事件在之前CDS有显著变动，主权信用评级下调对事件国的CDS市场具有冲击效应。

实证结果可能与前期研究结果存在差异，Norden和Weber认为主权信用评级下调会给东道国的CDS市场带来巨大的短期冲击，促使CDS市场剧烈波动[104]。而如果将事件国的主权信用评级分为投资级和投机级，我们的结果与前期研究相似，Hull等认为CDS对于主权信用评级在投资级的国家评级下调的反应更为剧烈，而在投机级国家，CDS的反应比较微弱[105]。其原因之一是一些金融限制机构，如共有基金或者养老基金，需要从投机级国家中间剥离，所以他们会提高在投资级国家的投资。当然这种不同的影响只是在于不同级别的国家，因此就算没有评级下调事件发生，也会出现这种情况。主权信用评级下调时，投机级国家会更加遵从市场的反应。而本节样本中的国家多数都是投机级国家和濒临投机级国家，所以我们认为CDS对评级下调反应微弱是市场结构的反应，而不是投资者通过买卖基金的途径。在实证的过程中，我们注意到平均值会被一些异常的反常值所影响，因此采用另外一种统计学的方法来实证主权信用评级下调是否给CDS市场带去了新的信息。由统计分析可知，2010年之前，新兴市场国家主权信用评级下调事件发生较少，而 2010~2016 年，评级下调事件频繁发生。因此，本节采用卡方分布进行实证分析。

表 3-17　卡方统计检验结果表

项目	CDS 利差的变动		
	所有的负面评级	评级下调	负面评级展望
[0，+1]			
正向变动	24 （55.81%）	15 （66.67%）	9 （50.00%）
负向变动	19 （44.19%）	10 （33.33%）	9 （50.00%）
χ^2 检验	0.583 （0.472）	1.010 （0.297）	0.000 （1.000）
[−30，−1]			
正向变动	34 （79.07%）	21 （84.00%）	13 （66.67%）
负向变动	9 （20.93%）	4 （16.00%）	5 （33.33%）
χ^2 检验	15.878*** （0.001）	13.072*** （0.001）	3.710** （0.050）
[−60，−31]			
正向变动	27 （67.50%）	14 （60.87%）	13 （76.47%）
负向变动	13 （32.50%）	9 （39.13%）	4 （23.53%）
χ^2 检验	5.055** （0.027）	1.099 （0.297）	5.124** （0.024）
[−90，−61]			
正向变动	22 （61.11%）	12 （63.16%）	10 （58.82%）
负向变动	14 （38.89%）	7 （36.84%）	7 （41.18%）
χ^2 检验	1.8 （0.175）	1.339 （0.201）	0.534 （0.497）

***、**分别代表在 1%、5%的水平下显著

由表 3-17 统计与实证结果来看，有很大一部分负面的评级效应能在 CDS 市场中提前被反映出来，在大约 84%的评级下调事件中，在事件发生前一个月，CDS 有明显的涨幅；在 74.46%的负面展望事件中，在事件发生前两个月，CDS 价差相对上期有明显涨幅。因此，可以推测主权信用评级下调对新兴市场国家 CDS 市场的短期冲击影响不显著，是因为不同类型的国家有不同的反应。

3.6 主权信用评级下调对债券与股票市场冲击效应的比较

2009 年，希腊主权信用评级被下调至“垃圾级”，成为欧洲债务危机的导火索。随后不久，评级机构又相继调低了葡萄牙和西班牙的主权债务评级，主权债务危机开始在欧元区蔓延。2011 年，美国主权信用评级遭遇历史上首次降级，对还未复苏的全球经济造成了消极影响。一系列的评级下调事件引发了欧美主权债务危机，造成全球股票市场持续下挫，全球金融市场动荡。这些事件及其背后的机理吸引了国内外学者的关注。

全球金融市场间的关联性往往是动态变化的，在市场遭受重大冲击时，这种关联性会与正常时期不同。这在近代金融危机中尤其明显：急剧的资本流动导致了危机发生国及其相关国家大幅的货币贬值和流动性紧缩现象。近几年国内学者也发现，欧美主权债务危机对中国的影响由中国与欧美经济的相关性决定。事实上，欧洲是中国的第一大贸易伙伴，中国是美国最大债权国，欧美的问题对中国的影响不容忽视。本章利用动态条件相关 GARCH 模型得到欧美股票市场与我国股票市场间、欧美债券市场与我国债券市场间的时变相关系数，建立协整和误差修正模型，分别得到欧美评级变动对我国债券市场和股票市场的冲击效应，旨在进行债券市场和股票市场冲击效应比较检验。

3.6.1 全球金融市场联动理论

迄今为止，大多探讨金融资产或者金融市场相互联系的研究仅仅局限于探讨在世界经济一体化局面下测量国内股票或债券市场和国际金融市场的联动程度。这些研究很多都显示了金融危机的传染效应会使相关国家的资产回报的相关性有所上升。通过测量相关国家股票市场或债券市场的联动性，大量证据表明在金融危机期间有着强烈的传染效应或者负面评级溢出效应。Chiang 等通过分析 1990 年至2003 年亚洲 9 个股票市场的相关系数数列确定了金融危机的两个阶段：相关性的增加（即传染效应）阶段和高相关性的保持阶段[106]。统计分析还发现国际主权信用评级机构在塑造亚洲市场动态相关性结构方面发挥着重要作用。Kim 和 Wu 研究了历史评级事件对新兴国家资本流入和国内金融部门发展的影响[107]。研究者使用了 51 个新兴市场的面板数据，发现主权信用评级会显著影响金融机构的发展和资本流动。具体来说，长期外币主权信用评级会激励金融中介机构发展和增加资本流入的吸引力；长期本币评级刺激国内金融市场发展但阻碍国际资本流动；短期评级会阻碍各种形式的金融发展和资本流动。田益祥和陆留存的研究表明，主权信用评级是影响国际资本流动的主要因素[108]。主权信用评级对国际资本流向具有非对称效应，在评级下调时国际资本大幅流出，特别是在世界金融危机的背景下，会对一个国家的经济产生极大的危害。闫俊娟和田益祥运用事件研究法检验主权信用评级下调对欧洲内部国家及中国股票市场的冲击[109]。Didier 等考察了次贷危机期间决定美国等 83 个国家股票市场收益率联动性的因素[110]。研究结果表明，美国持有外国股票数额、外国持有美国股票数额等金融联系决定了股票市场的联动性；国际贸易在解释联动性方面没有任何作用。在国内研究方面，张兵等研究了金融危机背景下，中美股票市场的长短期联动性[111]。研究者对中美股票市场联动性提出了三个假设：①长期联动性增强；②经济基础驱动下短期联动性增强；③市场传染驱动下短期联动性增强。研究结果表明，长期上中美股票市场不具有同步性；短期上，在经济基础和市场传染的共同作用下，美国股票市场对中国股票市场具有引导作用。赵胜民等在金融危机背景下，使用改进的非线性 Granger 因果检验方法对全球股票市场联动性进行检验[112]。研究结果表明，次贷危机期间，中国主要担任风险承受者的角色；欧洲债务危机期间，中国股票市场具有一定风险溢出效应。李广众等对 1995~2011 年 33 个股票市场的收益率联动性进行分析，研究结果表明，贸易联系和金融一体化与国际股票市场联动性具有正向关系，汇率波动性与国际股票市场联动性具有反向关系[113]。在世界经济一体化的现实背景下，考虑到主权信用评级事件对单个国家资产流动性的影响，推测评级事件包含可以影响金融市场联系的重要信息。因此，合并了两个重要的研究课题——主权信用评级和金融市场联动，来确定两者之间是否存在着一个明确的关系。在此之上，研究的主要问题是，在长期和短期两个时间跨度上，主权信用评级和评级展望如何影响我国债券市场、股票市场及事件国债券市场、股票市场的联动性，以此判断评级事件对我国债券市场和股票市场的冲击效应。该研究填补了不同时间跨度上主权信用评级导致国家间联动性变化的研究缺口。另外，肖璨等的研究也为主权信用评级对债券市场间和股票市场联动性的不同提出了经济解释[114]。

3.6.2　债券市场与股票市场冲击比较

1. 动态条件相关 GARCH 模型

Robert Engle 提出的 DCC-GARCH（dynamic conditional correlation GARCH）模型，全称为动态条件相关广义自回归条件异方差模型。该模型简化了多变量间相关性的估计，并得到多变量间随时间变化的相关系数序列[115]。具体步骤如下：第一，估计每个变量的单变量 GARCH 模型以生成标准离差；第二，使用该标准离差以获得标准化残差，并使用其以 GARCH 模型来估计相关矩阵。

条件均值方程为

$$r_{i,t} = \alpha_i + e_{i,t} \tag{3-8}$$

$$r_{j,t} = \alpha_j + e_{j,t} \tag{3-9}$$

$$\boldsymbol{e}_t = \begin{bmatrix} e_{i,t} \\ e_{j,t} \end{bmatrix} \tag{3-10}$$

$$\boldsymbol{H}_t = \begin{bmatrix} h_{ii,t} & h_{ij,t} \\ h_{ji,t} & h_{jj,t} \end{bmatrix} \tag{3-11}$$

其中，$r_{i,t}$ 和 $r_{j,t}$ 分别代表两个不同国家的金融市场日收益率；$e_{i,t}$ 和 $e_{j,t}$ 是误差项，服从均值为0、方差-协方差矩为$\boldsymbol{H}_t$的多元正态分布；$\boldsymbol{H}_t$是用单变量GARCH模型求出的方差。方差-协方差矩的构成如下：

$$h_{ii,t} = \omega_{ii} + \alpha_{ii} e_{ii,t-1}^2 + \beta_{ii} h_{ii,t-1} \tag{3-12}$$

$$h_{jj,t} = \omega_{jj} + \alpha_{jj} e_{jj,t-1}^2 + \beta_{jj} h_{jj,t-1} \tag{3-13}$$

时变条件相关系数为

$$\rho_{ij,t} = \frac{h_{ij,t}}{\sqrt{h_{ii,t} h_{jj,t}}} \tag{3-14}$$

在这一部分，使用动态条件相关 GARCH 模型生成欧美国家股票市场与我国股票市场收益率间、欧美国家债券市场与我国债券市场收益率间的时变相关关系，共 12 个时间序列，以备实证检验使用。

数据包括欧洲强国：英国、法国，欧洲主权信用等级较低的三个经济体：希腊、西班牙、意大利，以及2011年遭遇首次降级的美国和中国共7个国家。样本周期从 2003 年 1 月 2 日到 2014 年 12 月 24 日，此区间包含了多次评级下调事件和主权债务危机，提供了丰富的信息含量。数据来源于 Wind 数据库。

股票市场方面，选择的股票指数分别为富时 100 指数、法国 CAC40 指数、希腊 ASE 指数、西班牙 IBEX35 指数、意大利 FTMIB 指数、纳斯达克指数和上证指数，它们分别是所在国家具有代表性的股指。日收益率的计算方如下：

$$r_t = \log(\text{yield}_t) - \log(\text{yield}_{t-1}) \tag{3-15}$$

其中，yield 代表股指收盘价格。

债券市场方面，考虑到欧洲债务危机爆发的根本原因是政府债务超过其可承受范围。而国债作为资本市场特有融资来源，其平均到期日接近 10 年。并且，对于政府债券收益率来说，10 年期国债收益率属于市场基准利率。因此，本章所选债券市场数据为 10 年期国债收益率。

主权信用评级方面，选用标准普尔外币计价债务的长期评级和评级展望数据，其中评级展望不同于实际评级，表明了未来六个月至两年内评级可能的变动方向。Gande 和 Parsley 的研究发现标准普尔是最活跃的评级机构，它的评级公告相比于其他评级机构，包含更多信息、具有更大的市场反响；并且在三分之二的时间内，标准普尔的评级公告早于穆迪[116]。

标准普尔的评级范围从 AAA 到 SD/D，评级展望分为关注升级、正面、稳定、负面和关注降级。为了产生时间序列，对各评级展望等级赋予分数 0~20，对评级展望赋予分数−1~1。以中国为例，在 2008 年 7 月 31 日，中国的长期外币计价债务信用评级由 A 调至 A+，随后在 2010 年 12 月 16 日调至 AA−。因此，本节对中国在 2008 年 7 月 31 日到 2010 年 12 月 16 日的信用评级记为 16，2010 年 12 月 16 日至今的信用评级记为 17。

为了保证估计的有效性，估计模型应加入经济控制变量。由于大多此类变量是月度甚至季度数据，选取按日发布的两个变量——汇率波动率和芝加哥期权交易所 VIX 指数。汇率波动率是由汇率日收益率的平方求得，不少学者指出它会抑制金融市场间联动性的程度。VIX 指数测量了未来三十天市场预期的波动程度，反映了金融市场和经济的不确定性。它捕捉了国际投资者的风险厌恶程度，因此也被称为恐慌指数，对国家间资产相关性也有着较大影响。

2. 实证结果比较

在模型构建之前，使用 VAR 模型对相关系数序列、评级序列和评级展望序列进行建模。所估计的 VAR 模型中每个方程的拟合优度和调整后的拟合优度均大于 0.63，说明所估计方程的拟合效果比较好。根据 AIC 信息准则和 SC 准则取最小确定滞后一期为最合适滞后数。

根据《应用计量经济学——时间序列分析》，多变量协整关系的检验必须满足：①被解释变量的单整阶数不能高于任何一个解释变量的单整阶数；②当解释变量的单整阶数高于被解释变量的单整阶数时，则必须至少有两个解释变量的单整阶数高于被解释变量的单整阶数，如果只含有两个解释变量，则两个变量的单整阶数应该相同。

因此，对相关系数序列、评级序列和评级展望序列进行 ADF 单位根检验，具体结果见表 3-18 和表 3-19。从表 3-18 中看出，原序列的检验统计量均大于 10%检验水平下的临界值，原序列都包含单位根，为非平稳序列；一阶差分序列的检验统计量均小于 1%检验水平下的临界值，因此差分序列不包含单位根，为平稳序列。根据分析，评级序列和评级展望序列都是 I（1）序列。从表 3-19 中可以看出，它们的检验统计量都小于 1%检验水平下的临界值，原序列不包含单位根，序列平稳，为 I（0）序列。

表 3-18　评级序列、评级展望序列和差分序列的 ADF 单位根检验结果

序列	检验统计量值	1%临界值	5%临界值	10%临界值	概率值
Greece-Rating	0.062 7	−3.432 3	−2.862 3	−2.567 2	0.962 9
Spain-Rating	0.368 1	−3.432 3	−2.862 3	−2.567 2	0.981 6
Italy-Rating	0.431 0	−3.432 3	−2.862 3	−2.567 2	0.984 3
UK-Rating	−0.425 4	−3.432 3	−2.862 3	−2.567 2	0.902 5
France-Rating	0.353 8	−3.432 3	−2.862 3	−2.567 2	0.981 0
USA-Rating	−0.628 4	−3.432 3	−2.862 3	−2.567 2	0.861 9
Greece-Outlook	−1.894 8	−3.432 3	−2.862 3	−2.567 2	0.335 0
Spain-Outlook	−2.141 2	−3.432 3	−2.862 3	−2.567 2	0.228 5
Italy-Outlook	−2.016 9	−3.432 3	−2.862 3	−2.567 2	0.279 2
UK-Outlook	−2.120 7	−3.432 3	−2.862 3	−2.567 2	0.232 6
France-Outlook	−2.248 5	−3.432 3	−2.862 3	−2.567 2	0.189 3
USA-Outlook	−1.955 5	−3.432 3	−2.862 3	−2.567 2	0.306 9
D（Greece-Rating）	−55.414 1	−3.432 3	−2.862 3	−2.567 2	0.000 1
D（Spain-Rating）	−55.396 5	−3.432 3	−2.862 3	−2.567 2	0.000 1
D（Italy-Rating）	−55.412 6	−3.432 3	−2.862 3	−2.567 2	0.000 1
D（UK-Rating）	−55.362 4	−3.432 3	−2.862 3	−2.567 2	0.000 1
D（France-Rating）	−55.380 5	−3.432 3	−2.862 3	−2.567 2	0.000 1
D（USA-Rating）	−55.362 4	−3.432 3	−2.862 3	−2.567 2	0.000 1
D（Greece-Outlook）	−40.601 3	−3.432 3	−2.862 3	−2.567 2	0.000 0
D（Spain-Outlook）	−33.163 2	−3.432 3	−2.862 3	−2.567 2	0.000 0
D（Italy-Outlook）	−55.344 4	−3.432 3	−2.862 3	−2.567 2	0.000 1
D（UK-Outlook）	−55.344 3	−3.432 3	−2.862 3	−2.567 2	0.000 1
D（France-Outlook）	−14.660 4	−3.432 3	−2.862 3	−2.567 2	0.000 0
D（USA-Outlook）	−17.774 6	−3.432 3	−2.862 3	−2.567 2	0.000 0

表 3-19　相关系数序列和差分序列的 ADF 单位根检验结果

序列	检验统计量值	1%临界值	5%临界值	10%临界值	概率值
Greece-bond	−4.181 2	−3.432 3	−2.862 3	−2.567 2	0.000 7
Spain-bond	−4.182 2	−3.432 3	−2.862 3	−2.567 2	0.000 7
Italy-bond	−4.388 0	−3.432 3	−2.862 3	−2.567 2	0.000 3
UK-bond	−3.837 8	−3.432 3	−2.862 3	−2.567 2	0.002 6
France-bond	−4.451 3	−3.432 3	−2.862 3	−2.567 2	0.000 2
USA-bond	−3.915 7	−3.432 3	−2.862 3	−2.567 2	0.002 0
Greece-stock	−7.045 5	−3.432 3	−2.862 3	−2.567 2	0.000 0
Spain-stock	−6.916 2	−3.432 3	−2.862 3	−2.567 2	0.000 0
Italy-stock	−6.709 4	−3.432 3	−2.862 3	−2.567 2	0.000 0
UK-stock	−6.057 3	−3.432 3	−2.862 3	−2.567 2	0.000 0
France-stock	−6.461 8	−3.432 3	−2.862 3	−2.567 2	0.000 0
USA-stock	−7.021 8	−3.432 3	−2.862 3	−2.567 2	0.000 0

因此，本章实证模型可以使用协整理论，将使用协整方程和误差修正模型来捕获评级公告对股票市场相关性和债券市场相关性的长短期影响。参考 Christopher 等的研究，本节建立如下冲击效应检验模型[8]：

$$\mathrm{DCC}_{i,t}=\alpha_{0i}+\alpha_{1i}\mathrm{Rating}_{i,t}+\alpha_{2i}\mathrm{Outlook}_{i,t}+\varepsilon_{i,t} \tag{3-16}$$

$$\Delta\mathrm{DCC}_{i,t}=\beta_{0i}+\beta_{1i}\Delta\mathrm{Rating}_{i,t}+\beta_{2i}\Delta\mathrm{Outlook}_{i,t}+\beta_{3,i}\varepsilon_{i,t}+\beta_{4,i}\mathrm{Exchange}_{i,t}+\beta_{5,i}\mathrm{VIX}+\mu_{i,t} \tag{3-17}$$

其中，$\mathrm{DCC}_{i,t}$是 t 时间中国和另外一个国家债券市场间、股票市场间的动态条件相关系数，i 代表样本选取的欧美国家，由本节介绍的 DCC-GARCH 模型相关步骤和上述公式计算得出，$\mathrm{Rating}_{i,t}$ 是标准普尔对国家 i 的长期外币评级；$\mathrm{Outlook}_{i,t}$ 是标准普尔对国家 i 的外币评级展望；$\mathrm{Exchange}_{i,t}$ 是国家 i 的汇率波动率；VIX 是芝加哥期权交易所 VIX 指数。VIX 指数又被称为波动率指数或投资人恐慌指标，可以反映市场参与者预期后市波动程度和其不安的心理状态，VIX 指数越高，表明市场参与者预期后市波动越剧烈、市场参与者内心越恐慌，反之亦然；VIX 指数可在有突发消息或事件时反映市场对此消息或事件预期的反应程度。本节使用 VIX 指数作为代表全球经济和金融不确定性的控制变量，由于它显示了投资者的风险厌恶程度，因此会对全球资产联动性有着影响。另外，市场指数的波动性会有着溢出效应，这种传递会存在于跨境金融市场、不同类型的金融市场和同一金融市场的不同区域之间。从这一层面来讲，汇率波动率和 VIX 指数也会影响金融市场联动。

主权信用评级和评级展望冲击我国债券市场和股票市场的长期效应由系数 α_1 和 α_2 反映，短期效应由 β_1 和 β_2 反映。正系数表示升级导致了联动性的升高或者降级导致了联动性的降低，负系数表示升级导致了联动性的降低或者降级导致了联动性的升高。由于主权信用评级和评级展望的变动而导致我国与别的国家金融市场联动性的升降均可说明我国遭遇了评级冲击。并且，虽然评级是针对特定国家，但也存在公共信息效应。因此，评级信息的发布会导致市场间的风险传染或者促使投资者进行投资转移。

单位根检验结果显示，解释变量的单整阶数高于被解释变量的单整阶数，且两个解释变量的单整阶数相同，符合多变量协整关系检验条件。接下来进行 Johansen 协整检验和误差修正模型检验。运用 EViews 软件得到结果，如表 3-20~表 3-23 所示。

表 3-20　股票市场协整方程结果

变量	α_0	α_1	α_2
Greece	0.668 4***	−0.034 8***	0.317 1***
Spain	−0.003 0**	0.005 3*	−0.072 0**

续表

变量	α_0	α_1	α_2
Italy	0.178 7	−0.002 7	0.039 2*
UK	−0.377 9**	0.025 2	−0.096 2*
France	−0.638 9**	0.037 9**	−0.209 7***
USA	−0.208 6	0.014 1**	−0.096 9*

***、**、*分别代表在 1%、5%、10%的水平下显著

表 3-21 债券市场协整方程结果

变量	α_0	α_1	α_2
Greece	−2.310 2**	0.149 9***	−1.417 4***
Spain	1.215 3*	−0.056 2*	1.761 3***
Italy	0.205 1*	−0.010 9*	0.086 4**
UK	1.214 3**	−0.060 0**	0.029 6*
France	−1.616 5**	0.078 7*	−1.017 1***
USA	−55.203 7*	−2.732 6***	5.171 4***

***、**、*分别代表在 1%、5%、10%的水平下显著

表 3-22 股票市场误差修正模型结果

变量	β_0	β_1	β_2	β_3	β_4	β_5
Greece	0.008 8	−0.003 7	−0.026 9***	−0.018 1***	7.238 3*	0.003 9
Spain	0.006 7	0.000 8	−0.002 2	−0.308 1***	10.951 4***	0.000 3
Italy	0.000 0	−0.002 8	0.002 0	−0.027 8***	7.645 0*	0.003 4
UK	0.017 9	0.000 6	−0.039 2**	−0.027 5***	2.832 6	0.005 2*
France	0.008 6	−0.001 0	0.011 6	−0.022 5***	12.326 7***	0.004 8*
USA	0.000 9	−0.003 7	0.011 3	−0.031 0***	12.741 1**	−0.009 5**

***、**、*分别代表在 1%、5%、10%的水平下显著

表 3-23 债券市场误差修正模型结果

变量	β_0	β_1	β_2	β_3	β_4	β_5
Greece	0.012 4	0.000 2	0.000 1	−0.001 7**	0.030 8**	−0.007 2**
Spain	0.000 7	0.002 0	0.008 6*	−0.000 3	−3.927 6***	−0.010 2***
Italy	0.000 6	−0.000 9	−0.014 5*	−0.012 3***	−2.311 8	−0.007 7**
UK	0.000 6	−0.001 1	0.003 2	−0.009 0***	8.394 1***	−0.000 4
France	0.000 1	−0.008 5	−0.001 0	−0.001 6*	−0.954 6**	0.000 7
USA	0.000 8	0.028 0**	−0.004 4	−0.000 1	5.419 0*	0.006 5**

***、**、*分别代表在 1%、5%、10%的水平下显著

表 3-20~表 3-23 显示了协整方程和误差修正模型的结果。可以发现主权信用评级和评级展望普遍存在着显著的长期效应，但显著的短期效应只存在于少数几个国家。协整方程中大多 α_1 和 α_2 与误差修正项的系数都很显著，其中误差修正项系数 β_3 显著为负表明长期关系的偏正被修正了。这说明了主权信用评级和评级展望反映了主权债务市场和股票市场的长期风险水平，具有丰富的信息含量。对比主权信用评级和评级展望的显著性数量，可以注意到无论长短期，评级展望都更加重要。这与 Kaminsky 和 Schmukler 研究结果一致[117]，说明评级展望有着显著、即时影响：当评级展望更早地发布了一个国家的信用状况和发展评估消息时，主权信用评级的影响便被削弱了；在升级事件中，政府拥有在升级前就泄露评级变动消息的动机，因此主权信用评级的变动在短期上就有较小影响。同样，在企业信用违约掉期利差市场中，评级展望也不太可能被金融市场参与者提前预见。另外，主权信用评级是关于债务人信用状况改变的长时间、根本性的信号，评级机构为了避免过度惊扰金融市场参与者，会在评级改变前（特别是降级前）提前传达信号，这已成为惯例，因此，这种信号在评级修订前就已经对市场参与者产生了效果。汇率波动率和 VIX 指数系数显示了它们对相关性的影响，对于股票市场来说几乎都是积极影响，对于债券市场来说积极和消极影响相对均匀地分布。

表 3-20 和表 3-22 显示了股票市场的估计结果。主权信用评级的长期系数大多显著为正（西班牙、英国、法国、美国），希腊和意大利评级展望的长期系数显著为正。正系数表明个别国家信贷条件的改善会导致相关性的增加，这表示信用质量的升级不仅是升级国股票市场前景变好的信号，对相关国家（即中国）来说也是好消息。这是主权信用事件的“公共信息溢出效应”，即一个国家主权信用评级的升级或信贷前景的改善，可能预示着一种普遍的共同趋势，从而导致其他国家利差的降低。特别是当某个国家与相关国家关系紧密时，外部投资者会参考此国的信用状况对这个国家和相关国家进行投资。但在评级下调事件中，正系数表明相关性的降低。这是因为国际投资者将降级事件看作针对某国的特定事件，会将资金撤出并重新分配。另外，估计结果显示希腊主权信用评级的长期影响显著为负，西班牙、英国、法国和美国评级展望的长期影响显著为负。负系数表明个别国家信贷条件的改善会导致相关性的降低，或者信贷条件的恶化导致了相关性的增加。这是由于流入升级国的外部投资资金挤出了流入我国的投资资金，或者历史上信用等级较好的国家（英国、美国、法国）突然遭遇评级下调会使投资者避开此国股票市场。短期上，分析误差修正模型的结果可知，误差修正项的系数均为负数，说明无论在哪个国家的评级冲击下，我国股票市场股指收益率自身具有误差修正机制；但主权信用评级和评级展望的影响较少显著，表明短期上除了希腊和英国，评级事件对我国股票市场并未造成冲击。

表 3-21 和表 3-23 显示了债券市场估计结果。大体上，我们观察到和股票市场相反的结果。首先，包括在股票市场实证中统计上不显著的意大利和英国主权信用评级系数在债券市场中也表现出显著，即样本国家主权信用评级和评级展望在长期上都对我国债券市场造成冲击，这表明评级机构的消息对于债券市场来说具有更大意义。其次，债券市场和股票市场相对系数符号基本相反。这表明欧美评级事件对我国债券市场和股票市场的影响并不相同，在债券市场和股票市场间可能存在着投资转移。具体来说，债券市场主权信用评级的长期系数大多为负（西班牙、意大利、英国、美国），表明由于存在共同债权人，当其面临越来越多降级国的不良贷款，将被迫抑制借给相关国家的款项，导致依靠同一债权人的不同国家的信贷供应的短缺，增长了债券市场间的相关性；评级展望系数大多显著为正（西班牙、意大利、法国、美国），表明评级展望不同的影响效果。系数符号对比之下，在股票市场，除了意大利和法国的评级事件，其余国家主权信用评级和评级展望系数符号全与债券市场所对应符号相反，这表明长期上评级事件对我国股票市场有着和债券市场不同的冲击表现。同样相反的影响也表现在短期冲击上。另外，分析债券市场误差修正模型的实证结果可知，误差修正项的系数均为负数，说明无论在哪个国家的评级冲击下，我国债券市场股指收益率自身具有误差修正机制；但主权信用评级和评级展望的影响大多不显著，表明短期上评级事件对我国债券市场的影响并不强烈。

总的来说，样本国家主权信用评级和评级展望具有丰富的信息含量，它们的变动基本都对我国债券市场和股票市场造成冲击。考虑到主权信用评级和评级展望的制定依据，它的直接影响应在于固定效应市场。事实上评级事件对我国债券市场影响更大，并且债券市场和股票市场影响方向基本相反。

3.7 主权信用评级下调对债券与 CDS 市场冲击效应的比较

由上述研究可知，当主权信用评级下调时，对债券市场的冲击是即时性的，并且通过了显著性检验，但是对于 CDS 市场，虽然主权信用评级下调的消息致使该市场 CDS 陡增，且没有通过显著性检验，但是通过卡方分布的统计，可以看到并不是所有国家的 CDS 的变动都是相同的情况，因此，排除处于特殊情况的“垃圾”债券国家乌克兰及阿根廷，如表 3-24 所示。

表 3-24　投资级、投机级国家分类图

投资级别	国家
投资级	韩国、巴西、哥伦比亚、墨西哥、南非和罗马尼亚
投机级	土耳其、俄罗斯、菲律宾、印度尼西亚和委内瑞拉

债券和 CDS 在投资级和投机级国家的均值差异性检验如表 3-25 所示，本节把样本内的国家分为投资级国家和投机级国家，分别采用事件研究法，介于 CDS 提前 60 天变动的情况，把窗口期扩大到 100 天，即对事件发生的前 60 天及事件发生的后 40 天的 CDS 和债券市场的异常收益图进行对比分析，投资级国家情况如图 3-8、图 3-9 所示，投机级国家情况如图 3-10、图 3-11 所示，在实证过程中，剔除了在此期间发生其他外部事件的国家和时间段。

表 3-25　差异性检验

投资级别	债券收益率	CDS 价差
	均值	均值
投资级国家	7.376 877	185.575 0
投机级国家	9.861 090	265.331 5
均值差异	2.484 21（***） 17.009 73	79.756 5（***） 39.367 92

***代表显著性强

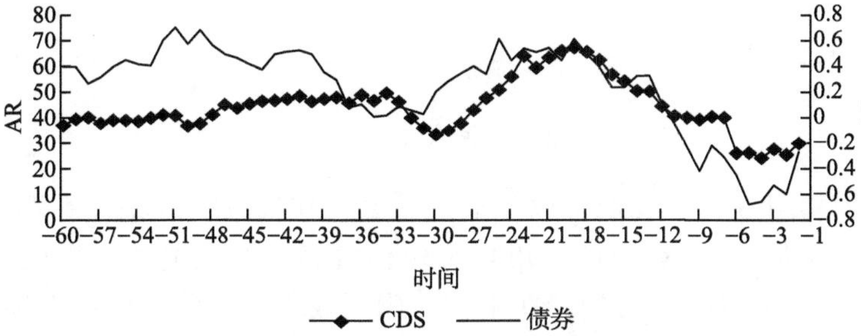

图 3-8　投资级国家评级下调前 AR 图

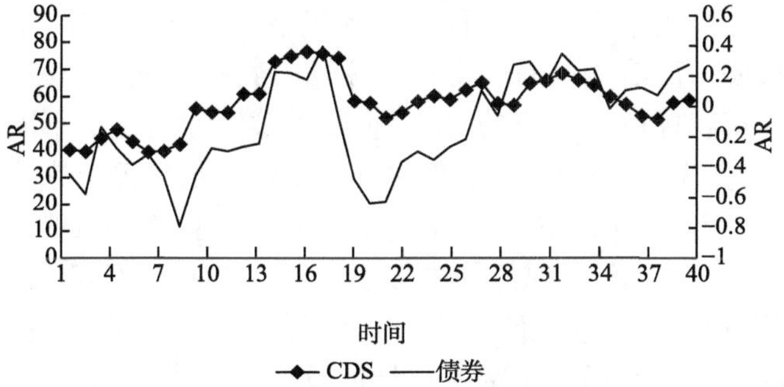

图 3-9　投资级国家评级下调后 AR 图

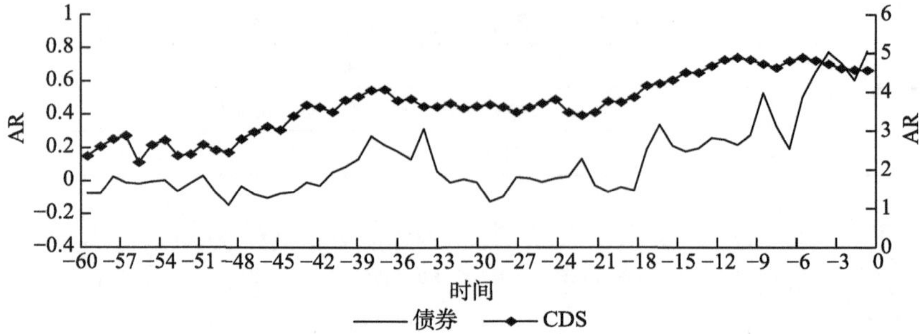

图 3-10 投机级国家评级下调前 AR 图

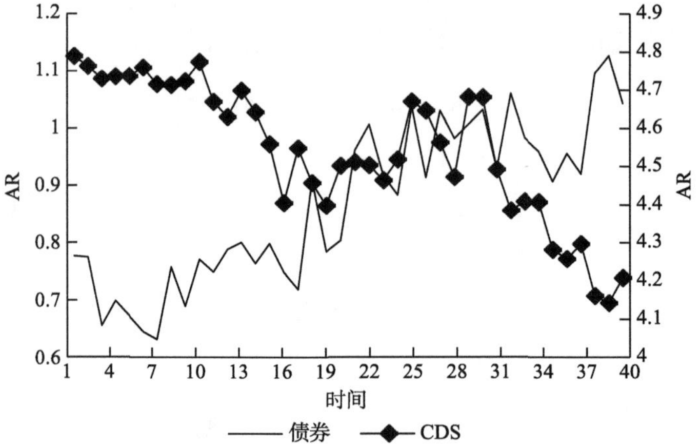

图 3-11 投机级国家评级下调后 AR 图

从图 3-8 和图 3-9 中我们可以明显地看到，在投资级国家，不管是评级下调前还是评级下调后，CDS 与债券市场都保持着高度的相关性。投机级国家与之相反，从图 3-10 可以明显看到，在主权信用评级下调之前，债券市场和 CDS 市场一直保持着相同的变动趋势，但是在评级下调之后（图 3-11），当债券市场保持明显的上升趋势时，CDS 市场却出现了下降趋势，也就是说出现了投资转移的情况，对于债券市场来说，当主权信用评级下调时，新兴市场国家的债券市场呈明显的上升趋势，而对于 CDS 市场来说这一特征不明显，根据卡方统计可以推测，投资级国家和投机级国家的 CDS 对评级事件的反应是不同的。

CDS 相对地合成了标的资产债券的风险特征，从价差上来说，CDS 与对应的债券收益率有相互对应的关系，而从风险的角度来说，CDS 与债券具有对冲风险的理论依据。CDS 的出现使债券投资者有了投机保价的做法，在投资级国家，当主权信用评级下调时，债券市场违约风险增加，从而债券市场收益率上涨，对于样本内的新兴市场国家都有这样的反应，而主权信用评级降低，直接使

CDS 卖方的风险增加，导致 CDS 价格增加。相对于投机级国家，由于在 2009 年金融危机中，CDS 的价差一度攀升百倍以上，被投机者利用作为投机工具，CDS 饱受争议，有许多学者甚至断言，是 CDS 导致了债务危机的加重，因此本节的样本区间主要集中在 2010 年到 2016 年的评级下调事件，在经历了 2009 年欧洲债务危机中 CDS 的争议，当主权信用评级下调前，CDS 和债券市场有明显的风险传染效应，说明投资者从 CDS 的上涨背景下已经得到主权信用评级负面的消息，从而导致 CDS 价差上涨，在评级发生之后，两个市场之间出现负向的资金流动，投资者为了降低风险，从而改变投资组合，CDS 卖方通过降低 CDS 价格从而来吸引投资者投资，导致 CDS 的价差降低，造成投资转移的可能性。

3.8 本章总结

由于欧洲经济一体化的特殊性，货币之间的关联性强，如果一国遭受评级下调的冲击，会使资金的非正常加速流动对各国经济造成冲击，尤其在危机发生国之间，本币与外币流动更加频繁，造成风险传染，所以危机已不再是单一国家面临的燃眉之急。德国等高信用等级国家为了减缓投资者进行资金非正常加速转移造成危机的蔓延，会与危机发生国之间进行博弈，选择是否援助。援助国提供资金援助，被援助国同时履行减少支出的承诺。区域经济的一体化会增大经济体之间的信息溢出和危机传染，加剧金融市场的波动。

基于主权信用评级与资本市场的相关理论，本章实证研究了主权信用评级变动对资本市场的冲击风险。基于多方博弈理论，本章将发生评级变动的国家的资本市场划分为信息不对称性较为严重、从国外流入的国际资本及信息不对称性较弱的国内资本市场，分别检验了主权信用评级变动对国内金融市场的冲击风险。本章通过结合区域物理距离和金融市场非线性时变 T-Copula 相关性指标定义广义经济测度距离，并引入区域引力效应，融合金融市场指标和实体经济指标构建引力空间权重矩阵，进而提出广义多维经济空间理论。同时，在广义多维经济空间下，基于全球金融市场一般性空间相关性、跨行业市场间的空间相关性及跨区域市场间的空间相关性构建广义多维经济空间自回归面板模型，进而提出 SVAR 模型和 CoVAR 模型的构建方法。最后，以全球 36 个经济体的股票市场重要股指的对数收益率刻画各金融市场的景气程度和市场波动情况。以欧洲债务危机为背景，实证检验金融危机前后金融危机风险的多维空间溢出效应，并建立相应的对比分析模型，检验广义多维经济空间理论的有效性和适应性。

实证结果表明：

（1）通过分析得出，评级变动会引起资本市场的非正常波动，则进一步说明评级变动的信息含量及冲击风险的广泛性。时间区间内，各个国家的股票指数收益率序列都呈现出了一定的波动性和聚集性。通过实证结果又可看出，在危机时代，希腊、爱尔兰、葡萄牙、西班牙等严重危机国家比德国、英国等发达国家股票市场的波动性明显振幅强烈很多，且非对称性更加明显，即评级上调对市场的冲击没有评级下调对市场的冲击显著。之所以评级上调对市场的影响没有评级下调对市场的影响强烈，是因为政府对有利于市场的消息有更快更强的感知性。通过前文分析我们可以看出，评级上调对股票市场的影响没有评级下调对股票市场的负向冲击显著，所以为了防范评级下调，我们要制定相应的政策措施来避免对股票市场的负向冲击。

（2）对于债券市场，评级的下调会减少债务发行规模，而评级上升对债券规模的影响不显著，但都存在非对称效应。为防止模型偏误，利用面板 VAR 模型进行估计，结果表明主权信用评级变动对银行信贷有同样的冲击效应，评级的上升带来信贷规模的扩充，评级的下调引起信贷规模的缩减。

（3）在事件国发生负面的评级事件之前，评级所包含的信息能够提前被 CDS 市场所反映，也就是说，CDS 的增加可以预测部分的负面评级事件，但是当评级下调事件发生后，不同国家 CDS 的变动方向不同，这是不同国家的信用评级条件导致。

（4）通过实证对比分析可知，主权信用评级下调后，对于投资级国家，事件发生前后，CDS 和债券市场之间表现为风险传染；而对于投机级国家，事件发生前，CDS 和债券市场之间表现为风险传染，当事件发生之后，转为投资转移。

（5）各金融市场在跨地区、跨市场、跨行业等方面存在显著的多维空间效应。当金融市场由于主权信用评级下调冲击，受到金融危机等金融突发事件冲击时，空间相关性显著加强，表明金融危机传染加剧了金融市场风险的空间溢出效应，表明本章以广义多维经济空间的视角研究金融危机风险的科学性和必要性，进而证明了后续章节研究的意义。

第 4 章　欧美主权信用评级下调冲击下的短期聚集效应

本章从行业短期聚集效应和多维经济空间短期聚集效应进行研究，重点对欧美主权信用评级下调后的短时期各行业股指收益及波动情况进行进一步分析，研究行业间由于欧洲债务危机冲击而出现的短期聚集效应，探讨在金融危机过程中行业形成的短期聚集效应和多维经济空间短期聚集效应，分析聚集分布特征。

4.1　评级下调对各行业股价收益冲击的动态分析

由希腊评级下调引发的欧洲债务危机使欧盟区国家经济发展面临巨大挑战，同时也影响了世界经济恢复的步伐。欧洲行业指数受到评级下调的负面消息影响，行业指数出现剧烈波动，冲击从一个行业传递到另一个行业，形成动态的风险传染效应。这其中的原因既有宏观经济面的不景气，也有投资者情绪加剧投资转移[19]。一方面，对于投资者而言，分析不同指数之间的相互关系非常重要，可以通过不同行业板块间的冲击传导方式、影响力度大小等优化其投资策略，控制风险。另一方面，欧盟国家的宏观经济情况也可从行业指数的变动关系中表现出来，政策决策者可以根据行业指数受到的冲击，指数间的风险传染等指标来分析金融危机的影响力度及方式，从而有针对性地制定相应措施。

4.1.1　欧洲债务危机的演进

（1）希腊赤字居高不下，政府濒临破产。

2001 年，美国高盛对希腊政府的债务进行资本运作，通过高盛的操作，希腊政府在其高额的财政赤字及公共债务的情况下通过货币掉期等手段掩盖了其问题，达到加入欧元区的标准。而之后在 2008 年的美国次贷危机中，希腊再次发行债券，债务数额庞大，虽然短时期刺激了经济的复苏，但同时也加重了政府债务负担。2008 年 10 月，希腊银行得到了希腊政府高达 280 亿欧元的救市资金，缓减了金融危机带来的冲击，但同时也加剧了政府负担，埋下了祸患[118]。

到 2009 年 12 月，希腊政府负债达到历史新高，3000 亿欧元无法偿还。面对如此糟糕的经济环境，此时国际三大评级机构先后下调希腊政府的主权信用评级。随着评级机构频繁下调信用评级，借债成本逐步上升，发债困难，按照救助规定，希腊政府必须实行紧缩的财政政策以降低赤字，在 2010 年到期前填补大约 540 亿欧元的债务。但以当时的情况看，希腊政府财政继续恶化，同时紧缩型财政政策难以实施，政府濒临破产，由此，欧盟区多个国家受其影响，债务危机在欧盟区全面爆发[119]。

（2）希腊债务危机蔓延。

2009 年末，在希腊主权信用评级被下调后，国债 CDS 价格持续看涨，在 2010 年上涨 4.21%，且欧元兑美元汇率 10 天内下跌 8%。在此情况下，葡萄牙、爱尔兰等国经济开始恶化，政府赤字越来越大，这些国家不仅金融市场受到冲击，各实体行业也开始衰退，欧盟区国家承受着自起步以来的最严峻考验。

2010 年 4 月，希腊政府无力偿还债务，其融资成本上升，借债困难，在此艰难的局面下不得不向欧盟及 IMF 寻求救助，希望他们能给予资金救助机制。

2010 年 5 月 2 日，欧盟区政府为防范希腊债务危机蔓延至整个欧盟区，启动预警方案，与 IMF 共同签订救助计划，其表示在 3 年中共同为希腊政府提供 1 100 亿欧元的救助资金，同时要求希腊政府实施紧缩型财政政策，以减少财政赤字，尽快恢复经济[21]。

2010 年 5 月 10 日，为防止希腊债务危机向欧元区国家进一步扩散，欧盟 27 国及 IMF 组织再次达成救助意见，提供 7 500 亿欧元的救助计划，这一揽子计划同时也包含各种政府附加条款。其中的主要资金来源包含以下几个方面：通过融资担保的方式，欧盟委员会提供 4 400 亿欧元，同时在各金融市场上融资 600 亿欧元，IMF 负责融资 2 500 亿欧元。此番稳定救助计划的制定有效防止了欧洲债务危机进一步恶化，缓解了市场情绪，但欧元区经济萧条的局势仍未改变，投资者对于金融市场及实体经济仍保持怀疑态度，对于这一救助计划是否有效仍持观望态度[120]。

2011 年 5 月，在希腊政府实施紧缩财政政策一年后，其国内的经济状况并没有明显好转，并且无法获得新的融资渠道。同时，其主权债务问题没有根本解决，之前提供的 1 100 亿救助款项收效甚微。市场情绪较为负面，投资者对于希腊政府是否重组开始提出疑问，债务危机在一年后，再次升级引发人们的高度关注。

本节以希腊主权信用评价下调为事件点，运用事件研究法对评级下调引发欧洲债务危机的 3 个月样本期进行实证分析，对 10 个行业股指收益率的异常收益率进行计算，比较受到冲击最大的行业及异常收益率显著持续时间最长的行业。将所用的行业数据按照国际上最具代表性的全球行业分类系统分类方法及欧洲行业综合指数的一级划分标准进行分类，这种分类方法不仅能够将各行业的发展方式考虑进去，同时也考虑到了投资者对于行业前景的预期，在运用数据分析行业板块间的冲击传导、波动联动效应等时更具优势。结合全球行业分类系统分类方法，采用欧洲行业综合指数的一级划分，按照流通股加权平均计算得出各行业指数，并取其对数值，股指对数收益率为 $r_{i,t}=\ln\left(p_{i,t}/p_{i-1,t}\right)$，$P_{i,t}$ 表示第 i 个行业第 t 日收盘价，$P_{i,t-1}$ 表示第 i 个行业第 $t-1$ 日收盘价。令 Y_{1t}、Y_{2t}、Y_{3t}、Y_{4t}、Y_{5t}、Y_{6t}、Y_{7t}、Y_{8t}、Y_{9t}、Y_{10t} 分别代表材料、公共事业（以下简称公用）、金融、电信、工业、科技、能源、服务、消费品、医疗的日对数收益率。样本期选择希腊主权信用评级下调时间为起点，分析 2009 年 12 月 8 日至 2010 年 2 月 5 日的累计异常收益率。

4.1.2　评级下调事件研究分析

事件研究法可以分析某个极端事件对行业、经济的影响力度大小，该方法假设完全理性的市场上，由于某极端事件的发生引起行业或经济形势的变动从而形成异常收益率，通过对异常收益率的分析，可以看出事件的影响力度大小等。

事件研究基本术语：$t=0$，$t-1$，$t+1$ 分别表示事件日及其前一天和后一天。上述时间段中，T_1 到 T_3 为事件窗，T_0 到 T_1 为估计窗，用来估计正常收益，T_3 到 T_4 为事后窗（图 4-1）。

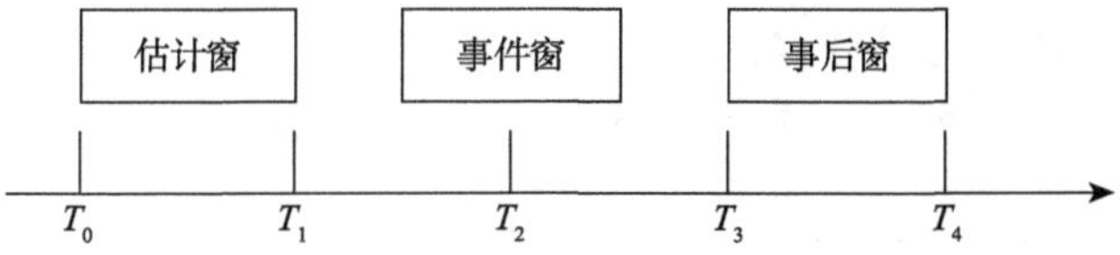

图 4-1　事件研究法各窗口期

1. 正常收益的计量模型

正常收益定义为事件窗内的预期收益，用 T_i 表示第 i 个证券在第 T 期的预期收益，令 $L=T_1-T_0$，表示估计窗的长度。

下面介绍三种模型：均值调整模型、市场模型和市场调整模型。

（1）均值调整模型：该模型假定事件窗内的期望收益为一个常数，该常数等于估计窗内收益的平均值，即

$$\mathrm{ER}_{it}=\frac{1}{L}\sum_{t=T_0+1}^{T_1}R_{it} \tag{4-1}$$

（2）市场模型：该模型假设事件窗内证券的预期收益率与同期的市场收益率存在线性关系。

$$\mathrm{ER}_{it}=\alpha_i+\beta_i R_{mt} \tag{4-2}$$

（3）市场调整模型：该模型假设事件窗内的预期收益等于事件窗内的某个市场收益指标。

$$\mathrm{ER}_{it}=R_{mt} \tag{4-3}$$

其中，市场模型的参数估计过程如下：

通过最小二乘法来估计出计算正常收益所需的参数，在估计窗内：

$$R_{it}=\alpha_i+\beta_i R_{mt}+\varepsilon_t,\ T=T_0+1 \tag{4-4}$$

2. 累计异常收益的计算

令 $T_1+1<t_1<t_2<T_2$，可以计算第 i 家公司$[t_1, t_2]$期间的累计异常收益。同理，为了去除公司的个别因素对股价变动的影响，我们进行横截面平均，得到平均累计异常收益为

$$\mathrm{CAR}_i\left(t_1,t_2\right)=\sum_{t=t_1}^{t_2}\mathrm{AR}_{it} \tag{4-5}$$

事件日：在本节研究中，选取希腊主权信用被标普等评级机构下调后的第一天为事件日，事件窗口选取为包含事件日及其前后 10 天的一个样本区间。将事件日定为 0day，通过多次平均值进行实证。

估计窗：在本节中以事件窗前 50 天为样本区间，定为−60day 至−10day。同时剔除非交易日数据，即一周 5 个工作日的有效数据。

事件窗：事件日及其前后各 10 天作为事件窗口，定为−10day 至+10day。

事后窗：取事件窗后的 20 个工作日，定为+11day 至+30day。

3. 显著性检验

由事件研究法中的公式计算出欧盟区国家行业股指的平均累计异常收益率作为实证数据，如表 4-1 所示。

表 4-1 事件窗内欧盟区股票的平均累计异常收益率的统计检验

项目	−10day	−9day	−8day	−7day	−6day	−5day	−4day
CAR	−0.000 8	−0.000 1	−0.000 4	−0.000 4	−0.000 5	0.004 0***	0.006 0***
T 值	−1.065	−0.194	−0.548	−0.587	−0.636	5.109	7.876
项目	−3day	−2day	−1day	0day	+1day	+2day	+3day
CAR	0.006 7***	0.003 0***	0.001 3	−0.000 6***	0.001 4*	−0.000 5	−0.000 9
T 值	8.740	3.970	1.676	−2.823	1.767	−0.651	−1.164

续表

项目	+4day	+5day	+6day	+7day	+8day	+9day	+10day
CAR	−0.006 0***	−0.006 0***	−0.009 0***	−0.004 0***	0.003 0***	0.006 0***	0.005 0***
T 值	−7.881	−7.397	−12.260	−5.295	−4.051	8.122	6.675

***、*分别代表在 1%、10%的水平下显著

由表 4-1 可知，在 1%的显著性水平下，事件窗内的平均累计异常收益率的 *T* 值从−5day 开始大部分数据均显著，即可以认为评级下调事件对于欧盟区综合行业股指收益率有着显著的影响。同时可以看出，在 99%的置信区间内，从时间日−5day 开始累计异常收益率已经显著不为 0，表明信息提前在市场上引起反映，投资者对于负面消息较为敏感。

由表 4-2 可知，在 1%的显著性水平下，事后窗内的平均累计异常收益率的 *T* 值在+11day 到+22day 的区间内，+14day、+15day、+17day、+18day、+20day 的样本观察值落入接受域内；同时从+23day 到+30day 的样本观察值也落入接受域内，即表明评级下调这一事件在欧盟区行业股指上的影响力度逐步衰减，虽然存在一定程度的波动效应，但这种现象更多是由于投资者的过度反应。可以看出，事后窗一段时间后，累计异常收益率均已不再显著。通过表 4-1、表 4-2 的实证结果可以看出，评级下调这个极端事件的发生对欧盟区行业股指有着较大的负面冲击效应，尤其是在事件日当天，同时这种影响力度也在逐步衰减，表现为事后窗内数据 *T* 值的不显著。

表 4-2　事后窗内欧盟区股票的平均累计异常收益率的统计检验

项目	+11day	+12day	+13day	+14day	+15day
CAR	0.009 6***	0.004 2***	0.005 4***	−0.001 7***	0.000 4
T 值	12.540	5.458	7.060	−2.235	0.488
项目	+16day	+17day	+18day	+19day	+20day
CAR	−0.002 8***	−0.001 9**	−0.001 4*	−0.004 3***	−0.001 5*
T 值	−3.651	−2.507	−1.830	−5.631	−1.919
项目	+21day	+22day	+23day	+24day	+25day
CAR	−0.005 3***	−0.003 7***	−0.005 9	0.001 4**	0.007 8**
T 值	−6.992	−4.891	0.721	−2.221	−2.322
项目	+26day	+27day	+28day	+29day	+30day
CAR	0.010 0	0.009 6**	0.008 1	0.007 2	0.003 4
T 值	−1.513	−2.012	−1.039	−1.326	−1.305

***、**、*分别代表在 1%、5%、10%的水平下显著

（1）上述结论我们同样可以从异常收益率和累计异常收益率的走势图观察得到。如图 4-2 所示，左图为平均异常收益率趋势图，右图为平均累计异常收益率趋势图。从图 4-2（a）可以看出，事件窗内（−10day 到+10day）的波动幅度

远超过事后窗（+11day 到+30day）的波动幅度，表明平均异常收益率在这段时期内表现显著，评级下调事件的确产生了负面的冲击效应，同时也在不断衰弱。从图 4-2（b）中可以看出，市场数据在事件日前后出现短暂的负的累计异常收益率，但同时很快又恢复在 0 值左右浮动。图 4-2 表明，极端事件的影响冲击效应在事件研究法的原假设中没有通过，即主权信用评级下调事件的确对欧盟股指收益率造成了实质性的负面冲击效应，但同时也在较短时间内逐步衰弱形成新的均衡状态。

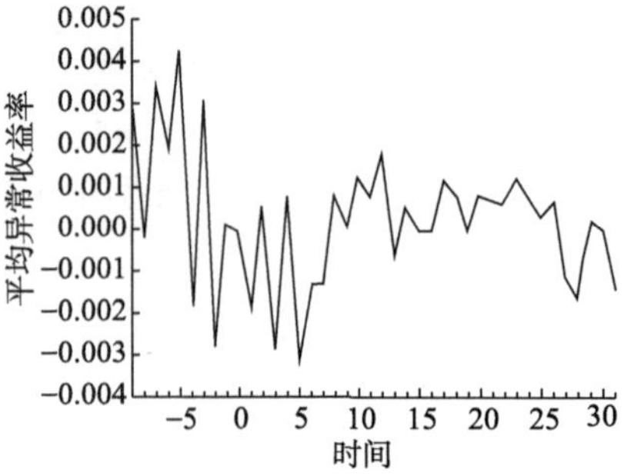

（a）

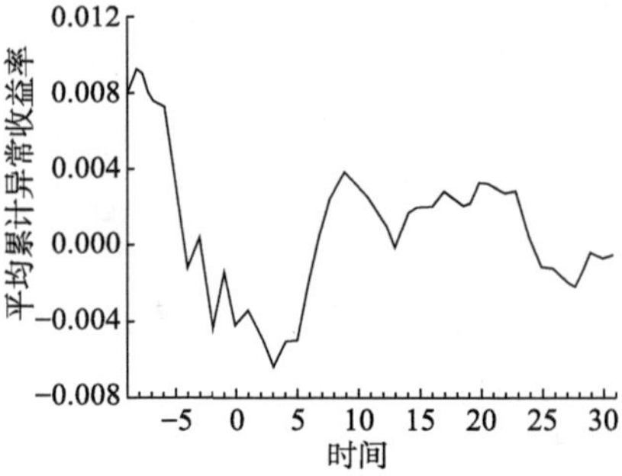

（b）

图 4-2　平均异常收益率和平均累计异常收益率的趋势图

（2）再从异常收益率的值来检验事件窗及事后窗内股指数据的受冲击影响力度。对各行业股指通过事件研究法计算其异常收益率，依据各股票综合指数 30 天内的股票市场发布新闻、公告等信息选取事件，具体事件根据各股指而有所不同，不再详细列举。所选欧洲行业股指异常收益率和累计异常收益率如表 4-3 所示。

表 4-3　欧洲行业股指异常收益率和累计异常收益率

指数代码	指数简称	事件日			
		AR	*T* 值	CAR	*T* 值
SPEUROPL 10	欧洲能源	0.003 2	5.870 3	0.003 6	3.301 2
SPEUROPL 15	欧洲材料	0.001 9***	6.000 0	−0.000 1**	−0.260 2
SPEUROPL 20	欧洲工业	0.001 5**	2.105 9	0.004 5***	6.851 8
SPEUROPL 25	欧洲消费	0.006 4***	7.468 5	0.003 9**	3.837 2
SPEUROPL 30	欧洲服务	0.003 4**	5.540 9	−0.002 3*	−1.763 7
SPEUROPL 35	欧洲医疗	−0.006 4***	−7.709 7	−0.010 8***	−7.854 3
SPEUROPL 40	欧洲金融	−0.001 1***	−1.947 8	−0.008 6***	−8.518 2
SPEUROPL 45	欧洲科技	−0.015 6***	−4.176 6	−0.002 4*	−0.641 3
SPEUROPL 50	欧洲电信	0.005 8***	5.796 0	0.007 3***	4.852 2
SPEUROPL 55	欧洲公用	−0.006 7***	2.333 9	−0.004 9***	3.783 2

***、**、*分别代表在 1%、5%、10%的水平下显著

由表 4-3 可知，10 个欧洲区行业指数在评级下调事件当日，除能源行业外其他 9 个行业股指的异常收益率和累计异常收益率均显著，异常收益率的绝对值的平均值为 0.006 3。对于同一极端事件，不同股指反应不同，有的呈正向波动，有的呈负向波动，通过分析，负向变动的行业股指大多为金融市场相关联行业，如金融业、服务业等。而正向变动的行业股指大多为实体经济行业，如工业、电信业等。

由表 4-4 可知，对于欧洲能源行业股指，−10day 到+10day 的事件窗内，一共出现 16 天异常收益率显著，异常收益率平均值为 0.05%；共出现 18 天累计异常收益率显著，累计异常收益率平均值为 0.17%。

表 4-4　欧洲能源行业股指的异常收益率及累计异常收益率的统计检验

项目	−10day	−9day	−8day	−7day	−6day	−5day	−4day
AR	−0.007 0^{***}	0.006 0^{***}	0.001 4	0.004 5^{***}	0.002 8^{***}	0.003 0^{***}	0.003 0^{***}
T 值	−6.997 1	5.870 6	1.344 3	4.384 3	2.734 5	3.510 1	3.090 2
CAR	0.000 2	0.012 0^{***}	0.008 0^{***}	0.011 0^{***}	0.009 6^{***}	0.019 0^{***}	0.020 0^{***}
T 值	0.010 8	5.751 7	4.196 5	5.270 7	4.629 4	9.166 8	9.984 5
项目	−3day	−2day	−1day	0day	+1day	+2day	+3day
AR	0.012 3^{***}	0.005 0^{***}	0.002 0^{***}	0.001 8^{***}	−0.000 7	0.000 0	0.008 0^{***}
T 值	11.884 2	5.159 4	2.831 5	1.732 3	−0.724 9	−0.013 6	8.327 8
CAR	0.020 5^{***}	0.010 0^{***}	0.004 0^{*}	0.001 0	0.007 8^{***}	0.010 0^{***}	0.000 7
T 值	9.856 3	4.821 8	1.903 7	0.492 8	3.763 6	5.238 7	0.332 5
项目	+4day	+5day	+6day	+7day	+8day	+9day	+10day
AR	0.002 3^{**}	−0.010 0^{***}	−0.008 0^{***}	−0.011 0^{***}	−0.007 0^{***}	0.005 0^{***}	0.005 0^{***}
T 值	2.249 6	−9.906 9	−7.773 1	−11.361 8	−7.061 8	4.933 0	5.030 0
CAR	−0.015 0^{***}	−0.029 0^{***}	−0.027 0^{***}	−0.013 0^{***}	0.003 0	0.011 0^{***}	0.014 0^{***}
T 值	−7.652 1	−14.402 2	−12.991 2	−6.690 1	1.438 8	5.703 6	7.114 6

***、**、*分别代表在 1%、5%、10%的水平下显著

由表 4-5 可知，对于欧洲材料行业股指，−10day 到+10day 的事件窗内，一共出现 17 天异常收益率显著，异常收益率平均值为 0.08%；共有 20 天累计异常收益率显著，累计异常收益率平均值为 0.3%。

表 4-5　欧洲材料股指的异常收益率及累计异常收益率的统计检验

项目	−10day	−9day	−8day	−7day	−6day	−5day	−4day
AR	−0.008 0^{***}	0.000 4	−0.001 9	0.000 7	0.007 1^{***}	0.011 8^{***}	−0.001 3^{***}
T 值	−6.587 0	0.365 5	−1.530 7	0.557 8	5.861 5	9.708 7	−1.063 5
CAR	−0.009 0^{***}	−0.000 7	0.005 9^{**}	0.019 6^{***}	0.017 6^{***}	0.020 4^{***}	0.011 0^{**}
T 值	−3.816 3	−0.299 0	2.406 6	7.939 6	7.141 5	8.277 8	4.571 1

续表

项目	−3day	−2day	−1day	0day	+1day	+2day	+3day
AR	0.009 0***	0.002 6**	0.009 3***	0.006 4***	0.007 1***	−0.002 9**	0.008 0***
T 值	8.169 8	2.179 1	7.702 6	5.256 9	5.889 0	−2.355 1	7.235 5
CAR	0.021 0***	0.018 4***	0.022 9***	0.010 0***	0.013 1***	0.011 5***	0.008 0***
T 值	8.886 6	7.452 6	9.278 9	4.327 6	5.301 6	4.665 8	3.515 9
项目	+4day	+5day	+6day	+7day	+8day	+9day	+10day
AR	0.008 0***	−0.005 0***	−0.008 0***	−0.008 0***	−0.004 0***	−0.019 0***	0.003 0***
T 值	4.597 4	−4.690 9	−7.081 7	−7.329 0	−3.371 8	−16.288	3.003 5
CAR	−0.008 0***	−0.023 0***	−0.021 0***	−0.032 0***	−0.020 0***	−0.014 0***	0.007 0***
T 值	−3.532 2	−9.403 5	−8.754 1	−13.286 0	−8.199 5	−5.764 4	2.934 2

***、**分别代表在 1%、5%的水平下显著

由表 4-6 可知，对于欧洲工业股指，−10day 到+10day 的事件窗内，一共出现 18 天异常收益率显著，异常收益率平均值为 0.05%；共有 17 天累计异常收益率显著，累计异常收益率平均值为 0.24%。

表 4-6　欧洲工业股指的异常收益率及累计异常收益率的统计检验

项目	−10day	−9day	−8day	−7day	−6day	−5day	−4day
AR	−0.006 0***	0.008 1***	−0.003 0***	−0.000 3	0.010 6***	0.004 2***	0.004 6***
T 值	−5.926 0	7.844 9	−3.802 4	−0.295 4	10.225 9	4.080 4	4.402 2
CAR	−0.002 0	0.003 9*	0.006 3***	0.014 5***	0.019 4***	0.019 8***	0.022 0***
T 值	−0.915 7	1.821 7	2.979 2	6.811 5	9.095 3	9.314 2	10.659 5
项目	−3day	−2day	−1day	0day	+1day	+2day	+3day
AR	0.011 0***	0.007 1**	0.003 0***	0.003 1***	0.002 2**	0.000 3	0.006 4***
T 值	10.676 3	6.847 5	2.857 8	2.986 5	2.085 6	0.316 0	6.139 6
CAR	0.021 0***	0.013 1***	0.008 2***	0.005 6***	0.008 8***	0.008 4***	0.001 1
T 值	9.908 7	6.170 2	3.855 2	2.619 4	4.152 4	3.964 6	0.539 0
项目	+4day	+5day	+6day	+7day	+8day	+9day	+10day
AR	0.001 8	−0.007 0***	−0.003 0***	−0.009 0***	−0.009 0***	−0.002 4***	−0.009 0***
T 值	1.699 5	−6.730 4	−3.480 7	−9.304 4	−9.465 3	−2.322 4	−9.014 8
CAR	−0.008 0***	−0.020 0***	−0.023 0***	−0.210 0***	−0.021 0***	−0.008 0**	0.003 3
T 值	−4.138 0	−9.487 6	−10.817 1	−10.254 0	−10.113 2	−3.903 3	1.585 8

***、**、*分别代表在 1%、5%、10%的水平下显著

由表 4-7 可知，对于欧洲消费品行业股指，−10day 到+10day 的事件窗内，一共出现 17 天异常收益率显著，异常收益率平均值为 0.02%；共有 18 天累计异常收益率显著，累计异常收益率平均值为 0.16%。

表 4-7　欧洲消费品股指的异常收益率及累计异常收益率的统计检验

项目	−10day	−9day	−8day	−7day	−6day	−5day	−4day
AR	−0.005 0***	0.011 6***	0.006 1***	0.001 1	0.010 4***	0.033 0**	−0.002 0
T 值	−4.051 2	8.015 8	4.184 6	0.789 4	7.144 0	2.257 6	−1.367 1
CAR	0.011 0***	0.018 9***	0.017 6***	0.014 8***	0.011 7***	0.015 5***	0.013 8***
T 值	3.636 6	5.796 7	5.407 7	4.547 7	3.585 4	4.762 7	4.250 9
项目	−3day	−2day	−1day	0day	+1day	+2day	+3day
AR	0.014 0***	0.001 6	0.008 1***	0.007 5***	0.003 8**	0.001 4	0.010 8***
T 值	9.782 2	1.110 5	5.607 0	5.148 2	2.624 6	0.949 9	7.419 3
CAR	0.024 0***	0.017 2***	0.019 4***	0.012 7***	0.016 0***	0.004 5	−0.008 8*
T 值	7.363 1	5.295 1	5.970 8	3.892 5	4.906 1	1.374 1	−1.779 0
项目	+4day	+5day	+6day	+7day	+8day	+9day	+10day
AR	−0.007 0***	−0.008 0***	−0.014 0***	−0.008 0***	−0.010 0***	−0.009 0***	−0.005 0***
T 值	−5.290 0	−6.115 9	−10.062	−6.138 8	−7.423 5	−6.643 5	−3.844 7
CAR	−0.031 0***	−0.032 0***	−0.034 0***	−0.029 0***	−0.026 0***	−0.007 0**	0.006 0*
T 值	−9.580 0	−9.958 8	−10.542 3	−9.017 0	−7.993 2	−2.157 8	1.855 3

***、**、*分别代表在 1%、5%、10%的水平下显著

由表 4-8 可知，对于欧洲服务行业股指，−10day 到+10day 的事件窗内，一共出现 3 天异常收益率显著，异常收益率平均值为 1.82%；共有 16 天累计异常收益率显著，累计异常收益率平均值为 0.28%。

表 4-8　欧洲服务股指的异常收益率及累计异常收益率的统计检验

项目	−10day	−9day	−8day	−7day	−6day	−5day	−4day
AR	−0.014 0*	0.006 9	0.003 9	0.002 0	0.002 0	0.008 4	0.002 0
T 值	−1.751 6	0.844 1	0.470 4	0.242 9	0.242 9	1.022 8	0.246 9
CAR	−0.003 6	0.012 0***	0.007 8***	0.012 0***	0.012 0***	0.018 0***	0.012 0***
T 值	−1.487 3	5.298 3	3.252 9	5.132 4	5.146 2	7.523 2	4.980 4
项目	−3day	−2day	−1day	0day	+1day	+2day	+3day
AR	0.007 7	0.002 3	0.006 4	0.004 9	0.001 4	−0.000 7	0.002 1
T 值	0.941 6	0.275 4	0.775 0	0.592 2	0.165 7	−0.090 2	0.251 0
CAR	0.016 3***	0.013 0***	0.012 6***	0.005 5**	0.002 7	0.002 5	−0.002 1
T 值	6.777 0	5.588 5	5.215 3	2.271 7	1.110 9	1.055 6	−0.851 5
项目	+4day	+5day	+6day	+7day	+8day	+9day	+10day
AR	0.001 2	−0.005 3	−0.011 5	−0.018 3**	−0.017 6**	0.003 8	0.011 3
T 值	0.149 5	−0.650 8	−1.406 3	−2.226 9	−2.141 5	0.466 3	1.372 1
CAR	−0.015 0***	−0.035 0***	−0.047 4***	−0.032 0***	−0.002 5	0.011 0***	0.012 0***
T 值	−6.490 0	−14.574 6	−19.646 8	−13.275 5	−1.031 2	4.800 7	5.035 7

***、**、*分别代表在 1%、5%、10%的水平下显著

由表 4-9 可知，对于欧洲医疗行业股指，−10day 到+10day 的事件窗内，一共出现 18 天异常收益率显著，异常收益率平均值为 0.25%；共有 17 天累计异常收益率显著，累计异常收益率平均值为 0.68%。

表 4-9 欧洲医疗股指的异常收益率及累计异常收益率的统计检验

项目	−10day	−9day	−8day	−7day	−6day	−5day	−4day
AR	−0.007 0***	0.006 3***	−0.003 6***	−0.001 2	0.012 9***	0.004 6***	0.005 7***
T 值	−6.067 8	5.527 7	−3.132 6	−1.040 2	11.281 8	4.045 6	4.946 5
CAR	−0.004 2**	0.001 6	0.008 2***	0.016 4***	0.023 3***	0.023 2***	0.033 7***
T 值	−2.022 3	0.746 1	3.914 6	7.867 3	11.163 8	11.115 8	16.188 6
项目	−3day	−2day	−1day	0day	+1day	+2day	+3day
AR	0.012 8***	0.015 2***	−0.004 0***	0.003 9***	−0.000 9	0.003 5***	0.009 4***
T 值	11.194 7	13.258 0	−3.510 4	3.435 3	−0.778 6	3.086 6	8.172 3
CAR	0.024***	0.015 1***	−0.001 0	0.006 6***	0.012 0***	0.011 6***	0.003 7*
T 值	11.531 8	7.259 2	−0.470 1	3.162 5	5.770 9	5.562 9	1.754 3
项目	+4day	+5day	+6day	+7day	+8day	+9day	+10day
AR	−0.001 3	−0.004 0***	−0.010 0***	−0.002 9**	−0.006 0***	−0.005 0***	0.013 3***
T 值	−1.156 4	−3.830 0	−8.683 3	−2.551 3	−5.777 1	−4.730 9	11.601 8
CAR	−0.018 0***	−0.017 0***	−0.019 0***	−0.015 0***	0.001 3	0.010 5***	0.005 1**
T 值	−7.527 2	−8.295 3	−9.367 5	−7.191 2	0.602 1	5.050 8	2.458 4

***、**、*分别代表在 1%、5%、10%的水平下显著

由表 4-10 可知，对于欧洲金融行业股指，−10day 到+10day 的事件窗内，一共出现 13 天异常收益率显著，异常收益率平均值为 0.15%；共有 13 天累计异常收益率显著，累计异常收益率平均值为 0.38%。

表 4-10 欧洲金融股指的异常收益率及累计异常收益率的统计检验

项目	−10day	−9day	−8day	−7day	−6day	−5day	−4day
AR	−0.002 0***	0.002 0***	0.000 7	−0.001 4**	−0.000 1	0.001 0	0.002 0***
T 值	−4.847 0	3.279 0	1.233 7	−2.359 4	−0.203 6	1.675 9	4.771 6
CAR	−0.000 2	0.001 3	−0.000 8	−0.000 5	0.003 8***	0.005 1***	0.004 0***
T 值	−0.161 6	1.041 3	−0.642 8	−0.428 9	3.019 3	4.115 3	3.313 4
项目	−3day	−2day	−1day	0day	+1day	+2day	+3day
AR	0.001 0***	0.000 0	0.000 9	0.000 3	0.001 0*	0.004 2***	0.003 0**
T 值	2.062 9	0.017 6	1.565 4	0.570 4	1.731 2	6.982 7	6.429 9
CAR	0.002 2**	0.001 3	0.002 3*	0.005 6***	0.009 1***	0.008 3***	0.000 2
T 值	1.763 0	1.041 3	1.869 9	4.489 5	7.323 0	6.681 5	0.132 4

续表

项目	+4day	+5day	+6day	+7day	+8day	+9day	+10day
AR	0.000 2	−0.004 0***	−0.001 0***	−0.002 4***	−0.007 0***	−0.009 0***	−0.005 0***
T 值	0.404 5	−6.560 7	−3.133 3	−4.017 8	−11.868 0	−14.963 0	−8.550 7
CAR	−0.005 0***	−0.008 0***	−0.011 0***	−0.018 0***	−0.021 0***	−0.014 0***	−0.004 0***
T 值	−4.492 0	−6.630 5	−9.196 6	−14.917 0	−17.109 0	−11.629 2	−3.636 6

***、**、*分别代表在 1%、5%、10%的水平下显著

由表 4-11 可知，对于欧洲科技行业股指，−10day 到+10day 的事件窗内，一共出现 17 天异常收益率显著，异常收益率平均值为 0.11%，16 天累计异常收益率显著，累计异常收益率平均值为 0.44%。

表 4-11　欧洲科技股指的异常收益率及累计异常收益率的统计检验

项目	−10day	−9day	−8day	−7day	−6day	−5day	−4day
AR	−0.007 0***	0.006 0***	0.001 4	0.004 5***	0.002 8***	0.003 0***	0.003 0***
T 值	−6.997 1	5.870 6	1.344 3	4.383 4	2.734 5	3.510 5	3.090 2
CAR	0.000 2	0.012 0***	0.008 0***	0.011 0***	0.009 6***	0.019 0***	0.020 0***
T 值	0.108 0	5.751 7	4.196 5	5.270 7	4.629 4	9.166 8	9.984 5
项目	−3day	−2day	−1day	0day	+1day	+2day	+3day
AR	0.012 3***	0.008 0***	0.002 0***	0.001 8*	−0.000 7	0.000 0	0.008 0***
T 值	11.884 2	5.159 4	2.831 5	1.732 3	−0.724 9	−0.013 6	8.327 8
CAR	0.020 5***	0.010 0***	0.004 0*	0.001 0	0.007 8***	0.010 0***	0.000 7
T 值	9.856 3	4.821 8	1.903 7	0.492 8	3.763 6	5.238 7	0.332 5
项目	+4day	+5day	+6day	+7day	+8day	+9day	+10day
AR	0.002 3**	−0.010 0***	−0.008 0***	−0.011 0***	−0.007 0***	0.005 0***	0.005 0***
T 值	2.249 6	−9.906 9	−7.773 1	−11.361 8	−7.061 8	4.933 0	5.030 0
CAR	−0.015 0***	−0.029 0***	−0.027 0***	−0.013 0***	0.003 0	0.011 0***	0.014 0***
T 值	−7.652 1	−14.402 2	−12.991 2	−6.690 1	1.438 8	5.703 6	7.114 6

***、**、*分别代表在 1%、5%、10%的水平下显著

由表 4-12 可知，对于欧洲电信行业股指，−10day 到+10day 的事件窗内，所有异常收益率和累计异常收益率均不显著。

表 4-12　欧洲电信股指的异常收益率及累计异常收益率的统计检验

项目	−10day	−9day	−8day	−7day	−6day	−5day	−4day
AR	−0.012 5	0.011 7	−0.001 9	−0.001 1	0.012 9	−0.002 5	0.005 1
T 值	−0.541 1	0.507 4	−0.082 1	−0.048 7	0.559 5	−0.106 7	0.222 1
CAR	−0.002 7	0.008 7	0.009 9	0.009 3	0.015 5	0.017 0	0.025 6
T 值	−0.088 0	0.276 6	0.314 8	0.296 8	0.495 6	0.542 4	0.817 9

续表

项目	-3day	-2day	-1day	0day	+1day	+2day	+3day
AR	0.014 3	0.006 2	0.012 8	0.002 6	0.002 5	0.002 5	0.010 7
T 值	0.623 2	0.268 4	0.558 1	0.112 0	0.109 1	0.109 1	0.463 9
CAR	0.033 4	0.021 6	0.017 9	0.007 6	0.015 7	0.013 4	0.004 2
T 值	1.064 6	0.689 2	0.572 2	0.242 5	0.500 9	0.427 6	0.135 1
项目	+4day	+5day	+6day	+7day	+8day	+9day	+10day
AR	0.000 2	−0.006 7	0.006 5	−0.009 8	−0.004 9	−0.003 9	0.009 3
T 值	0.009 2	−0.289 1	0.282 9	−0.426 7	−0.210 9	−0.170 4	0.404 6
CAR	0.000 1	−0.010 0	−0.008 2	−0.018 6	0.000 5	0.008 9	0.022 0
T 值	0.002 2	−0.318 0	−0.260 5	−0.593 4	0.017 1	0.285 1	0.700 9

由表 4-13 可知，对于欧洲公用行业股指，−10day 到+10day 的事件窗内，一共出现 18 天异常收益率显著，异常收益率平均值为 0.05%，17 天累计异常收益率显著，累计异常收益率平均值为 0.25%。

表 4-13　欧洲公用股指的异常收益率及累计异常收益率的统计检验

项目	−10day	−9day	−8day	−7day	−6day	−5day	−4day
AR	−0.006 0***	0.008 0***	−0.003 0***	−0.000 3	0.010 6***	0.004 0***	0.004 6***
T 值	−5.926 0	7.844 9	−3.802 4	−0.295 4	10.225 9	4.080 4	4.402 2
CAR	−0.002 0	0.003 9*	0.006 3***	0.014 0***	0.019 4***	0.019 0***	0.022 7***
T 值	−0.915 7	1.821 7	2.979 2	6.811 5	9.095 3	9.314 2	10.659 5
项目	−3day	−2day	−1day	0day	+1day	+2day	+3day
AR	0.011 1***	0.007 1***	0.003 0***	0.003 0***	0.002 2**	0.000 3	0.006 4***
T 值	10.676 3	6.847 5	2.857 8	2.986 0	2.085 6	0.316 0	6.139 0
CAR	0.021 1***	0.013 1***	0.008 2***	0.005 6**	0.008 8***	0.008 0***	0.001 1
T 值	9.908 7	6.170 2	3.855 2	2.619 4	4.152 4	3.964 6	0.839 0
项目	+4day	+5day	+6day	+7day	+8day	+9day	+10day
AR	0.001 8	−0.007 0***	−0.003 0***	−0.009 0***	−0.009 0***	−0.002 4**	−0.009 0***
T 值	1.699 5	−6.730 4	−3.480 7	−9.304 4	−9.465 3	−2.322 4	−9.014 8
CAR	−0.008 0***	−0.020 0***	−0.023 0***	−0.021 0***	−0.021 0***	−0.008 0***	0.003 3
T 值	−4.138 0	−9.487 6	−10.817 1	−10.254 0	−10.113 2	−3.903 3	1.555 8

***、**、*分别代表在 1%、5%、10%的水平下显著

通过以上数据分析可知，欧洲科技股指和欧洲医疗股指在事件窗内的异常收

益率和累计异常收益率均不显著，这说明信用评级下调对这两个行业股票的市场收益的冲击影响较弱。而对欧洲工业股指、欧洲金融股指、欧洲能源股指、欧洲消费品股指、欧洲服务股指、欧洲公用股指、欧洲电信股指的异常收益率和累计异常收益率在事件窗内大多都显著，同时也表现出异常收益率、累计异常收益率在事件日之前为正、事件日之后为负的特征。

4.2　评级下调对各行业股价波动冲击的动态分析

在 4.1 节通过事件研究法对各行业的股指收益率进行分析，结果表明各行业都受到不同程度的冲击效应。为进一步研究各行业在短期的冲击聚集现象，中长期稳定的均衡状态。通过各行业全样本区间的股指收益波动率进行实证，利用 GARCH 模型对波动率的分析能够更准确地说明波动的方向、持续时间及波动剧烈程度，以此划分不同样本区间短期聚集效应。

在 GARCH 模型中，考虑两个不同的设定：一个是条件均值，一个是条件方差。标准的 GARCH 模型为

$$y_t = \boldsymbol{x}_t'\boldsymbol{\gamma} + u_t \tag{4-6}$$

$$\delta_t^2 = \omega + \alpha u_{t-1}^2 + \beta\delta_{t-1}^2 \tag{4-7}$$

其中，$\boldsymbol{x}_t = (x_{1t}, x_{2t}, \cdots, x_{kt})'$ 是解释变量向量；$\boldsymbol{\gamma} = (\gamma_1, \gamma_2, \cdots, \gamma_k)'$ 是系数向量。式（4-7）给出的均值方程是一个带有扰动项的外生变量的函数。由于 δ_t^2 是以前面信息为基础的一期向前预测方差，所以被称作条件方差。

4.1 节通过行业股指的日收益率数据进行短期内冲击效应的检验，而本节为进一步对长期样本数据的波动情况进行更为细致的分析，将上述行业股指分成两类来研究债务危机期间股指波动率的整体情况。一类是虚拟经济类行业，金融、消费品、服务、医疗，它们代表欧盟区波动较大的行业，也是早期受冲击影响最明显的行业，选择的股指为 SPEUROPL40、SPEUROPL25、SPEUROPL30、SPEUROPL35。另一类是实体经济类行业，即工业、材料、电信、能源、科技、公用，它们代表的是欧盟区的相对稳定的行业，也是后期受冲击的行业，选择的股指为 SPEUROPL20、SPEUROPL15、SPEUROPL50、SPEUROPL10、SPEUROPL45、SPEUROPL55（表 4-14）。样本时间区间为 2009 年 12 月 8 日~2012 年 6 月 14 日，剔出因为假日造成无交易的数据，匹配各行业数据最终有效数据 511 个。其中，样本数据大部分来源于 Wind 数据库，部分来源于 RESSET、STOCKQ 国际股票市场指数行业数据。

表 4-14 欧洲行业指数波动率选取

SPEUROPL 10	欧洲能源
SPEUROPL 15	欧洲材料
SPEUROPL 20	欧洲工业
SPEUROPL 25	欧洲消费品
SPEUROPL 30	欧洲服务
SPEUROPL 35	欧洲医疗
SPEUROPL 40	欧洲金融
SPEUROPL 45	欧洲科技
SPEUROPL 50	欧洲电信
SPEUROPL 55	欧洲公用

对全样本区间各行业指数序列进行走势研究可以发现，10 个行业股指均呈现出一定的波动性及聚集性，且集中在相同时间段。其中，SPEUROPL40 金融股指和 SPEUROPL20 工业股指的聚集性相对更为显著；SPEUROPL15 材料股指、SPEUROPL30 服务股指、SPEUROPL25 消费品股指、SPEUROPL55 公用股指的波动性较为显著，其中，SPEUROPL40 金融股指的波动性最明显，表明金融股指收益率的波动频率较高。各行业在 2010 年 5 月后几乎都出现大幅波动，这主要是因为，2010 年 5 月，欧元区成员国财政部长召开特别会议，决定启动希腊救助机制，和 IMF 一道在未来 3 年内为希腊提供总额 1 100 亿欧元贷款。这一利好消息极大地刺激了欧洲股票市场，各行业股指均出现强劲反弹，但这种利好消息并不持久，股指随后出现了较长时期的波动，并在各行业间存在持续的传染效应。

再对样本数据进行描述性统计分析，结果如表 4-15 所示。比较各行业股票市场价格收益的均值，可以发现，金融行业指数收益率均值最大，工业指数紧随其后。通过对各序列的 J-B 检验，可以发现各个序列均不满足正态分布，呈现出尖峰厚尾的特性。因此，再进一步对各序列的平稳性进行检验。采用 ADF 检验方法，具体结果见表 4-15，由检验结果可知，各序列在 1%的水平下拒绝原假设，即各序列平稳。

表 4-15 样本数据的描述性统计量

项目	能源	材料	工业	消费品	服务	医疗	金融	科技	电信	公用
平均值	−0.001 1	−0.000 3	0.000 6	−0.000 9	−0.000 6	−0.000 4	0.000 6	0.000 5	−0.000 2	−0.002 1
中间值	−0.002 3	−0.000 5	0.000 3	−0.000 5	−0.000 6	−0.000 5	0.000 1	−0.000 2	−0.000 5	0.000 1
最大值	0.095 4	0.107 3	0.077 6	0.112 2	0.144 3	0.096 6	0.058 5	0.051 6	0.096 6	0.052 5
最小值	−0.072 7	−0.126 7	−0.057 8	−0.067 0	−0.066 4	−0.054 8	−0.058 2	−0.044 6	−0.065 4	−0.061 0
标准差	0.022 4	0.015 7	0.013 9	0.017 7	0.018 2	0.016 3	0.011 5	0.012 8	0.013 2	0.015 7
偏度	0.114 4	−0.454 8	−0.017 4	0.023 7	0.825 5	0.245 8	−0.095 8	−0.112 9	0.824 5	−0.017 4
峰度	4.279 2	16.865 0	5.386 7	8.237 1	11.146 5	6.682 5	5.107 7	4.681 2	11.146	5.393 7

续表

项目	能源	材料	工业	消费品	服务	医疗	金融	科技	电信	公用
J-B 检验	36.615	3 914.5	112.3	223.2	1 467.2	296.35	95.37	61.284	1 458.2	394.8
ADF	−21.855	−21.445	−23.079	−22.221	−20.964	−21.973	−20.907	−21.273	−23.079	−21.973
P 值	0	0	0	0	0	0	0	0	0	0
结论	平稳	平稳	平稳	平稳	平稳	平稳	平稳	平稳	平稳	平稳

通过 GARCH 模型提取的股指收益的波动率来看，2010 年 5 月至 2010 年 10 月是第一个大波动出现的高峰期，这源于欧盟成员国和 IMF 救助计划的利好措施。在 2010 年 10 月，欧盟领导人通过经济治理改革方案，决定从强化财政纪律、加强经济政策协调和建立永久性危机应对机制等方面堵住债务危机所暴露出的欧元体制性漏洞。而 2010 年 11 月，爱尔兰政府正式请求欧盟和 IMF 提供救助，这表明爱尔兰政府也陷入了危机，欧洲债务危机传染效应更加明显。

对 GARCH 模型产生的条件方差序列做时间走势图发现，债务危机期间，欧洲国家的行业指数中，不论是第一类直接受冲击的虚拟经济行业（金融、消费品、服务、医疗），还是第二类实体经济行业（工业、能源、科技、公用、电信），其序列的波动变化都呈现出大波动伴随小波动，然后又回归大波动的现象。也就是说，序列波动的平稳期和剧烈期是相互交替出现的，呈现出明显的波动聚集现象。这种现象有可能来自于外部环境（经济周期、国家政策）的冲击，也有可能来自于各行业间的传染效应，即在一段时期的聚集效应下形成新的均衡状态。

4.3　评级下调冲击下的行业间短期聚集效应分析

根据 4.2 节的实证分析，在总样本期间，2010 年 5 月至 10 月出现第一次各行业大的波动聚集情况，此时也恰好是欧洲债务危机爆发的时间。因此，本节将重点对欧洲债务危机爆发后的短时期各行业股指收益及波动情况进一步分析，研究行业间由于欧洲债务危机冲击下而出现的短期聚集效应，运用 SVAR-BEKK 模型从股指价格溢出效应及波动溢出效应两个角度挖掘行业间内在的关联，最后通过权重指标的构建，捕捉受到冲击最明显、反应最迅速的行业。

4.3.1　评级下调冲击下的行业间相关性分析

利用 Copula 函数对各行业股票指数序列进行建模，从中提取方差序列作为各行业股票指数波动率的序列，运用波动性溢出分析，通过危机阶段不同行业的股指收益率条件方差是否相关来检验传染冲击的存在性。这一变化可以较直接地利用股票指数收益率计算出的各行业之间的简单相关系数，更清楚地展示各行业股票市场波动之间的相关关系，即这一相关系数可以解释一个行业股票指数波动引起另一行业股票指数波动的相关程度的大小。如果两个行业间的股票指数波动相关程度较高，那么，两个行业中的任何一个行业的股票指数出现剧烈波动，必然会导致另一行业股票指数产生剧烈的相应或相反的反映。如果出现上述情况，即认为传染在两行业之间发生了。以此相关系数作为 SVAR 模型的行业间约束矩阵，可以进一步分析行业间的聚集效应。SVAR 模型中的约束矩阵分为短期约束和长期约束两种，本节采用最典型的短期 0 约束形式，即为避免 VAR 模型估计中无效参数过多的情况。对于部分行业间不存在明显相关性的情况在 SVAR 模型估计的过程中施加 0 约束，由表 4-16 可知，科技行业与材料、公用、金融、电信、工业、能源、服务这 7 个行业的波动率不存在明显的相关性，因此在 SVAR 模型估计过程中的 S 参数设置为 0。

表 4-16　行业间相关系数

行业	材料	公用	金融	电信	工业	科技	能源	服务	消费品	医疗
材料	0.918 4	0.256 2	0.148 7					−0.203 0	0.230 6	0.403 8
公用	0.872 1	1.190 1	0.143 3					0.220 8	0.231 1	0.114 2
金融	1.088 4	0.677 7	1.179 0	0.139 2				−0.201 9	0.231 9	0.304 2
电信	0.694 2	0.669 2	0.876 8						0.184 1	0.240 8
工业	1.169 9	0.833 3	0.788 9	0.446 7				−0.193 8	0.432 1	0.343 1
科技									0.213 1	0.220 1
能源	0.946 4	0.619 9	0.508 7	0.171 4	0.377 5	0.243 3		−0.187 8	0.314 8	0.290 7
服务	0.722 3		0.882 2	0.189 4	0.263 2			0.839 8	0.149 2	
消费品			0.455 7					0.146 8		0.181 7
医疗								0.131 8		

由表 4-16 可知，债务危机期间，金融行业与材料、公用、电信、消费品、医疗这四个行业的波动相关系数都为正，其中与材料行业的相关系数最大，也就是说，金融行业受到冲击后，最容易引起材料行业也发生相应的波动；工业与材料、公用、金融、电信、消费品、医疗这六个行业的相关系数为正，说明在此次的欧洲债务危机中工业受到的冲击较大，同时容易对多个其他行业造成类似的冲

击。而服务行业与除能源以外的八个行业均存在波动的相关关系，说明服务行业对于各个行业的影响性也较大。综上可知，在欧洲债务危机爆发阶段，金融行业、工业、服务业属于重点行业，对其他行业的影响性最为明显，也最容易受到其他行业的冲击。

4.3.2　评级下调冲击下的行业间价格溢出聚集效应分析

短期聚集效应：由于希腊评级下调引发各行业出现不同程度的波动，在短期波动过程中部分行业的波动效应最明显，且与其他行业联动性最多，在其后的欧洲债务危机中成为最核心的关键行业，如金融行业、工业等。通过对行业聚集效应的捕捉，可以找出重点关注的行业，制定针对性措施以降低风险，调控相关政策以使宏观经济早日恢复。通过 SVAR-BEKK 模型，可以构建十元模型，对各行业间的非对称性影响系数进行分析，再构建权重指标来找到聚集性最明显的行业。

1. 行业多元 SVAR（1）-BEKK（1，1）模型

探讨在金融危机下的欧洲行业间的风险传染程度，并分析传染效应的聚集性，在前文所述理论基础上，建立十元 SVAR（1）-BEKK（1，1）模型。

均值方程：

$$\boldsymbol{B}_0\boldsymbol{Y}_t = \boldsymbol{U}_t + \boldsymbol{\tau}_k\boldsymbol{Y}_{t-1} + \varepsilon_t, \varepsilon_t \left| I_t \sim N\left(0, \mathrm{H}_t\right)\right. \tag{4-8}$$

其中，

$$\boldsymbol{B}_0 = \begin{bmatrix} 1 & -b_{12} & \cdots & -b_{19} & -b_{20} \\ -b_{21} & \vdots & \cdots & -b_{29} & -b_{30} \\ \vdots & \vdots & & \vdots & \vdots \\ -b_{91} & -b_{92} & \cdots & \vdots & -b_{00} \\ -b_{01} & -b_{02} & \cdots & -b_{09} & 1 \end{bmatrix}, \boldsymbol{Y}_t = \begin{bmatrix} Y_{1t} \\ Y_{2t} \\ \vdots \\ Y_{9t} \\ Y_{0t} \end{bmatrix}$$

$$\boldsymbol{\tau}_1 = \begin{bmatrix} \gamma_{11} & \gamma_{12} & \cdots & \gamma_{19} & \gamma_{20} \\ \gamma_{21} & \vdots & \cdots & \gamma_{29} & \gamma_{30} \\ \vdots & \vdots & & \vdots & \vdots \\ \gamma_{91} & \gamma_{92} & \cdots & \vdots & \gamma_{00} \\ \gamma_{01} & \gamma_{02} & \cdots & \gamma_{09} & \gamma_{10} \end{bmatrix}, \boldsymbol{U}_t = \begin{bmatrix} u_{1t} \\ u_{2t} \\ \vdots \\ u_{9t} \\ u_{0t} \end{bmatrix}$$

协方差方程：

$$\boldsymbol{H}_t = \omega\omega' + A_i\left(u_{t-1}u'_{t-1}\right)A'_i + \boldsymbol{B}_i\boldsymbol{H}_{t-j}B'_i \tag{4-9}$$

即

$$\boldsymbol{H}_t=\begin{bmatrix} h_{11t} & \cdots & h_{110t} \\ \vdots & & \vdots \\ h_{101t} & \cdots & h_{1010t} \end{bmatrix}=\begin{bmatrix} \omega_1 & \cdots & 0 \\ \vdots & & \vdots \\ \omega_{10} & \cdots & \omega_{55} \end{bmatrix}\begin{bmatrix} \omega_1 & \cdots & \omega_{10} \\ \vdots & & \vdots \\ 0 & \cdots & \omega_{55} \end{bmatrix}$$
$$+\begin{bmatrix} \alpha_{11} & \cdots & \alpha_{110} \\ \vdots & & \vdots \\ \alpha_{101} & \cdots & \alpha_{1010} \end{bmatrix}\begin{bmatrix} u_{1t-1}^2 & \cdots & u_{1t-1}u_{10t-1} \\ \vdots & & \vdots \\ u_{10t-1}u_{1t-1} & \cdots & u_{10t-1}^2 \end{bmatrix}\begin{bmatrix} \alpha_{11} & \cdots & \alpha_{110} \\ \vdots & & \vdots \\ \alpha_{101} & \cdots & \alpha_{1010} \end{bmatrix} \quad (4\text{-}10)$$
$$+\begin{bmatrix} \beta_{11} & \cdots & \beta_{110} \\ \vdots & & \vdots \\ \beta_{101} & \cdots & \beta_{1010} \end{bmatrix}\begin{bmatrix} h_{11t-1} & \cdots & h_{110t-1} \\ \vdots & & \vdots \\ h_{101t-1} & \cdots & h_{1010t-1} \end{bmatrix}\begin{bmatrix} \beta_{11} & \cdots & \beta_{110} \\ \vdots & & \vdots \\ \beta_{101} & \cdots & \beta_{1010} \end{bmatrix}$$

其中，$\omega_1\omega_{t-1}^{\mathrm{T}}$是ARCH项；$\boldsymbol{H}_{t-1}$是GARCH项；$\alpha_i\alpha_j$表示$i$行业和$j$行业收益率波动协方差序列联合冲击性参数；$\beta_i\beta_j$表示$i$行业和$j$行业收益率波动协方差序列持续性参数。

再将协方差矩阵$\boldsymbol{H}_t$对角线上的元素整理得到：

$$\begin{bmatrix} H_{11t} \\ \vdots \\ H_{1010t} \end{bmatrix}=\omega\omega'+\begin{bmatrix} \phi_{11} & \cdots & \phi_{110} \\ \vdots & & \vdots \\ \phi_{101} & \cdots & \phi_{1010} \end{bmatrix}\begin{bmatrix} \varepsilon_{11t-1}^2 \\ \vdots \\ \varepsilon_{1010t-1}^2 \end{bmatrix}$$
$$+\begin{bmatrix} \varphi_{11} & \cdots & \varphi_{110} \\ \vdots & & \vdots \\ \varphi_{101} & \cdots & \varphi_{1010} \end{bmatrix}\begin{bmatrix} h_{11t-1}^2 \\ \vdots \\ h_{1010t-1}^2 \end{bmatrix}+C\times\operatorname{vech}\left(u_{it-1}u_{jt-1}\right) \quad (4\text{-}11)$$

参数估计所用到的对数似然函数为

$$\ln l(\theta)=-\frac{TN}{2}\ln 2\pi-\frac{1}{2}\sum_{t=1}^{T}\left(\ln\left|H_t\right|+\operatorname{res}_t^T H_t^{-1}\operatorname{res}_t\right) \quad (4\text{-}12)$$

$$\begin{bmatrix} H_{11t} \\ \vdots \\ H_{1010t} \end{bmatrix}=\omega\omega'+\begin{bmatrix} \phi_{11} & \cdots & \phi_{110} \\ \vdots & & \vdots \\ \phi_{101} & \cdots & \phi_{1010} \end{bmatrix}\begin{bmatrix} \varepsilon_{11t-1}^2 \\ \vdots \\ \varepsilon_{1010t-1}^2 \end{bmatrix}$$
$$+\begin{bmatrix} \varphi_{11} & \cdots & \varphi_{110} \\ \vdots & & \vdots \\ \varphi_{101} & \cdots & \varphi_{1010} \end{bmatrix}\begin{bmatrix} h_{11t-1}^2 \\ \vdots \\ h_{1010t-1}^2 \end{bmatrix}+C\times\operatorname{vech}+\left(u_{it-1}u_{jt-1}\right) \quad (4\text{-}13)$$

其中，参数ε_{t-1}^2表示某一行业前期收益率波动的绝对扰动，其系数ϕ_i表示该行业自身前期收益率对当期收益率的冲击传导效应系数及行业间的冲击传导效应系数。对H_{11t}，行业2的前期绝对扰动ε_{2t-1}^2的系数若在统计上显著，说明行业2对行业1存在显著的冲击传导效应；对H_{22t}，行业1的前期绝对扰动ε_{1t-1}^2的系数若在统计上显著，说明行业1对行业2也存在显著的冲击传导效应，即两行业间存在双向冲击传导效应。参数 h_{t-1}^2 表示某个行业前期收益率波动程度；对应矩阵对角线参数系数 φ_i 反映该行业自身的波动反馈效应，以此体现行业间的波动聚集效应；非对角线参数系数 φ_i 则反映行业间的波动传导效应，即体现一个行业对另一个行业波动信息的敏感性。同样，如对 H_{11t} 参数，行业 2 的波动 $H_{22t\text{-}1}$ 的系数如果在统计上显著，表明行业 2 对行业 1 存在显著的波动传导效应；对 H_{22t} 行业 1 的波动 $H_{11t\text{-}1}$ 的系数如果在统计上也显著，说明行业 1 对行业 2 也存在波动传导效应，通过非对称的系数检验其显著性，即能够表明两个行业间确实存在波动的双向传导效应。

式（4-12）中，θ 指所有位置的要估计的参数；T 是观测值的数目；N 是行业的数目（在十元 BEKK 模型中为 10）。本节基于 EViews7.0、Matlab 编写十元 SVAR-BEKK 模型的程序。

运用 SVAR 模型测算行业股价溢出效应，同时运用 BEKK（1，1）模型测算同样本区间的股价波动，由 ARCH 项系数分析冲击传导效应，以此从价格溢出和冲击传导这两方面来确定行业的聚集性特征。

2. 基于 SVAR 模型下的行业间价格溢出效应

2009 年 12 月全球三大评级机构下调希腊主权信用等级，2009 年 12 月 15 日，为缓解财政赤字，希腊发行了 20 亿欧元的国债。随后一个月的时间里，欧洲其他国家也开始陷入财政危机中，西班牙、比利时等国家的财政赤字居高不下，未来 3 年预算也达到警戒线。2010 年 1 月，穆迪下调葡萄牙国债信用等级，2010 年 2 月，西班牙财政部公布，2010 年公共预算赤字继续升高，将占 GDP 的 9.8%，在当天，该负面消息引起市场投资者恐慌情绪，股价暴跌 6%，创下一年多来最大单日跌幅。此时，由最开始希腊的评级下调引起多个国家陷入债务危机，演进为欧洲债务危机。

表 4-17 为 10 个行业序列描述性统计及单位根检验结果。在样本期内，Y_{1t}、Y_{2t}、Y_{3t}、Y_{4t}、Y_{5t}、Y_{6t}、Y_{7t}、Y_{8t}、Y_{9t}、Y_{10t} 表现出尖峰厚尾的特征，J-B 检验也拒绝了原假设，表明各序列均不满足正态分布特征。这 10 个行业估值序列有较大可能在样本期内重大获利或重大损失。再观察 10 个股指收益率的均值，可以发现，Y_{2t}、Y_{4t}、Y_{5t} 均为负数，表明这三个行业在样本期间的平均报酬都为负，处于亏损状态，而为正的行业估值收益也较低，反映出欧洲债务危机期间行业普遍的不景气和经济的萧条状态。Y_{5t} 的标准差最大，即波动最大，风险较高，其次，Y_{1t}、Y_{3t} 也相对其他行业较高。同时这 10 个序列的 ADF 检验均拒绝原假设，表明各序列平稳。

表 4-17 10 个行业序列描述性统计及单位根检验结果

变量	Y_1	Y_2	Y_3	Y_4	Y_5	Y_6	Y_7	Y_8	Y_9	Y_{10}
平均值	0.000 3	−0.000 2	0.000 4	−0.000 3	−0.000 2	0.000 3	0.000 0	0.000 3	0.000 6	0.000 5
中间值	0.000 4	−0.000 3	0.000 7	−0.000 3	−0.000 3	0.000 8	0.000 3	0.000 7	0.001 0	0.000 9
最大值	0.069 2	0.067 7	0.068 3	0.050 0	0.120 2	0.048 5	0.048 2	0.066 3	0.048 9	0.031 6
最小值	−0.070 3	−0.042 8	−0.066 8	−0.062 6	−0.063 4	−0.064 9	−0.054 2	−0.049 2	−0.042 6	−0.035 1
标准差	0.016 3	0.010 5	0.014 2	0.011 5	0.017 1	0.013 5	0.012 8	0.010 3	0.009 8	0.008 2
偏度	−0.133 2	0.126 5	−0.187 0	−0.140 9	0.284 7	−0.405 0	−0.182 9	−0.254 5	−0.313 1	−0.352 4
峰度	4.558 6	5.797 6	5.132 1	4.890 0	6.872 0	4.682 4	4.253 1	5.583 5	5.101 2	4.644 0
J-B 检验	91.674 7	289.331 8	171.806 7	133.893 3	561.616 4	127.835 8	61.469 2	252.799 3	176.259 5	117.311 8
P 值	0.000 0	0.000 0	0.000 0	0.000 0	0.000 0	0.000 0	0.000 0	0.000 0	0.000 0	0.000 0
t 统计量	-28.687 8	-30.408 3	-28.472 1	-28.354 7	-28.328 9	-29.618 3	-28.508 9	-27.725 4	-28.524 4	-28.605 6
P 值	0.000 0	0.000 0	0.000 0	0.000 0	0.000 0	0.000 0	0.000 0	0.000 0	0.000 0	0.000 0

根据前文的论文模型和实证的数据统计特征，构建十元 SVAR（1）-BEKK（1，1）模型，分析材料、公用事业、金融、电信、工业、科技、能源、服务、消费品、医疗这十个行业的均值溢出和波动溢出效应，以此来研究 10 个行业之间的直接影响关系。在该模型中，均值溢出效应检验基于 SVAR（1）模型方程，波动溢出效应检测基于 BEKK（1，1）方程。4.2 节 Copula 函数给出了行业间相关系数，将其代入 SVAR 的约束矩阵中，通过非对称 SVAR-BEKK 模型求出各行业间的影响系数，表 4-18 给出了方差方程的参数估计结果。

表 4-18 均值方程 SVAR（1）参数实证估计结果

参数	估计值	参数	估计值	参数	估计值	参数	估计值
*b*21	0.296 1*	*b*92	0.163 1*	*b*65	0.145 5*	*r*11	0.915 4**
*b*31	0.607 5**	*b*102	0.168 7*	*b*75	0.149 9*	*r*21	0.276 0*
*b*41	0.373 6*	*b*43	0.209 2*	*b*85	0.127 0**	*r*31	0.478 9*
*b*51	0.638 5*	*b*53	0.335 6*	*b*95	0.074 2	*r*41	0.320 6*
*b*61	0.516 9*	*b*63	0.303 3*	*b*105	0.044 2	*r*51	0.531 4*
*b*71	0.524 7*	*b*73	0.239 9**	*b*76	0.130 9*	*r*61	0.430 9*
*b*81	0.400 0*	*b*83	0.231 2*	*b*86	0.133 3*	*r*71	0.421 7*
*b*91	0.380 1**	*b*93	0.212 5**	*b*96	0.117 1*	*r*81	0.322 3**
*b*101	0.248 1*	*b*103	0.144 6**	*b*106	0.101 6*	*r*91	0.303 9**
*b*32	0.193 9*	*b*54	0.249 8**	*b*87	0.106 2*	*r*101	0.155 4*
*b*42	0.272 6*	*b*64	0.133 8**	*b*97	0.104 1**	*r*12	0.256 2*
*b*52	0.298 9*	*b*74	0.171 4*	*b*107	0.099 9**	*r*22	1.190 1*
*b*62	0.170 5**	*b*84	0.159 4*	*b*98	0.146 8*	*r*32	0.483 8**
*b*72	0.213 3*	*b*94	0.108 9*	*b*108	0.131 8**	*r*42	0.396 6*
*b*82	0.214 8*	*b*104	0.113 6*	*b*109	0.146 0*	*r*52	0.534 4*

续表

参数	估计值	参数	估计值	参数	估计值	参数	估计值
*r*62	0.465 8***	*r*15	0.067 9	*r*67	0.041 2		
*r*72	0.406 6*	*r*25	−0.026 2	*r*77	0.959 6**		
*r*82	0.388 0*	*r*35	0.057 6	*r*87	0.103 4*		
*r*92	0.299 4*	*r*45	−0.017 7	*r*97	0.094 7		
*r*102	0.280 7*	*r*55	1.014 3**	*r*107	0.100 4*		
*r*13	0.148 7*	*r*65	0.223 2*	*r*19	0.230 6*		
*r*23	0.143 3*	*r*75	0.227 6*	*r*29	0.231 1**		
*r*33	1.179 0*	*r*85	0.136 2*	*r*39	0.231 9*		
*r*43	0.367 6*	*r*95	0.109 5**	*r*49	0.184 1*		
*r*53	0.453 3*	*r*105	0.070 9	*r*59	0.432 1*		
*r*63	0.276 8**	*r*17	−0.049 1	*r*69	0.213 1*		
*r*73	0.268 8**	*r*27	−0.063 6	*r*79	0.314 8**		
*r*83	0.351 0**	*r*37	0.015 2	*r*89	0.149 2*		
*r*93	0.243 2*	*r*47	−0.037 1	*r*99	1.193 3*		
*r*103	0.182 2*	*r*57	−0.077 8	*r*109	0.281 2*		

***、**和*分别表示在 1%、5%和 10%的显著性水平下显著

根据前文提到的结构向量自回归模型的方程表达式，结合以上参数估计结果，整理成如下矩阵形式：

$$
\begin{bmatrix}
1 & 0 & 0 & 0 & 0 & 0 & 0 & 0 & 0 & 0 \\
0.296\,1^{*} & 1 & 0 & 0 & 0 & 0 & 0 & 0 & 0 & 0 \\
0.607\,5^{**} & 0.193\,9^{*} & 1 & 0 & 0 & 0 & 0 & 0 & 0 & 0 \\
0.373\,6^{*} & 0.272\,6^{*} & 0.209\,2^{*} & 1 & 0 & 0 & 0 & 0 & 0 & 0 \\
0.683\,5^{*} & 0.298\,9^{*} & 0.335\,6^{*} & 0.249\,8^{**} & 1 & 0 & 0 & 0 & 0 & 0 \\
0.516\,9^{*} & 0.170\,5^{**} & 0.303\,3^{*} & 0.133\,8^{**} & 0.145\,5^{*} & 1 & 0 & 0 & 0 & 0 \\
0.524\,7^{*} & 0.213\,3^{*} & 0.239\,9^{**} & 0.171\,4^{*} & 0.149\,9^{*} & 0.130\,9^{**} & 1 & 0 & 0 & 0 \\
0.400\,0^{*} & 0.214\,8^{*} & 0.231\,2^{*} & 0.159\,4^{*} & 0.127\,0^{**} & 0.133\,3^{*} & 0.106\,2^{*} & 1 & 0 & 0 \\
0.380\,1^{**} & 0.163\,1^{*} & 0.212\,5^{**} & 0.108\,9^{*} & 0.074\,2 & 0.117\,1^{*} & 0.104\,1^{*} & 0.146\,8^{*} & 1 & 0 \\
0.248\,1^{*} & 0.168\,7^{*} & 0.144\,6^{*} & 0.113\,6^{*} & 0.044\,2 & 0.101\,6^{*} & 0.099\,9^{**} & 0.131\,8^{**} & 0.146\,0^{*} & 1
\end{bmatrix}
\begin{bmatrix} Y_{1t} \\ Y_{2t} \\ \vdots \\ \vdots \\ \vdots \\ \vdots \\ \vdots \\ \vdots \\ Y_{9t} \\ Y_{10t} \end{bmatrix}
= C +
$$

$$
\begin{bmatrix}
0.915\,4^{*} & 0.256\,2^{*} & 0.148\,7^{*} & -0.062\,1 & 0.067\,9 & -0.058\,1 & -0.049\,1 & -0.203\,0^{*} & 0.230\,6^{*} & 0.403\,5^{*} \\
0.276\,0^{*} & 1.190\,1^{*} & 0.143\,3^{*} & -0.091\,3 & -0.026\,2 & -0.042\,7 & -0.063\,6 & -0.230\,8^{*} & 0.231\,1^{**} & 0.114\,2^{*} \\
0.478\,9^{*} & 0.483\,8^{**} & 1.179\,0^{*} & -0.139\,2^{**} & 0.057\,6 & -0.057\,9 & 0.015\,2 & -0.201\,9^{*} & 0.231\,9^{*} & 0.304\,2^{*} \\
0.320\,6^{*} & 0.396\,6^{*} & 0.367\,6^{*} & 0.892\,8^{*} & -0.017\,7 & -0.035\,9 & -0.037\,1 & -0.177\,1^{**} & 0.184\,1^{*} & 0.240\,5^{*} \\
0.531\,4^{*} & 0.534\,4^{*} & 0.453\,3^{*} & 0.196\,9^{*} & 1.014\,3^{**} & 0.013\,0 & -0.077\,8 & -0.193\,5^{**} & 0.432\,1^{*} & 0.343\,1^{*} \\
0.430\,9^{*} & 0.465\,8^{***} & 0.276\,8^{*} & 0.027\,3 & 0.223\,2^{*} & 1.030\,5^{**} & 0.041\,2 & -0.142\,1^{*} & 0.213\,1^{*} & 0.220\,1^{*} \\
0.421\,7^{*} & 0.406\,6^{*} & 0.268\,8^{**} & 0.099\,6 & 0.227\,6^{*} & 0.112\,4^{*} & 0.959\,6^{**} & -0.187\,8^{*} & 0.314\,8^{**} & 0.290\,7^{*} \\
0.322\,3^{**} & 0.388\,0^{*} & 0.351\,0^{*} & 0.049\,4 & 0.136\,2^{*} & 0.064\,8 & 0.103\,4^{**} & 0.839\,5^{*} & 0.149\,2^{*} & 0.223\,6^{**} \\
0.303\,9^{**} & 0.299\,4^{*} & 0.243\,2^{*} & 0.087\,9 & 0.109\,5^{**} & 0.151\,8^{**} & 0.094\,7 & -0.035\,5 & 1.193\,3^{*} & 0.181\,7^{*} \\
0.155\,4^{*} & 0.280\,7^{*} & 0.182\,2^{*} & 0.045\,9 & 0.070\,9 & 0.141\,7^{*} & 0.100\,4^{*} & -0.058\,2 & 0.281\,2^{*} & 1.102\,0^{*}
\end{bmatrix}
\begin{bmatrix} Y_{1t-1} \\ Y_{2t-1} \\ \vdots \\ \vdots \\ \vdots \\ \vdots \\ \vdots \\ \vdots \\ Y_{9t-1} \\ Y_{10t-1} \end{bmatrix}
+
\begin{bmatrix} u_{1t} \\ u_{2t} \\ \vdots \\ \vdots \\ \vdots \\ \vdots \\ \vdots \\ \vdots \\ u_{9t} \\ u_{10t} \end{bmatrix}
$$

由上述均值方程可知，10 个行业之间长期存在一定的均衡关系，但由于短期的评级下调事件，使行业间偏离这种均衡关系，出现波动，形成传染效应。因此，从价格溢出效应的角度来分析以下 10 个行业间的价格变动关系。例如，第一个均值方程，由于外生变量 Y_{2t-1}、Y_{3t-1}、Y_{4t-1}、Y_{5t-1}、Y_{6t-1} 的系数在 1%的置信

水平下显著，Y_{1t-1}的系数在 5%的置信水平下显著，而其他系数不显著，说明 Y_{1t} 与 Y_{1t-1}、Y_{2t-1}、Y_{3t-1}、Y_{9t-1}、Y_{10t-1}存在显著的正向变动关系，与 Y_{8t-1}之间存在显著的负向变动关系，而与其他行业的方向变动关系不显著。在受各行业股票市场前期收益率影响的问题上，材料行业受自身前期影响最大，其次是公用事业、消费品、金融、医疗行业，而与服务行业成反向变动关系。具体分析，当公用事业股价上涨 1%时，将带动材料行业股价上涨 0.256 2%，服务行业股价上涨 1%时，材料行业股价会下降 0.203%。将表 4-18 的矩阵表达式结果进行整理，剔除不显著的系数，形成表 4-19。

表 4-19　行业间价格溢出效应系数

价格溢出效应系数		材料	公用	金融	电信	工业	科技	能源	服务	消费品	医疗
材料	当期		0.256 2	0.148 7							
	前期	0.915 4							−0.203 0	0.230 6	0.403 5
公用	当期	0.296 1									
	前期	0.276 0	1.190 1	0.143 3					−0.230 8	0.231 1	0.111 2
金融	当期	0.607 5	0.193 9								
	前期	0.478 9	0.483 8	1.179 0	0.139 2				−0.201 9	0.231 9	0.301 2
电信	当期	0.373 6	0.272 6	0.209 2							
	前期	0.320 6	0.396 6	0.367 6					−0.177 1	0.184 1	0.210 5
工业	当期	0.638 5	0.298 9	0.335 6	0.249 8						
	前期	0.531 4	0.534 4	0.453 3	0.196 9				−0.193 5	0.432 1	0.343 1
科技	当期	0.516 9	0.170 5	0.303 3	0.133 8	0.145 5					
	前期	0.430 9	0.465 8	0.276 8		0.223 2			−0.142 1	0.213 1	0.220 1
能源	当期	0.524 7	0.213 3	0.239 9	0.171 4	0.149 9	0.130 9				
	前期	0.421 7	0.406 6	0.268 8		0.227 6	0.112 4		−0.187 8	0.314 8	0.290 7
服务	当期	0.400 0	0.214 8	0.231 2	0.159 4	0.127 0	0.133 3	0.106 2			
	前期	0.322 3	0.388 0	0.351 0		0.136 2			0.839 5	0.149 2	0.223 6
消费品	当期	0.380 1	0.163 1	0.212 5	0.108 9		0.117 1	0.104 1	0.146 8		
	前期	0.303 9	0.299 4	0.243 2		0.109 5					0.181 7
医疗	当期	0.248 1	0.168 7	0.144 6	0.113 6		0.101 6	0.099 9	0.131 8	0.146 0	
	前期	0.155 4	0.280 7	0.182 2			0.141 7	0.100 4		0.281 2	

4.3.3　评级下调冲击下的行业间波动溢出聚集效应分析

1. 基于 BEKK 模型下的行业间波动溢出效应

价格溢出效应虽然能够反映两个行业间价格变动的相互影响关系，但并不能表明两个行业间是直接的影响关系，因此也有可能是由间接影响造成的。为进一步确定行业间的直接相互影响关系，我们运用BEKK方差方程的波动溢出效应系数来分析行业间的波动效应，只有当两个行业的波动扰动系数单向或双向显著时，且同时存在价格溢出效应，即可证明这两个行业间存在直接传染效应。以下是 BEKK 方差方程的波动溢出效应估计系数，如表 4-20 所示。

表 4-20　方差方程 BEKK（1，1）*a* 参数实证估计结果：波动溢出效应

参数	估计值	参数	估计值	参数	估计值	参数	估计值
*a*11	0.030 7*	*a*63	0.029 5**	*a*16	0.025 6**	*a*68	0.028 9**
*a*21	0.011 7***	*a*73	0.010 6***	*a*26	0.029 9*	*a*78	0.019 7***
*a*31	0.016 6***	*a*83	0.007 5	*a*36	0.028 2**	*a*88	0.006 9
*a*41	0.014 8***	*a*93	0.026 8*	*a*46	0.025 5**	*a*98	0.018 7*
*a*51	0.026 4**	*a*103	0.007 0	*a*56	0.029 6*	*a*108	0.043 9*
*a*61	0.026 8***	*a*14	0.003 8	*a*66	0.025 9**	*a*19	0.027 4**
*a*71	0.014 6***	*a*24	0.043 6*	*a*76	0.009 9	*a*29	0.037 1*
*a*81	0.015 1**	*a*34	0.029 4*	*a*86	0.005 1	*a*39	0.031 1*
*a*91	0.007 3	*a*44	0.028 0*	*a*96	0.008 3	*a*49	0.028 1*
*a*101	0.007 1	*a*54	0.031 6*	*a*106	0.006 7	*a*59	0.030 6*
*a*12	0.032 2*	*a*64	0.031 8*	*a*17	0.023 5**	*a*69	0.024 4**
*a*22	0.019 9***	*a*74	0.013 3	*a*27	0.030 8*	*a*79	0.020 5**
*a*32	0.048 7*	*a*84	0.007 5	*a*37	0.023 4**	*a*89	0.029 1*
*a*42	0.016 4***	*a*94	0.004 5	*a*47	0.023 7**	*a*99	0.005 4
*a*52	0.020 3**	*a*104	0.008 1	*a*57	0.177 7	*a*109	0.004 0
*a*62	0.036 9*	*a*15	0.033 4*	*a*67	0.020 6**	*a*110	0.017 3***
*a*72	0.009 9	*a*25	0.045 7*	*a*77	0.016 9***	*a*210	0.036 2*
*a*82	0.006 1	*a*35	0.036 2*	*a*87	0.005 8	*a*310	0.023 0*
*a*92	0.003 1	*a*45	0.036 2*	*a*97	0.004 6	*a*410	0.029 2*
*a*102	0.008 4	*a*55	0.068 2*	*a*107	0.006 0	*a*510	0.021 8**
*a*13	0.030 0*	*a*65	0.029 6*	*a*18	0.025 6**	*a*610	0.018 6***
*a*23	0.036 0*	*a*75	0.021 0**	*a*28	0.036 9*	*a*710	0.019 8***
*a*33	0.017 4	*a*85	0.011 5***	*a*38	0.029 5**	*a*810	0.016 6
*a*43	0.012 3	*a*95	0.008 1	*a*48	0.031 8*	*a*910	0.031 3*
*a*53	0.022 1**	*a*105	0.011 4***	*a*58	0.031 3*	*a*1010	0.008 7

***、**和*分别表示在 1%、5%和 10%的显著性水平下显著

剔除表中不显著的系数，对应到行业间的波动扰动系数，绘制成表 4-21。

表 4-21 波动溢出效应扰动系数

波动扰动系数		材料	公用	金融	电信	工业	科技	能源	服务	消费品	医疗
材料	a（n1）	0.307*									
	a（1n）										
公用	a（n2）	0.032 2*	0.019 9***								
	a（2n）	0.011 7***									
金融	a（n3）	0.030 0**	0.036 0*								
	a（3n）	0.016 6***	0.048 7*								
电信	a（n4）		0.043 6*	0.024 9*	0.028 0*						
	a（4n）	0.014 8***	0.016 4***	0.012 3***							
工业	a（n5）	0.033 4*	0.045 7*	0.036 2*	0.036 2*	0.068 2*					
	a（5n）	0.026 4**	0.020 3**	0.022 1**	0.031 6*						
科技	a（n6）	0.025 6**	0.029 9**	0.028 2**	0.025 5**	0.029 6*	0.025 9*				
	a（6n）	0.026 5**	0.036 9**	0.029 5**	0.031 8*	0.029 6*					
能源	a（n7）	0.023 5**	0.030 3*	0.023 4**	0.023 7**		0.020 6**	0.016 9***			
	a（7n）	0.014 6***		0.010 6***	0.013 3***	0.021 0**					
服务	a（n8）	0.025 6**	0.036 9*	0.029 5**	0.031 8*	0.031 3*	0.025 9**	0.019 7***			
	a（8n）	0.015 1***				0.011 5***					
消费品	a（n9）	0.027 4**	0.037 1*	0.031 1*	0.028 1*	0.030 6*	0.024 4**	0.020 5**	0.029 1*		
	a（9n）			0.026 8*					0.018 7*		
医疗	a（n10）	0.017 3***	0.036 2*	0.020 0*	0.029 2*	0.021 8**	0.018 6***	0.019 8***		0.031 3*	
	a（10n）					0.011 4***			0.043 9**		

***、**和*分别表示在 1%、5%和 10%的显著性水平下显著

根据表 4-21 可得：①行业中除服务、消费品、医疗行业以外，其余 7 个行业均受到自身前期的波动溢出效应影响。这也印证了行业间通常存在聚类效应的正确性，说明了各行业股指收益率的显著的波动反馈效应，股指收益率对其自身波动的敏感性是显著的。②材料、公用、金融行业与其他行业的波动溢出效应最显著，其中金融行业与其他 9 个行业均存在波动溢出效应。③行业间的波动溢出效应大多是双向的，如工业对材料行业的波动的绝对扰动系数为 0.033 4，而材料对工业的扰动系数为 0.026 4，则这两个行业间存在双向的波动溢出效应，且工业对材料行业的影响要大于材料行业对工业的影响。④部分行业间只存在单向传递的关系，如科技行业对材料、公用、金融、电信、工业、能源行业均有波动溢出效应，但仅受到消费品和医疗行业的影响。

2. 行业间聚集效应排序

根据上一节的结果，结合表 4-19，对行业间的价格溢出效应进行筛选，剔除不存在波动溢出效应的行业价格溢出效应系数，重新整理表 4-19，得到表 4-22，即同时存在波动溢出效应和价格溢出效应的行业价格变动关系表格。

表 4-22　行业间直接影响系数

价格溢出效应系数		材料	公用	金融	电信	工业	科技	能源	服务	消费品	医疗
材料	当期		0.256 2	0.148 7							
	前期	0.915 1							−0.203 0	0.230 6	0.103 5
公用	当期	0.296 1									
	前期	0.276 0	1.190 1	0.143 3					−0.230 8	0.231 1	0.114 2
金融	当期	0.607 5	0.193 9								
	前期	0.478 9	0.483 8	1.179 0	0.139 2				−0.201 9	0.231 9	0.301 2
电信	当期	0.373 6	0.272 6	0.209 2							
	前期	0.320 6	0.396 6	0.367 6						0.181 1	0.240 5
工业	当期	0.638 5	0.298 9	0.335 6	0.219 8						
	前期	0.531 1	0.534 4	0.453 3	0.196 9				−0.193 5	0.132 1	0.343 1
科技	当期										
	前期									0.213 1	0.220 1
能源	当期	0.524 7	0.213 3	0.239 9	0.171 1	0.119 9	0.130 9				
	前期	0.121 7	0.406 6	0.268 8		0.227 6	0.112 4		−0.187 8	0.311 8	0.290 7
服务	当期	0.400 0		0.231 2	0.159 1	0.127 0					
	前期	0.322 3		0.351 0		0.136 2			0.839 5	0.119 2	
消费品	当期			0.212 5					0.116 8		
	前期			0.243 2							0.181 7
医疗	当期								0.131 8		
	前期										

如表 4-22 所示，各系数表示行业间存在波动溢出效应的股指价格直接影响力度，由此就可以确定行业间存在的传染效应，例如，公用行业受到材料行业前期 0.276 0 的影响力度，当期 0.296 1 的影响力度，而材料行业只受到公用行业当期 0.256 2 的影响力度。根据表 4-22 的结果，以行业间横向的受冲击比例、行业间纵向所受到直接影响力度大小作为指标进行排序，找出聚集性最明显的行业。

如图 4-3，样本期内公司股价收益率波动平均在 20%以上的视为受到欧洲债务危机的冲击，一共有 248 家企业，再将这些企业划分到 10 个行业中，得到各行业受冲击的比例。例如，在 248 家受冲击影响的企业中，有 22.7%的企业属于金融行业。

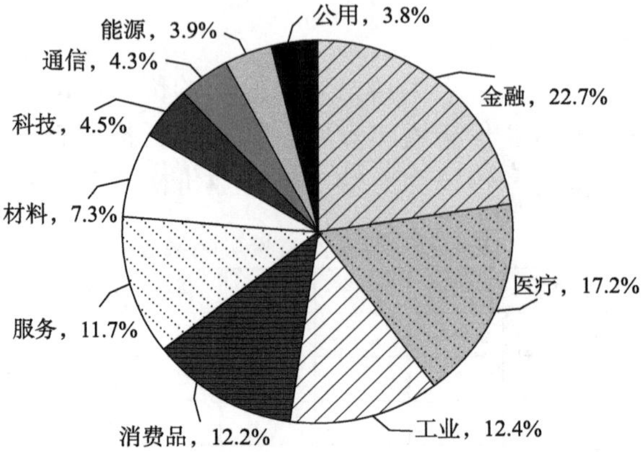

图 4-3　各行业受冲击影响的公司比例

由图 4-3、图 4-4 所示，用各行业直接受到其他行业的影响力度加上关联度的权重构建股价收率变动指标，如材料行业，受到其他行业 1.751 4 的影响力度，即在样本期内，由于其他行业的冲击效应，材料行业的股价收益率变动了 1.751 4 个百分点。

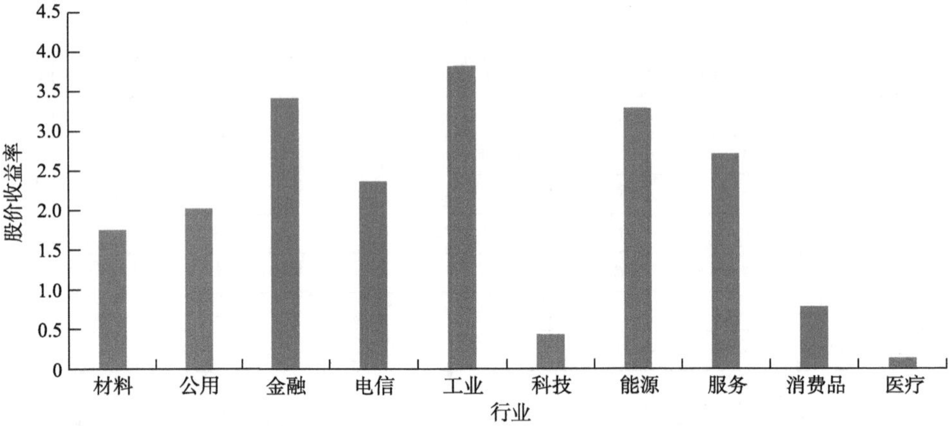

图 4-4　各行业直接受影响的股价收益率柱状图

4.4　多维经济空间短期聚集效应

空间聚集效应是金融危机风险多维空间特性的表现之一，由于经济金融活动在全球经济空间上的空间关联性与空间异质性，当金融危机爆发后，不同经济体和金融市场遭受金融危机风险冲击的程度和时间效应不同，造成金融危机风险的初期的空间聚集效应。金融危机风险空间溢出必然以不同路径在特定空间单元首先形成短期聚集，即金融危机风险广义多维经济空间短期聚集是金融危机风险空间溢出的必然结果与延续。以欧洲债务危机为例，2009 年 12 月 8 日，欧洲债务危机爆发，由于各区域经济体之间的空间相关性和异质性，2010 年 3 月，金融危机风险首先在葡萄牙、意大利、爱尔兰、西班牙等区域经济体和金融行业形成金融危机风险的空间聚集。本章就是在第 4 章金融危机风险的广义多维空间溢出路径及方式研究结果的基础上，进一步探讨金融危机风险在特定的时间点对区域、市场、行业的冲击，研究金融危机风险短期内在金融系统广义多维经济空间内的聚集。

区域经济一体化是世界经济融合和发展的必然，如今全球已完成和正在商谈的自由经济区或类似安排的总量已超过 50 个，区域经济一体化已成为不可逆转的潮流。由于不同区域、不同市场及不同行业之间金融发展的不平衡、经济行为差异及空间关联性的不同，促使全球各经济活动形成不同形式、不同层次、不同规模的空间网络节点，包括区域的聚集、企业聚集、市场的聚集及实体行业的聚集等。聚集效应是经济活动中存在的普遍现象，金融危机风险空间聚集效应是指由于经济“空间”上的差异，各经济体之间的关联性及对金融危机冲击敏感度的不同，短期内首先冲击一些地区金融市场或实体经济行业，形成金融危机的短期聚集，引导经济空间重心的动态变化，推动经济空间的扩展与演变。

国外一些学者在利用空间计量经济学研究金融危机风险溢出的空间聚集性时发现，金融危机冲击具有显著的区域聚集和行业聚集[121~124]。近年来，一些学者研究发现，金融危机在实体经济行业的空间聚集比金融市场占有更重要地位。Horta 等在利用 Copula 函数研究欧洲 4 国总股指时假设金融危机初期的金融风险最先聚集于行金融和工业两个行业，并且会向其他行业蔓延[125]；Bekaert 等对 55 个国家 415 个不同行业的股票资产组合进行实证分析[122]，研究表明金融传染的空间聚集具有显著的区域性和行业性。金融市场与实体经济行业之间的混合传染的空间聚集效应开始引起国内外学者的关注，但仍然缺乏金融传染的实体经济行业聚集性和冲击路径的行业层次化的深入研究。

本节在广义多维经济空间理论下，根据空间溢出的不同方式和路径的研究结论，将空间计量经济学理论与金融传染聚集模型相结合，构建多元 Spatial-FIAPARCH-DCC 模型捕捉不同经济体金融市场之间、金融市场与实体经济之间的异常波动的动态空间特性，并提出空间似不相关（S-SUR）聚集度量模型构建方法，检验金融危机爆发的一定时间阶段内，金融危机风险在跨区域、跨市场及跨实体经济行业的短期空间聚集效应。

4.4.1 多维经济空间聚集模型

1. 多元 Spatial- FIAPARCH-DCC 模型

在多维经济空间基础上，我们通过两阶段构建多元空间分数协整非对称自回归条件异方差模型，捕捉不同经济体金融市场之间、金融市场与实体经济之间的异常波动的动态空间特性。

在第一阶段，我们首先建立单变量的 AR（1）- FIAPARCH（1，d，1）模型，捕捉每个金融市场的波动特性。股票收益时间序列r_t的 AR（1）过程如式（4-14）所示：

$$(1-\mu L)r_t=\omega+\varepsilon_t, t\in N, \varepsilon_t=e_t\sqrt{h_t} \tag{4-14}$$

其中，$|\omega|\in[0,\infty)$，$|\mu|<1$；$\{e_t\}$是满足独立同分布的随机变量，且$E(e_t)=E\left(e_t^2-1\right)=0$，条件方差$h_t=f(\Sigma_{t-1})$；$\Sigma_{t-1}$是由序列$\{r_{t-1},r_{t-2},\cdots\}$生成的 sigma-代数，即有$E\left[r_t|\Sigma_{t-1}\right]=\omega+\mu r_{t-1}$，$\mathrm{Var}\left[r_t|\Sigma_{t-1}\right]=h_t$。

在这里，我们引入 FIAPARCH（1，d，1）模型刻画金融市场价格条件波动率的长记忆性、非对称性及动态异方差性等特征[126, 127]。其具体形式如式（4-15）所示：

$$(1-\xi L)\left(h_t^{\delta/2}-c\right)=\left[(1-\xi L)-(1-\lambda L)(1-L)^d\right](1+\gamma s_t)|\varepsilon_t|^\delta \tag{4-15}$$

其中，$c\in(0,\infty)$，$|\xi|<1$，$|\lambda|<1$，$0\leqslant d\leqslant 1$；当$\varepsilon_t<0$时，$s_t=1$，当$\varepsilon_t\geqslant 0$时，$s_t=0$。γ表示杠杆系数，当$\gamma>-1$时，h_t均为正，参数组合(λ,d,ξ)满足不等式约束[128]。

在第二阶段，我们根据第一阶段求解单个空间单元的条件方差$h_t=\left|h_{i,t}\right|_{t=1,\cdots,N}$。Tse 和 Tsui 提出的多元动态条件相关（DCC）模型[126]，具体形式如式（4-16）所示：

$$\boldsymbol{H}_t=D_t\boldsymbol{C}_tD_t \tag{4-16}$$

其中，$D_t=\mathrm{diag}\left(\sqrt{h_{1,t}},\sqrt{h_{2,t}},\cdots,\sqrt{h_{N,t}}\right)$；$\boldsymbol{C}_t$表示相关性矩阵。

本节在广义多维经济空间下构建空间多元动态条件相关（Spatial-DCC）模型，假设波动存在空间溢出效应。在这里，以h_t为时间序列，计算空间相关性权重矩阵并作为$\boldsymbol{C}_t$的替代变量。

因此，多元 Spatial-FIAPARCH-DCC 定义如式（4-17）所示：

$$B(L)\left(H_t^{\delta/2}-c\right)=\left[B(L)-\Delta(L)\Phi(L)\right]\left[I_N+\Gamma_t\right]|\varepsilon_t|^\delta \tag{4-17}$$

其中，$B(L)=\mathrm{diag}\{\xi(L)\}$，$\xi(L)=[1-\xi_i L]_{i=1,\cdots,N}$，$\Phi(L)=[1-\lambda_i L]_{i=1,\cdots,N}$，

$c=\left[c_i\right]_{i=1,\cdots,N}$ ， $\Delta(L)=\operatorname{diag}\left\{d(L)\right\}$ ， $d(L)=\left[(1-L)^{d_i}\right]_{i=1,\cdots,N}$ ， $\Gamma_t=\operatorname{diag}\left[\gamma \cdot s_t\right]$ ， $\gamma=\left[\lambda_i\right]_{i=1,\cdots,N}$ ， $s_t=\left[s_{i,t}\right]_{i=1,\cdots,N}$ 。

2. 空间聚集度量模型

随着各个经济体之间跨地区、跨市场、跨行业空间关联程度的提高，以及大数据背景下空间效应的显著提高，传统计量方法估计结果会产生偏差。在此背景下，将空间计量经济学理论与金融传染聚集模型相结合，建立空间似不相关（seemingly unrelated regression，SUR）聚集度量模型，检验金融危机在一定阶段内，对各经济体、各行业形成冲击及冲击的程度，即检验金融危机对不同经济体、不同经济行业的短期聚集效应。本节接下来详细介绍空间 SUR 的构建方法。

Bekaert 等在研究全球金融危机对不同经济体，不同行业的冲击程度时，首先提出金融传染模型[129]。模型形式如式（4-18）所示。

$$\begin{aligned} y_{M,i,t} &= a + b y_{W,t} + e_{M,i,t} \\ e_{M,i,t} &= c_0 + c_1 e_{M^*,t} + c_2 e_{M^*,t} D_{\text{crisis}} + \eta_{i,t} \end{aligned} \tag{4-18}$$

其中，$y_{M,i,t}$ 表示经济体 i 的股票指数 M 在 t 时刻的对数收益率；$y_{W,t}$ 表示全球股指在 t 时刻的对数收益率。在第 2 个回归模型中，利用第 1 个回归模型的残差项作为被解释变量，刻画金融危机爆发源经济体 $M^*\left(e_{M^*}\right)$ 对经济体 i 的股票指数非预期收益 (e_M) 的影响，D_{crisis} 表示虚拟变量，当 t 时刻为危机时期时，其值为 1，否则为 0。系数 c_1 表示金融稳定时期，经济体 i 市场波动对经济体 j 的溢出效应，系数 c_2 则表示金融危机时期市场波动的溢出效应，当 c_2 为正时，表示在金融危机期间，经济体 j 的市场异常波动的确增大了对经济体 i 的冲击效应。

Baur 的研究[123]认为，在模型（4-17）中，金融危机风险度量值对第一个回归模型的敏感性较高，如果在第一个回归模型中加入金融或经济变量作为回归参数时，如各经济体中央银行宣布调整货币政策或政府宣布修改政策制度时，都可能对股指收益产生非预期波动，因此在以上模型中，各经济体股指的非预期波动不能有效地表明是由金融危机爆发源的异常波动直接引起。基于此，Bau 在检验次贷危机冲击各经济体实体经济的行业的金融危机风险聚集时，对模型（4-17）进行改进，同时考虑到股票收益的条件异方差性，引入非对称 GARCH 过程，得到新的金融危机风险聚集度量模型[123]，如式（4-19）所示。

$$\begin{aligned} y_{s,i,t} &= a + b_1 y_{\text{FIN},m,t} + b_2 y_{\text{FIN},m,t} D_t + e_{s,i,t} \\ h_{s,i,t} &= \pi + \alpha e_{s,i,t-1}^2 + \beta e_{s,i,t-1}^2 I\left(e_{s,i,t} < 0\right) + \gamma h_{s,i,t-1} \\ e_{s,i,t} &= \left(h_{s,i,t}\right)^{0.5} z_{s,i,t} \\ z_{s,i,t} &\sim N(0,1) \end{aligned} \tag{4-19}$$

其中，$y_{s,i,t}$ 表示第 i 个经济体的实体行业 s 股指对数收益；$y_{\mathrm{FIN},m,t}$ 表示金融危机爆发元（经济体）m 的金融行业股指对数收益；D_t 是虚拟变量，在样本时间区间内，如果 t 时刻在金融危机周期内，则设为 1，否则为 0。因此，系数 b_1 和 b_2 分别表示稳定金融周期和金融危机两个时间段经济体 m 的金融市场波动对第 i 个经济体的实体行业 s 的冲击效应。

基于此，为了捕捉各经济体之间，各实体经济相关行业之间因地区性差异、贸易政策及时间滞后等空间异质性，同时考察金融危机冲击的跨地区、跨市场、跨行业金融危机风险空间溢出的短期空间聚集性，我们在广义多维经济空间下，结合多元空间分数协整非对称自回归条件异方差模型和金融危机风险聚集度量模型思想，建立空间 SUR 模型度量金融危机风险溢出过程中的空间效应及对不同行业的冲击差异。空间 SUR 聚集度量模型形式如式（4-20）所示。

$$V_{s,i,t} = \rho W R_{s,i,t-1} + \beta_{s,i,1} V_{\mathrm{FIN},m,t} + \beta_{s,i,2} V_{\mathrm{FIN},m,t} D_t + e_{i,t} \tag{4-20}$$

设 $V_{s,i,t}$ 表示第 i 个经济体的实体经济 s 行业的股指对数收益的波动序列；$V_{\mathrm{FIN},m,t}$ 表示第 m 个经济体的金融行业的股指对数收益的波动序列；D_t 为虚拟变量，其取值形式与上式相同；ρ 为空间相关性系数，捕捉空间溢出过程中存在的空间效应，$\beta_{s,i,1}$ 和 $\beta_{s,i,2}$ 分别表示稳定金融周期和金融危机两个时间段经济体 m 的金融市场波动对第 i 个经济体的实体行业 s 的冲击效应；当 i 取值与 m 相同时，属于同一个经济体。

4.4.2 多维经济空间聚集分析

1. 金融危机风险空间溢出阶段识别

选取欧洲债务危机爆发源希腊及欧洲、美国、中国等 4 个经济体的重要股指和十大行业指数，行业包括金融、基础材料、电信、工业、公用事业、科技、能源、消费服务、消费品、健康医疗。各个指标采用日度股票对数收益，且采用当地货币计量，使用当地货币计量的目的在于以当地经济或投资者的角度分析金融危机风险在跨区域、跨市场、跨行业的广义多维紧急空间短期空间聚集效应。样本时间区间为 2005 年 1 月 1 日至 2014 年 12 月 31 日。以上相关数据来源于 Datastream 数据库，在构建引力空间权重矩阵过程中使用的宏观经济指标数据来源于 Wind 数据库。

根据世界银行对欧洲债务危机发展阶段划分，结合金融危机爆发源地希腊的股指 AR（1）-FIAPARCH（1，d，1）波动（图 4-5）及事件点（2008 年 9 月 15 日雷曼兄弟宣告破产，对欧洲及希腊形成巨大冲击；2009 年 12 月 8 日惠誉评级机构下调希腊信贷评级；2011 年 3 月 7 日评级机构继续下调希腊信贷评级，金融危机恶化；2013 年 1 月 10 日欧洲债务危机放缓并持续），我们将欧洲债务危机划分为如下四个阶段：

（1）2008 年 9 月 15 日至 2009 年 12 月 8 日：金融危机潜伏发展期；

（2）2009 年 12 月 9 日至 2011 年 3 月 7 日：金融危机爆发，并向其他经济体蔓延，受冲击的各个金融市场恶化；

（3）2011 年 3 月 8 日至 2013 年 1 月 10 日：金融危机升级，受冲击的各经济体实体经济恶化；

（4）2013 年 1 月 11 日至 2014 年 12 月 31 日：金融危机放缓并持续。

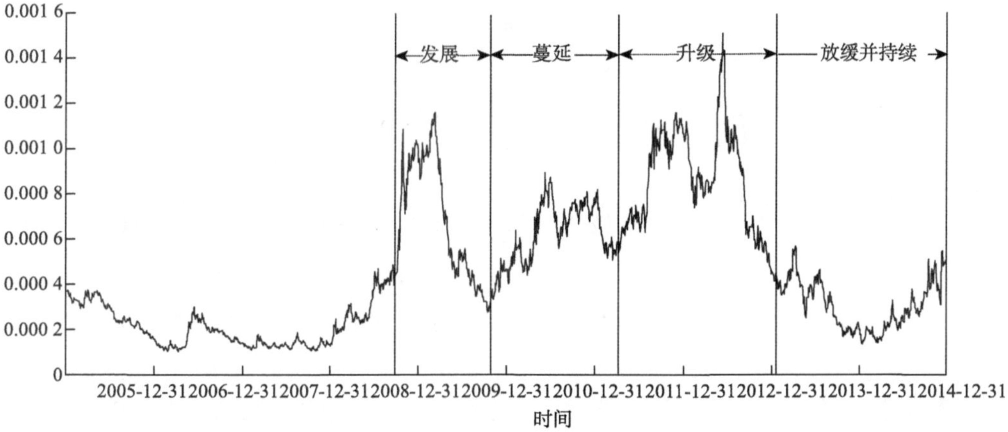

图 4-5　希腊股指 AR（1）-FIAPARCH（1，d，1）波动图

2. 波动的动态空间条件相关性分析

在多维空间效应下，度量欧洲债务危机期间希腊、欧洲、美国、中国等四个经济体在跨地区、跨市场、跨行业各指数波动的动态相关性，检验金融危机对各经济体的冲击效应。根据中期扩散路径的研究结果，欧洲债务危机金融风险空间溢出路径主要以金融资本渠道为主。因此，在本节假设欧洲债务危机对其他经济体的空间溢出效应主要以金融行业为载体，主要对以下两个金融风险溢出路径为例进行分析：①金融危机爆发源（希腊）总股指收益对其他经济体（欧洲、美国、中国）金融行业的冲击效应；②各经济体金融行业对实体经济其他行业的冲击效应。

利用建立的多元 Spatial- FIAPARCH-DCC 模型，检验欧洲债务危机在不同经济体及不同实体经济行业的空间溢出与聚集效应。重点考察金融危机的蔓延和升级两个阶段，即将样本区间 2009 年 12 月 8 日至 2013 年 1 月 10 日设为金融危机时期，其他时间阶段定义为金融稳定时期。图 4-6 为金融危机期间，危机爆发源（希腊）与其他经济体金融行业 AR（1）-FIAPARCH（1，d，1）波动图。

表 4-23、表 4-24 分别表示金融危机爆发源股指与其他经济体在金融危机期和稳定期的多元 Spatial- FIAPARCH-DCC 动态相关系数均值。如果金融危机期的平均值大于稳定期平均值，则认为金融危机对各经济体金融市场和实体经济存在空间溢出效应并形成金融风险的空间聚集。

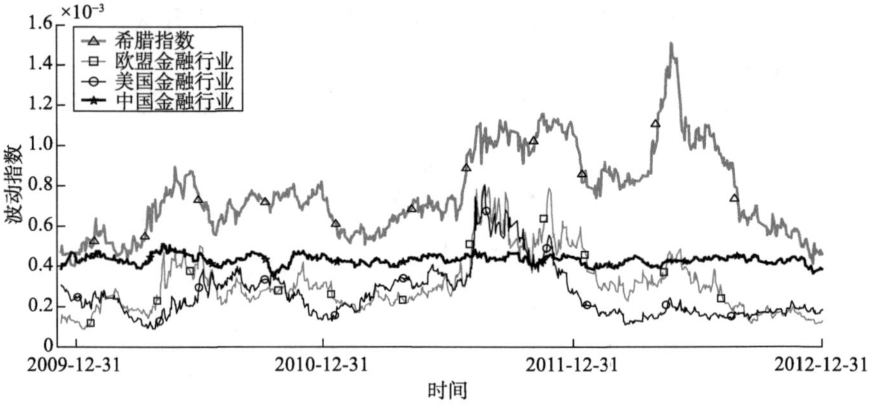

图 4-6　希腊股指与其他经济体金融行业的 AR（1）-FIAPARCH（1，d，1）波动图

表 4-23　金融危机源（希腊）对其他经济体金融行业的 Spatial- FIAPARCH-DCC 值

项目	欧洲	美国	中国
稳定期	0.540 3	0.161 5	0.148 1
危机期	0.613 7	0.194 8	0.159 0
溢出	C	C	C

注：C 表示有溢出效应

表 4-24　区域金融行业对同经济体实体经济的 Spatial-FIAPARCH-DCC 值

项目	材料	电信	工业	公用事业	科技	能源	消费服务	消费品	健康医疗
欧洲：									
稳定期	0.744 2	0.695 8	0.832 1	0.706 8	0.726 5	0.647 1	0.822 7	0.759 4	0.562 6
危机期	0.768 9	0.704 7	0.858 9	0.729 0	0.729 9	0.697 5	0.808 6	0.738 3	0.534 8
溢出	C	C	C	C	C	C			
美国：									
稳定期	0.722 3	0.698 2	0.867 3	0.660 2	0.766 6	0.577 2	0.847 7	0.816 6	0.747 7
危机期	0.739 0	0.708 3	0.863 4	0.656 2	0.767 5	0.646 5	0.834 2	0.797 3	0.730 9
溢出	C	C			C	C			

续表

项目	材料	电信	工业	公用事业	科技	能源	消费服务	消费品	健康医疗
中国：									
稳定期	0.747 1	0.601 9	0.760 8	0.702 2	0.602 9	0.731 3	0.721 4	0.708 1	0.581 7
危机期	0.765 5	0.606 4	0.773 4	0.713 4	0.617 7	0.752 8	0.747 1	0.707 5	0.552 5
溢出	C	C	C	C	C	C	C		

注：C 表示有溢出效应

从图 4-6 我们可以看出，在欧洲债务危机期间，欧洲和美国的金融市场与危机爆发源（希腊）具有一致的异常波动特征。根据表 4-24 可知，三个经济体对欧洲债务危机爆发源（希腊）的多元 Spatial- FIAPARCH-DCC 平均值在金融危机期间都增大，表明欧洲债务危机风险对欧洲、美国、中国等区域及市场都产生空间溢出效应，都受到欧洲债务危机不同程度的冲击，根据度量值的大小，欧洲地区受到的冲击最大，中国最小，金融危机风险形成区域与实体行业的聚集特性。

表 4-24 结果表明：①三经济体的材料、电信、科技、能源等行业均遭受到欧洲债务危机风险溢出的冲击，而健康医疗、消费品行业受到的影响非常小，在这里没有证据表明它们受到风险溢出冲击。②与金融市场遭受的冲击大小刚好相反，中国的实体经济受到冲击的行业为 7 个，实体经济受金融危机影响更广，而最发达的美国实体经济受影响的行业最少，表明新兴经济实体经济更脆弱，更易遭受到金融危机的冲击，越发达的经济体的实体经济对金融危机冲击越免疫。这与 Baur 的研究结果相吻合，Baur 在研究次贷危机对各经济体实体经济冲击时，结果表明新兴的亚洲和拉丁美洲地区相对于发达地区，实体经济受到金融危机影响更深[123]。

3. 多维经济空间聚集实证分析

在本节，利用前文构建的空间 SUR 模型实证分析欧洲债务危机金融风险空间溢出在不同经济体、不同实体经济行业的空间聚集效应。金融危机时间区间的设置同上节一样，即样本区间 2009 年 12 月 8 日至 2013 年 1 月 10 日为金融危机时期，虚拟变量 D_t=1；样本其他时间段为金融稳定时期，对应 D_t=0。在这里建立 4 个空间 SUR 模型分别检验欧洲危机对欧洲、美国、中国三个经济体及各经济体实体经济行业的空间效应和冲击程度。

表 4-25 为金融危机爆发源（希腊）对欧洲、美国和中国三个经济体金融市场的空间效应和聚集程度的空间 SUR 度量结果，解释变量 $R_{\mathrm{FIN},m,t}$ 为希腊股指对数收益的波动序列，被解释变量为三个经济体的金融行业股指对数收益的波动序列，模型测算结果的各项指标系数都通过显著性检验，表明我们利用空间 SUR 模型度量的空间聚集效应结果是可靠的。当 β_2 值大于 0 且通过显著性检验时，则表示金融危机对各跨区域金融市场形成风险溢出，不同估计值大小表示金

融风险在不同经济体形成不同的聚集效应。

表 4-25　金融危机在三地金融市场聚集效应的空间 SUR 度量

变量	ρ	β_1	β_2	溢出
EUR	0.601 2***	0.117 9***	0.190 7***	C
USA	0.540 3***	0.064 8***	0.060 3**	C
CHN	0.328 1***	−0.003 2	0.057 1***	C
调整 R^2	0.902 8			
F 值	5 751.803***			
D.W	2.121 7			

***、**、*分别表示在 1%、5%、10%的显著性水平下显著

对模型估计结果进行分析可得：①空间相关性系数 ρ 都大于 0，且通过显著性检验，表明金融危机在对三地金融风险溢出的不同程度，表明三个不同经济体的金融市场或投资者对金融危机具有一定的同质性，而对中国金融市场风险溢出过程中的聚集效应最小。②通过对稳定期和危机期聚集效应系数分析，危机期间的系数 β_2 都大于 0，且通过显著性检验，表明三个经济体的金融市场都未能幸免，金融危机空间溢出在欧洲市场的聚集效应尤为明显，这与事实相吻合；中国金融市场在稳定期的系数未通过显著性检验，表明稳定时期的中国金融市场与金融危机爆发地没有显著的关联性，金融危机使得两个经济体之间的关联性显著增强，也表明金融危机风险溢出导致全球金融市场空间结构的变化，这些空间关联结构的变化是金融危机风险的聚集的结果。空间聚集效应是金融危机风险多维空间特性的表现之一，各经济体空间异质性驱动了金融危机风险的区域空间聚集效应。

表 4-26、表 4-27、表 4-28 分别为欧洲、美国和中国等三个经济体金融行业对实体经济行业空间效应和冲击程度空间 SUR 度量结果。在这里仍然假设本次金融危机风险溢出路径主要以金融渠道为主，分别以三个经济体实体经济 9 个行业（除金融行业）股指对数收益波动序列作为解释变量 $R_{\mathrm{FIN},m,t}$ 的替代变量，被解释变量为三个经济体金融行业股指对数收益波动序列。

表 4-26　金融危机风险对欧洲实体经济行业聚集的空间 SUR 度量

行业	ρ	β_1	β_2	溢出
材料	0.254 0***	0.195 9***	0.204 5***	C
电信	0.177 9***	0.004 8	−0.067 1***	
工业	0.162 2***	0.169 1***	0.113 5***	C
公用事业	0.200 8***	0.188 6***	0.118 1***	C
科技	0.214 2***	−0.006 1	−0.055 0***	
能源	0.251 5***	0.201 5**	0.290 7***	C
消费服务	0.136 1***	0.136 1***	0.187 1***	C

续表

行业	ρ	β_1	β_2	溢出
消费品	0.159 2***	−0.002 7***	−0.124 0***	
健康医疗	0.184 0***	−0.164 6***	0.076 8	
调整 R^2	0.818 2			
F 值	2 627.286***			
D.W	1.957 6			

***、**、*分别表示在 1%、5%、10%的显著性水平下显著

表 4-27　金融危机风险对美国实体经济冲击的空间 SUR 度量

行业	ρ	β_1	β_2	溢出
材料	0.258 0***	0.147 6	0.274 7***	C
电信	0.173 7***	0.010 3	0.039 1***	C
工业	0.149 5***	0.138 9***	−0.037 3***	
公用事业	0.189 4***	−0.115 3***	−0.031 6**	
科技	0.178 5***	0.029 5*	−0.036 7***	
能源	0.302 8***	0.269 1***	0.465 3***	C
消费服务	0.137 8***	0.227 2***	−0.167 1***	
消费品	0.134 8***	0.067 3***	0.034 5	
健康医疗	0.154 7***	0.001 6***	−0.062 8***	
调整 R^2	0.833 4			
F 值	2 920.547***			
D.W	1.982 0			

***、**、*分别表示在 1%、5%、10%的显著性水平下显著

表 4-28　金融危机风险对中国实体经济冲击的空间 SUR 度量

行业	ρ	β_1	β_2	溢出
材料	0.173 6***	−0.005 9	0.147 7***	C
电信	0.201 4***	0.012 2	0.069 0***	C
工业	0.159 8***	0.021 4**	0.123 4***	C
公用事业	0.158 7***	0.012 5***	−0.090 4***	
科技	0.215 4***	−0.229 2***	0.035 4**	C
能源	0.142 1***	0.122 6***	0.078 1***	C
消费服务	0.163 5***	0.005 7***	0.031 1*	C
消费品	0.169 4***	−0.055 4**	−0.003 4	
健康医疗	0.191 5***	−0.166 9***	−0.103 1***	
调整 R^2	0.828 3			
F 值	2 816.932***			
D.W	1.860 9			

***、**、*分别表示在 1%、5%、10%的显著性水平下显著

模型估计调整后的R^2值都大于0.8，且F检验和D.W值都通过统计检验，表明实证结果是可靠的。在这里，定义β_2大于 0 且通过显著性检验时，就表示各经济体金融行业对实体经济行业产生风险溢出。根据实证结果：①空间效应系数ρ都大于 0，表明各经济体金融市场与实体经济存在显著的空间关联性，因此，我们在广义多维经济空间下建立空间 SUR 风险聚集度量模型分析金融危机风险空间溢出后的聚集效应是可行而必要的。②欧洲、美国和中国实体经济遭受危机冲击的行业个数分别为 5、3、6，我们看到美国实体经济遭受的影响面最小，欧洲债务危机对中国实体行业的金融风险溢出更广，而从表 4-26 可以知道中国金融市场遭受的冲击反而最小。因此，在本次欧洲债务危机中，金融市场遭受金融风险空间溢出大小与实体经济遭受冲击范围具有非对称性，越发达的经济体，实体经济抗冲击能力越强，新兴市场实体经济更易遭受金融危机的冲击。③三个经济体实体经济共有 14 个行业受到欧洲债务危机的冲击，传染概率为51.85%，材料和能源行业受冲击的经济体有3个，电信、工业、消费服务行业受到冲击的经济体有 2 个，公用事业和科技受到冲击的经济体都只有 1 个，而三个经济体的消费品和医疗行业都未受到金融危机的冲击。因此，在本次欧洲债务危机期间，冲击具有明显的行业聚集性和层次性，首先遭受到冲击的实体经济是材料、能源、工业及电信行业，而健康医疗等行业对本次危机基本免疫。

4.5 本 章 总 结

以欧美主权信用评级下调为研究事件，在事件窗内，金融、服务行业的股指最先受到冲击，然后材料、消费品、公用等行业的股票指数也开始出现收益率的异常波动，从而在各个行业开始蔓延。观察各行业的波动序列，在 2010 年的 5 月至 2010 年的 10 月各行业均出现强烈的波动情况，同时在此时期，各行业的累计异常收益率也较高，说明在此期间行业间的聚集分布特征如下。

（1）由行业间受冲击比例排序结果可知，金融、医疗、工业、消费品这 4 个行业的总体关联度最多，处于中心节点的位置，最容易受到其他行业前期或当期股价变动的影响，其形成短期聚集分布。其中，公用、能源行业的总体关联度最低，较为稳定，不易受到其他行业股价波动的影响。

（2）根据各行业直接受到的影响力度指标大小排序，可知工业、金融、能源、服务这 4 个行业影响系数最大。工业是第二产业的支柱，也是欧盟各国发展的核心，且对第三产业也有一定的影响力，在希腊评级下调后，欧盟国家爆发债务危机，能源价格波动、公共事业收缩，经济的萧条引起出口减少等因素都会引发工厂减产，从而引起工业的股价波动，与之相关联的其他行业也形成相似的趋势线。金融行业属于第三产业，但经济一体化使得各行业都与之密切相连，尤其是希腊等国评级被下调后，金融行业反应最明显，最先受到冲击，不仅直接受到金融危机的冲击，还间接受到其他行业的影响，股价大幅下跌，同时带动材料、服务、工业等多个行业股价波动。能源行业不易受到其他行业影响，但会对其他 9 个行业造成直接影响，因此在欧洲债务危机爆发后，各个行业的股价波动使得能源行业受到较大的影响。

本章还分析了欧洲债务危机风险的多维经济空间短期聚集效应，即探讨了在特定的时间点上，金融危机风险首先对哪些区域、哪些市场、哪些行业形成金融风险的空间溢出。通过建立多元 Spatial-FIAPARCH-DCC 模型和空间 SUR 聚集模型实证研究金融危机不同阶段，以金融渠道为主要金融危机风险空间溢出路径，检验金融危机风险在不同经济体、不同实体经济行业空间溢出的多维经济空间聚集效应。对实证结果进一步分析和提炼，主要结论如下：

（1）全球各经济体之间、金融市场与实体经济之间、不同实体经济行业之间具有显著的空间效应，金融危机风险具有显著的金融市场和实体经济混合空间溢出效应。

（2）欧洲债务危机对欧洲、美国及中国三个经济体的金融市场和实体经济行业都产生金融风险空间溢出，具有显著的区域聚集性、行业聚集性及层次性，首先遭受金融风险空间溢出的实体经济是材料、能源、工业及电信行业，而健康医疗等行业对本次危机基本免疫。

（3）各经济体的实体经济遭受风险空间溢出的广度与其金融市场遭受的强度具有非对称性。在三个经济体中，中国金融市场受金融危机冲击最小，但实体经济受冲击的行业最多，这可能是由于中国金融市场开放程度还比较低，因此受金融危机冲击程度较小，但是中国作为一个出口大国和制造大国，实体经济行业容易受到金融危机风险空间溢出的冲击。金融市场越发达的经济体，实体经济抗冲击能力越强，新兴市场实体经济更易遭受金融危机的冲击。

第5章 欧美主权信用评级下调冲击下的中期扩散

本章从空间溢出效应、跨市场效应及扩散路径研究欧美主权信用评级下调对我国经济的扩散效应。提出广义多维经济空间理论测度经济金融领域“距离”等空间特征，捕捉金融市场和实体经济之间的多维经济空间效应，验证了欧洲债务危机风险多维经济空间溢出的存在性。利用改进的计量经济方法刻画资金流向、捕捉欧美主权信用评级下调的信息含量，描述评级下调事件引起的我国债券市场和股票市场、金融衍生品 CDS 市场间的跨市场效应。在多维经济空间下，分析欧洲债务危机风险的空间溢出路径，研究金融危机风险将通过怎样的方式向其他空间单元溢出与扩散。

5.1 广义多维经济空间理论

以“空间”视角研究金融领域相关问题成为国内外研究的热门，随着空间统计学、空间计量技术迅速兴起，空间计量经济学理论开始在金融领域的研究中得以应用。由于金融领域的空间交互作用已经超越了区域地理版图的限制，传统物理上的“相邻”与“距离”等空间概念定义不再有效，这也促使金融领域经济空间的合理定义成为空间计量经济学在金融市场应用的热门与难点。国内外学者最先尝试在金融市场风险传染过程中研究空间效应[130~132]。接着一些学者利用金融地理学思想研究发现，在信息化交易时代，金融资本市场价格的波动与风险溢出仍然无法脱离与区域地理位置的相关性[133~138]。

综合上述文献分析，国内外学者近年来开始尝试利用空间计量经济学方法研究金融市场中的实际问题，特别是在金融市场风险溢出和资产组合风险管理等领域。然而，针对金融领域“相邻”和“距离”等空间概念的定义，以及金融市场与实体经济等经济指标相融合的空间计量经济理论却很少有人涉及。同时，面对金融危机的频繁爆发及冲击力度和范围的不断扩大，建立有效的理论框架研究金融危机风险的多维时空溢出效应，准确测度金融危机风险的空间溢出大小，也成为目前学术界和业界的研究重点。

针对目前金融领域存在的多维空间效应新特性、现有传统计量经济学理论和经典空间计量经济理论在金融市场空间测度的缺陷、估计结果产生偏差等实际问题，本章以空间计量经济学理论和金融地理学理论为基础，结合多维空间溢出、经济空间和引力效应等理论思路，通过新建立的广义经济测度距离融合金融市场和实体经济指标，建立金融市场与实体经济混合跨区域、跨市场、跨行业的广义多维经济空间。从多维角度出发，引入区域经济空间引力效应，利用空间计量经济学理论，结合金融市场和实体经济指标，定义广义经济测度距离（generalized economic metric distance），构建广义多维经济空间。广义多维经济空间的构建思想具有整体性、开放性和动态演变性，能够比较科学、全面地对金融领域抽象空间进行测度。此经济空间能够将金融市场和实体经济相结合分析问题，力求捕捉当前全球金融系统中诸如多维空间效应等更多信息。在研究金融危机风险等实际问题时，能够建立更有效的空间计量模型，提高估计精度。在后续章节，我们将以金融危机后的金融风险空间溢出为研究对象，从科学性、系统性、有效性和可行性等基本原则方面检验广义多维经济空间理论，进而研究金融危机风险的广义多维经济空间距离与空间动态演变等内在机制。

5.1.1 广义经济测度距离

传统意义上的物理距离指标已经不能有效度量金融市场之间的“距离”，定义满足金融市场的广义经济测度距离成为国内外学者关注的热点。Eckel 等[121]和 Fernandez[133]在利用空间统计学、空间计量经济方法研究各个金融市场之间的空间相关性时，将各经济体股指相关系数作为经济距离的替代变量。

Mantegna 和 Stanley 在利用度量空间理论研究股票市场之间的联动性时，以两股票市场之间的皮尔逊相关系数（Pearson’ s ρ）为基础，推导出满足欧几里得距离条件的经济测度距离[33]，具体过程如下所示。

设金融市场 i 与金融市场 j 之间的 Pearson’ s ρ 相关系数：

$$\rho_{ij}=\frac{\left(r_i r_j\right)-\left(r_i\right)\left(r_j\right)}{\sqrt{\left(r_i^2-\left(r_i\right)^2\right)\left(r_j^2-\left(r_j\right)^2\right)}} \tag{5-1}$$

其中，r_i 表示金融市场 i 在第 t 时期的对数收益率，即 $r_i = \ln y_i(t) - \ln y_i(t-1)$；$y_i(t)$ 表示第 t 时期金融市场 i 的股指收盘价；(r_i) 表示 r_i 的期望值。

记：

$$\check{r}_i = \frac{r_i-(r_i)}{\sqrt{(r_i^2-(r_i)^2)}} \quad (5\text{-}2)$$

设$\check{r}_i$为 n 元向量，每个元素由$\check{r}_{ik}$表示，根据毕达哥拉斯关系（Pythagorean relation），$\check{r}_i$和$\check{r}_j$之间的欧几里得距离 $d_{i,j}$ 如式（5-3）所示。

$$\begin{aligned} d_{i,j}^2 &= \left\| \tilde{r}_i - \tilde{r}_j \right\|^2 \\ &= \sum_{k=1}^{n} \left(\tilde{r}_{i,k} - \tilde{r}_{j,k} \right)^2 \end{aligned} \quad (5\text{-}3)$$

根据式（5-2）定义，向量$\check{r}_i$的长度为 1，即 $\sum_{k=1}^{n} \tilde{r}_{i,k}^2 = 1$ 成立，则可得

$$\begin{aligned} d_{i,j}^2 &= \sum_{k=1}^{n} \left(\tilde{r}_{i,k}^2 + \tilde{r}_{j,k}^2 - 2\tilde{r}_{i,k}\tilde{r}_{j,k} \right) \\ &= 2 - 2\sum_{k=1}^{n} \tilde{r}_{i,k}\tilde{r}_{j,k} \end{aligned} \quad (5\text{-}4)$$

其中，$\sum_{k=1}^{n} \tilde{r}_{i,k}\tilde{r}_{j,k}$ 即 Pearson's ρ，由此经济距离 dis_{ij} 形式如下：

$$\text{dis}_{ij} = \sqrt{2\left(1-\rho_{ij}\right)} \quad (5\text{-}5)$$

由于式（5-5）满足欧几里得距离测度的三条性质：①当 $i=j$ 时，$\text{dis}_{ij}=0$；②$\text{dis}_{ij}=\text{dis}_{ji}$；③$\text{dis}_{ij} \leqslant \text{dis}_{ik}+\text{dis}_{kj}$。因此，该式也满足欧几里得测度性质，即 Mantegna 和 Stanley 建立的经济测度距离可以对股票市场相关指标进行度量分析[33]。

Pirinsky 和 Wang 的研究发现：由于地区性信息、相近的行为偏好和交易模式，金融市场价格的形成具有显著的区域性，金融资产价格形成受区域物理距离的影响，金融资产收益相关性随着区域物理距离的增大而减小[136]；Elhorst 和 Vega 在金融市场的空间溢出效应时，从牛顿万有引力定律得到启发，在定义经济测度距离时，引入距离衰减指数，认为在金融市场中，随着距离的增大，空间单元之间的联动性随距离的增加以衰减指数为幂的函数减小[74]；同时，由于电子交易的兴起，不同市场金融资产价格的相关性不仅仅受到区域距离的影响，还受到金融市场之间贸易、投资等金融行为的影响，具有显著的金融相关特性，Eckel 等[121]和 Fernandez[133]在利用空间计量研究各金融市场之间的空间距离时，选用股票市场价格之间的相关系数作为经济距离的替代变量。Elhorst 和 Vega 在定义经济测度距离时，在金融市场相关性指标的基础上引入距离衰减系数[74]。

本章在前文研究的基础上，结合区域物理距离和金融市场相关性指标，定义广义经济测度距离，金融市场 i 和金融市场 j 之间的经济测度距离定义如下所示。

$$D_{i,j}=F\left(R_{i,j},d_{i,j}\right)=\sqrt{1-\left|R_{i,j}\right|^{d_{i,j}}},D_{i,j}\in\left[0,1\right] \tag{5-6}$$

（1）$d_{i,j}$ 表示金融市场 i 与金融市场 j 之间的相对物理距离，其计算方式如下所示。

设 $d'_{i,j}$ 表示金融市场两空间单元之间的地表物理距离，空间单元所在地区经纬度为坐标端点。则两空间单元之间的物理距离 $d'_{i,j}$ 计算公式如下：

$$d'_{i,j}=\text{radius}\times\cos^{-1}\left[\cos\left(\text{long}_i-\text{long}_j\right)\bullet\cos\text{lat}_i\bullet\cos\text{lat}_j+\sin\text{lat}_i\bullet\sin\text{lat}_j\right] \tag{5-7}$$

其中，radius 表示地球半径；long、lat 分别表示空间单元 i 和 j 之间的经度和纬度。

选取各金融市场所在地区经纬度为坐标端点，利用软件 ArcGIS 计算各金融市场之间的物理距离，用 $d'_{i,j}$ 表示，相对距离 $d_{i,j}=d'_{i,j}/\text{Max}\left(d'_{i,j}\right)$。

（2）$R_{i,j}$ 表示金融市场 i 与金融市场 j 之间的相关性指标。在这里，本章使用各地区（或各行业、各企业）金融市场的景气程度计算两空间单元之间的相关性系数，市场景气程度用对应的重要股指对数收益率刻画。在金融领域的研究中，各指标之间经常存在尾部相关性。

在金融市场中，一种资产的价格暴涨暴跌通常会引起其他资产价格的暴涨暴跌。因此，考察金融市场指标的尾部相关性具有非常重要的意义。近几年来，随着金融领域空间相关性的加强，国内外学者才开始尝试利用空间计量经济学理论分析金融领域相关实际问题，相关理论及应用还不够成熟。目前大学学者选用线性相关系数（Pearson' s ρ）定义经济测度距离，然而，线性相关系数不具备单调变换不变的行踪，在测度金融领域的下尾相依（lower tail dependence）特性时存在诸多不足。接下来我们通过例 5-1 进行说明。

例 5-1　设两随机序列 X 和 Y 分别服从对数正态分布，即有 $\ln X\sim N$（0，1），$\ln Y\sim N$（0，σ^2），其中 $\sigma\neq1$。则随机序列 X 和 Y 之间的 Pearson' s ρ 满足如下条件：

$$\rho_{\min}\left(X,Y\right)=\frac{\mathrm{e}^{-\delta}-1}{\sqrt{\left(\mathrm{e}-1\right)\left(\mathrm{e}^{\delta^2}-1\right)}}>-1 \tag{5-8}$$

$$\rho_{\max}\left(X,Y\right)=\frac{\mathrm{e}^{-\delta}-1}{\sqrt{\left(\mathrm{e}-1\right)\left(\mathrm{e}^{\delta^2}-1\right)}}<-1 \tag{5-9}$$

根据式（5-9），X 和 Y 之间的最小相关系数 $\rho_{\min}>-1$，最大相关系数 $\rho_{\max}<-1$，最小值和最大值同 σ 之间的函数关系如图 5-1 所示，都趋于 0。

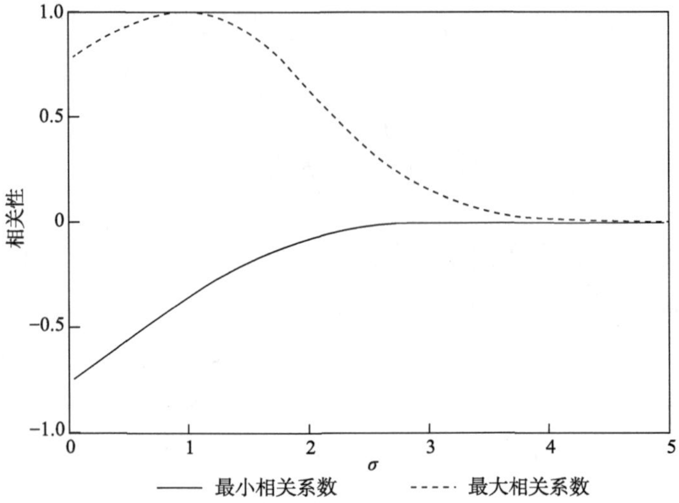

图 5-1　对数正态分布相关系数

根据例 5-1，Pearson's ρ 在计算随机序列的相关性时存在一定的缺陷，在对金融市场建模过程中，估计精度降低，与实际情况存在一定的偏差。在金融领域的研究过程中经常存在尾部相关特性，尾部相关性反映了金融市场中股票收益率具有非线性有偏、下尾相依等特性。由此，Copula 函数在能够对金融市场的尾部相关性进行刻画，且满足单调变化不变特征，在对金融领域的研究过程中得到广泛应用。因此，本章在定义广义经济测度距离时，式（5-6）中的相关性指标选用 Copula 函数理论进行测算。

Copula 函数理论最早由学者 Sklar 提出，详细定义如 Sklar 定理所示。

定理 5-1（Sklar 定理）　设 F 表示一个 n 维随机分布函数，其边缘分布函数分别为 $F_1, F_2, \cdots, F_n$。在所有 R^n 空间内的 x，存在一个 n 元函数 C，满足如下条件：

$$F\left(x_1,\cdots,x_n\right)=C\left(F_1\left(x_1\right),\cdots,F_n\left(x_n\right)\right)$$

如果 $F_1, F_2, \cdots, F_n$ 均连续，则存在唯一的 Copula 函数 $C(u_1, \cdots, u_n)$。

目前不同形式的 Copula 函数都是从 Sklar 定理演化而来，国内外学者在金融研究中应用最广泛的 Copula 函数主要分为两类：椭圆 Copula 函数和阿基米德 Copula 函数。椭圆 Copula 函数主要包括 Gaussian Copula 函数和 Student t-Copula 函数；阿基米德 Copula 函数主要包括 Gumbel Copula 函数、Clayton Copula 函数和 Frank Copula 函数。表 5-1 归纳了以上几种 Copula 函数的分布函数形式和尾部相关系数。

表 5-1　常见 Copula 函数分布函数形式与尾部相关系数

Copula 函数	分布函数形式	上（下）尾相关系数
Gaussian Copula	$C(u,v)=N_\theta\left(\Phi^{-1}(u),\ \Phi^{-1}(v)\right),\theta\in[-1,1]$	$\lambda_U=\lambda_L=0$
Student *t*-Copula	$C(u,v)=t_{\theta,v}\left(t_v^{-1}(u),\ t_v^{-1}(v)\right),\theta\in[-1,1]$	$\lambda_U=\lambda_L=2\left[1-t_{v+1}\left(\frac{\sqrt{1+v}\sqrt{1-\theta}}{\sqrt{1+\theta}}\right)\right]$
Gumbel Copula	$C(u,v)=\exp\left\{\left(-\left[(-\ln u)^\theta+(-\ln v)^\theta\right]\right)^{1/\theta}\right\},\theta\in[1,+\infty)$	$\lambda_U=2-2^{-1/\theta},\lambda_L=0$
Clayton Copula	$C(u,v)=\max\left\{\left(u^{-\theta}+v^{-\theta}-1\right)^{1/\theta},0\right\},\theta\in[0,+\infty)$	$\lambda_U=0$ $\lambda_L=2^{-1/\theta},\theta\in(0,+\infty)$
Frank Copula	$C(u,v)=\frac{1}{\alpha}\ln\left\{1+\frac{[\exp(-\theta u)-1][\exp(-\theta v)-1]}{\exp(-\theta)-1}\right\},\theta\neq0$	$\lambda_U=\lambda_L=0$

在表 5-1 中，N_θ 表示相关系数；Φ^{-1} 表示标准正态分布的反函数；$t_{\theta,v}$ 为 θ、自由度 v 的二元 t 分布；t_v^{-1} 表示自由度 v 的 t 分布反函数。λ_U 和 λ_L 分别表示上尾和下尾相关系数。

上述 Copula 函数对金融领域研究时，都能够捕捉更多的非对称分布，诸如股票市场的尖峰厚尾等特性。然而，目前大多 Copula 函数对金融市场的风险传染或风险度量都采用常相关模型（constant correlation model），而金融市场资产价格会随时间波动，存在条件时变特性，尤其是当金融突发事件发生时，会引起金融资产价格的异常波动，在此条件下，用固定模型刻画金融资产收益序列的相关性就会产生偏差，降低精度。因此，采用具有条件时变相关模型（conditional time-varying correlation model）的 Copula 函数测算金融市场空间单元之间的相关性，进而利用上式测算广义经济测度距离。

t-Copula 函数包含两个时变相依参数 ρ_t 和 v_t^c，正好能够用于刻画金融资产的条件时变相关性。在这里，本章采用条件时变 *t*-Copula 函数，度量金融市场空间单元之间的相关性。

t-Copula 函数定义如下所示。

$$C_t^{\rho,v}\left(F_1(X_1),\cdots,F_n(X_n)\right)=t_v^n\left(t_v^{-1}F_1(X_1),\cdots,t_v^{-1}F_n(X_n)\right) \tag{5-10}$$

$$t_t^n=\frac{\Gamma\left((v+1)/2\right)}{\sqrt{v\pi}\,\Gamma(v/2)}\left(1+t^2/v\right)^{-(v+1)/2} \tag{5-11}$$

$$\Gamma(z)=\int_0^\infty\frac{t^{z-1}}{e^t}\mathrm{d}_t \tag{5-12}$$

其中，t（·）表示自由度为 v 的 t 分布的累积密度函数。t 分布的参数的时变结构用如下所示。

$$\rho_t = (1-\theta_1-\theta_2)\sigma + \theta_1\varphi_{t-1} + \theta_2\rho_{t-1}, \theta_1+\theta_2 \leqslant 1, \theta_1 > 0, \theta_2 \geqslant 0 \tag{5-13}$$

由上，空间相关性指标 $R_{i,j}$ 的计算如下所示。

$$R_{i,j} = c\left(F_i(x_i),\ F_j(x_j)\right) = \frac{\partial^2 t_v\left[t_v^{-1}F_i(x_i),\ t_v^{-1}F_j(x_j)\right]}{\partial x_i \partial x_j} \tag{5-14}$$

由此，利用式（5-14）可以刻画金融市场资产价格的尖峰厚尾特征，捕捉金融市场空间单元之间的非线性结构。结合了区域物理距离和金融市场经济测度距离。因此，本章定义的广义经济测度距离具有如下特征：①捕捉由于地区性信息、相近的行为偏好和交易模式，金融资产价格的显著区域性特性；②捕捉电子化交易引起的金融产品区域影响的局限性；③捕捉金融资产价格存在非线性有偏、下尾相依等特性。

同时，根据我们的定义及推导过程，可以看出定义的广义经济测度距离具有以下特点：①当 $R_{i,j}\in[-1, +1]$时，经济距离 $D_{i,j}$ 由相关系数 $R_{i,j}$ 和物理距离 $d_{i,j}$ 共同决定，当 $R_{i,j}$ 越大、$d_{i,j}$ 越小时，经济距离 $D_{i,j}$ 越小；②当经济体 i 与经济体 j 完全不相关，即 $R_{i,j}$=0 时，$d_{i,j}$=1，经济距离 $D_{i,j}$ 取得最大值 1；③当经济体 i 与经济体 j 属同一市场，即 $R_{i,j}$=1 时，$d_{i,j}$=0，$D_{i,j}$=0，经济距离取得最小值 0。

以上性质与实际金融市场空间特性相吻合，因此我们结合区域物理距离和金融市场相关性指标定义广义经济测度距离是合理的。

5.1.2 引力空间矩阵构造

参考 Liu 和 Daly 建立的模型和变量权重系数求解 m_i 值[137]，具体模型如下所示：

$$\begin{aligned}\ln(\text{Invest}_{it}) = \alpha_{it} + \beta_1\ln(\text{SUM}_{it}) + \beta_2\ln(\text{WAGE}_{it}) + \beta_3\ln(\text{TELEC}_{it}) \\ + \beta_4\ln(\text{LAND}_{it}) + \varepsilon_{it}\end{aligned} \tag{5-15}$$

其中，Invest_{it} 表示经济体 i 在 t 时期的投资吸引力，解释变量定义如表 5-2 所示。

表 5-2　投资吸引力解释变量说明

变量	变量定义	符号	权重
市场规模	经济体消费总额	SUM_{it}	1.23
劳动力成本	工人平均月工资	WAGE_{it}	−0.55
技术创新投入	研发投入总额	TELEC_{it}	0.43
土地成本	各国平均房价	LAND_{it}	−0.11

$$\begin{aligned}m_{it} = \ln(\text{Invest}_{it}) = 1.23\ln(\text{SUM}_{it}) - 0.55\ln(\text{WAGE}_{it}) \\ + 0.43\ln(\text{TELEC}_{it}) - 0.11\ln(\text{LAND}_{it})\end{aligned} \tag{5-16}$$

在后续部分，将对引力空间效应的有效性进行进一步分析，检验在金融领域的有效性和实用性。在后续章节实证研究中，除了对空间权重矩阵的设置有明确说明以外，其他对权重矩阵参数设置及应用均采用此方法。

随着互联网技术和全球经济一体化的发展，实践和空间的概念都发生了显著改变。金融市场和实体经济之间在跨区域、跨市场、跨行业的广义多维经济空间效应显著增强，加快了全球性的投资转移和风险传染。2007 年以来连续爆发的美国次贷危机和欧洲债务危机，迅速对全球各国实体经济和金融市场形成巨大冲击，表现出传染速度快、传播范围广、冲击路径空间多元化等新特征。传统计量经济方法和现有空间计量经济学理论在研究金融领域实际问题时，存在诸多局限性，估计精度不高，不能有效地对实际经济问题进行准确模拟。因此，在广义多维经济测度距离基础上，构建的广义多维经济空间，以实体经济和金融市场相融合的广义多维经济空间视角，捕捉跨区域、跨市场、跨行业的多维空间效应。在广义多维经济空间下，建立空间计量经济模型对金融危机冲击引起的全球金融危机风险相关问题进行深入研究，准确挖掘金融危机风险机制。

5.2　广义多维经济空间计量模型

本节基于构建的广义多维经济空间，利用空间计量经济学理论，构建广义多维经济空间计量模型，分析广义多维经济空间的有效性，以欧洲债务危机为背景检验金融危机传染是否存在风险的广义多维经济空间溢出效应，并测算金融危机风险对不同地区、不同市场、不同行业的金融市场的空间溢出大小。

5.2.1　广义多维经济空间自回归面板模型

首先借鉴 Arnold 等提出的金融市场多维空间效应定义方法。在这里，选用股票市场刻画金融市场景气程度，在广义多维经济空间下，将空间自回归模型引入面板数据的处理，构建股票收益空间自回归面板模型，建立全球股票市场的广义多维经济空间计量模型[138]。Arnold 等假设股票市场的空间效应集中在以下三方面：①股票收益的市场一般空间相关性。在这里指全球各经济体股票市场具有的一般性市场特征，如股票市场一般都依赖于前期的股票市场表现，股票资产组合收益率同整个股票市场往往表现出一致的波动性。②股票收益的跨行业市场间的空间相关性。同行业股票往往表现出一致的景气程度，因此，股票的收益率风险存在行业空间风险溢出，会受到同行业其他股票风险因子的影响。③股票收益的地理区域市场间的空间相关性。位于同一个国家或地区的股票收益率往往具有类似的市场行为。

基于以上理论，本章建立的股票收益广义多维经济空间自回归面板模型具体形式如式（5-17）所示。

$$y_t = \rho_{\text{gene}}\boldsymbol{W}_{\text{gene}}\boldsymbol{y}_t + \rho_{\text{indu}}\boldsymbol{W}_{\text{indu}}\boldsymbol{y}_t + \rho_{\text{area}}\boldsymbol{W}_{\text{area}}\boldsymbol{y}_t + \boldsymbol{\varepsilon}_t \tag{5-17}$$

其中，$t=1,2,\cdots,T$；$\boldsymbol{y}_t$ 是 n 维随机向量，表示资产组合各成分股日对数收益率；根据 Arnold 等的假设，ρ_{gene}、ρ_{indu}、ρ_{area} 分别表示市场一般性、跨行业、跨地区等三方面市场空间相关性系数；$\boldsymbol{W}$ 是 n 阶方阵（n 为股票资产组合成分股数量），表示空间权重矩阵，对应的 $\boldsymbol{W}_{\text{gene}}$、$\boldsymbol{W}_{\text{indu}}$、$\boldsymbol{W}_{\text{area}}$ 分别表示市场一般性、跨行业、跨地区三方面的空间权重矩阵；$\boldsymbol{\varepsilon}_t$ 表示随机残差向量。

以各个经济体股票市场作为其金融市场替代变量，刻画各个金融市场的景气程度，进而研究欧洲债务危机引起的金融危机风险对全球各经济体形成的冲击。在这里，金融危机风险的空间溢出效应重点探讨以下三方面：①全球各金融市场之间一般性空间相关性。②不同政治区域经济组织之间的空间相关性。区域经济组织之间的经济行为更为活跃，可能加剧同一区域经济组织中的各经济体之间的空间相关性，我们将其定义为经济体之间的“行业”关系。根据样本的选取，本章主要考察欧盟、上海合作组织、北美自由贸易区以及亚太经合组织等四个经济组织。③普通跨区域地理位置之间的空间相关性。

由此，设控制变量 $c_{i,j}=1$，则 $\boldsymbol{W}_{\text{gene}}$、$\boldsymbol{W}_{\text{indu}}$、$\boldsymbol{W}_{\text{area}}$ 三种引力空间权重矩阵分别通过如下方式定义。

（1）基于全球金融市场的市场本身一般空间相关性的引力空间权重矩阵用 $\boldsymbol{W}_{\text{gene}}^{g}$ 表示。对角元素 $w_{ii}=0$，非对角元素 $w_{ij}=c\bullet m_i\bullet m_j$；定义 $\boldsymbol{W}_{\text{gene}}^{g} := \boldsymbol{W}_{\text{gene}}$。当式（5-17）中 $\rho_{\text{indu}}=\rho_{\text{area}}=0$ 时，即不考虑股票收益的行业和地理位置空间相关性时，空间计量误差模型（5-17）可转化为股票市场风险度量的经典单因素模型，如式（5-18）所示，其中 y_{mt} 表示市场收益率。

$$y_{it} = \alpha_i + \beta_i y_{mt} + \varepsilon_{it} \tag{5-18}$$

（2）基于全球金融市场资产组合在跨“行业”市场空间相关性的引力空间权重矩阵用 $\boldsymbol{W}_{\text{indu}}^{g}$ 表示。当两经济体属于同一区域经济组织时，设 $D_{i,j}=0$，当两经济体不属于同一区域经济组织时，设 $D_{i,j}=1$；对角元素 $w_{ii}=0$，非对角元素 $w_{ij}=c\bullet\dfrac{m_i m_j}{\exp\left(D_{ij}^{\text{indu}}\right)}$，定义 $\boldsymbol{W}_{\text{indu}}^{g} := \boldsymbol{W}_{\text{indu}}$。

（3）基于全球金融市场在跨区域地理位置空间相关性的引力空间权重矩阵

用 $\boldsymbol{W}_{\text{area}}^{g}$ 表示。对角元素 $w_{ii}=0$，非对角元素 $w_{ij}=c\bullet\frac{m_i m_j}{\exp\left(D_{ij}^{\text{area}}\right)}$，定义 $\boldsymbol{W}_{\text{area}}^{g}:=\boldsymbol{W}_{\text{area}}$。

广义多维经济空间自回归面板模型（5-17）经济含义表明股票日收益率受三部分风险空间溢出效应影响：市场一般性股票加权收益（$\boldsymbol{W}_{\text{gene}}\boldsymbol{y}_t$），跨“行业”市场的股票加权收益（$\boldsymbol{W}_{\text{indu}}\boldsymbol{y}_t$），跨地区市场的股票加权收益（$\boldsymbol{W}_{\text{area}}\boldsymbol{y}_t$）。

5.2.2　两阶段广义矩估计

目前，国内外学者大多采用最大似然法（ML-Approach）估计空间计量模型参数。在使用 ML 估计空间相关性参数时，依赖于残差项 ε_t 的协方差矩阵的 n 个方差参数，随着 n 的增大，ML 估计法的成本增大；同时，在对是否考虑异方差的不同假设条件下，ML 对模型参数的估计结果也不一致[139]。基于此，我们借鉴 Arnold 等提出的两阶段广义矩估计法（TSGMM）对模型参数进行估计[138]。在第一阶段，通过矩条件的设置规避对残差项的 n 个方差参数的估计，直接估计空间相关性参数；在第二阶段，根据需要，直接利用第一阶段空间相关性参数的估计结果，估计残差项的 n 个方差参数。

为了简化，设 $\boldsymbol{A}'$ 表示矩阵 $\boldsymbol{A}$ 的转置，$\boldsymbol{W}_1:=\boldsymbol{W}_{\text{gene}}$，$\boldsymbol{W}_2:=\boldsymbol{W}_{\text{indu}}$，$\boldsymbol{W}_3:=\boldsymbol{W}_{\text{area}}$；$\rho_1:=\rho_{\text{gene}}$，$\rho_2:=\rho_{\text{indu}}$，$\rho_3:=\rho_{\text{area}}$，$\rho:=\left(\rho_{\text{gene}},\rho_{\text{indu}},\rho_{\text{area}}\right)'$。

假设 5-1：

（1）时间序列 $y_t=(t=1,2,\cdots,T)$，$T\to\infty, T\in z$ 均值为 0，且平稳遍历。

（2）矩阵单元 $w_{i,j}\geqslant 0$，$w_{i,i}=0$，其中 $i=1,2,\cdots,n$，$j=1,2,\cdots,n$。

（3）$\sum_{j=1}^{n}w_{i,j}=1$，其中 $i=1,2,\cdots,n$。

（4）参数空间 $S=\left\{\rho\in R^3,\left|\rho_1\right|+\left|\rho_2\right|+\left|\rho_3\right|<1\right\}$，其中 $|\bullet|$ 为范数定义。

（5）对所有的 $t\in z$，$\text{Cov}\left(\varepsilon_t\right)=\text{diag}\left\{\sigma_1^2,\sigma_2^2,\cdots,\sigma_n^2\right\}$。

通过以上假设：空间权重矩阵 $\boldsymbol{W}$ 对角元素均为 0，且满足行标准化，假设 $\boldsymbol{W}_{\text{gene}}$、$\boldsymbol{W}_{\text{indu}}$、$\boldsymbol{W}_{\text{area}}$ 能捕捉股票市场所有空间相关性，即残差项不存在空间相关性，同时允许存在异方差。

由假设 5-1 我们知道矩阵 $(I_n-\rho\boldsymbol{W})$ 为非奇异矩阵，根据式（5-17）序列 y_t 的方差-协方差矩阵 $\boldsymbol{V}$ 如式（5-19）所示。

$$\mathrm{Cov}(y_t)=\left(I_n-\rho_1\boldsymbol{W}_1-\rho_2\boldsymbol{W}_2-\rho_3\boldsymbol{W}_3\right)^{-1}\mathrm{Cov}(\varepsilon_t)\left(I_n-\rho_1\boldsymbol{W}_1'-\rho_2\boldsymbol{W}_2'-\rho_3\boldsymbol{W}_3'\right)^{-1}:=\boldsymbol{V}\tag{5-19}$$

如果采用最大似然法对模型进行估计，则估计函数如式（5-20）所示。

$$L\left(\rho_1,\rho_2,\rho_3,\mathrm{Cov}(\varepsilon_t)\right)=(2\pi)^{\frac{nT}{2}}(\det\boldsymbol{V})^{-\frac{T}{2}}\exp\left(-\frac{1}{2}\sum_{t=1}^{T}\boldsymbol{y}_t'\boldsymbol{V}^{-1}\boldsymbol{y}_t\right)\tag{5-20}$$

根据式（5-19），建立的模型需估计参数数目为 n+3，包括 3 个空间相关性参数 ρ_1、ρ_2、ρ_3 和 n 个方差参数 σ_i^2。因此当 n 很大时，最大似然估计的成本极高，并且，当考虑方差的异质性时，估计结果会有参数偏差。

在本节以下部分，给出 TSGMM 估计的具体证明过程。

估计空间相关性参数的三个矩条件如式（5-21）所示。

$$\begin{aligned}E\left[\varepsilon_t'W_1\varepsilon_t\right]&=\mathrm{tr}\left(W_1\mathrm{Cov}(\boldsymbol{y}_t)\right)=0\\E\left[\varepsilon_t'W_2\varepsilon_t\right]&=\mathrm{tr}\left(W_2\mathrm{Cov}(\boldsymbol{y}_t)\right)=0\\E\left[\varepsilon_t'W_3\varepsilon_t\right]&=\mathrm{tr}\left(W_3\mathrm{Cov}(\boldsymbol{y}_t)\right)=0\end{aligned}\tag{5-21}$$

其中，$\mathrm{tr}(\bullet)$ 表示矩阵的迹，值为所有特征值的和。

由式（5-21）得

$$\varepsilon_t=\left(I_n-\rho_1\boldsymbol{W}_1-\rho_2\boldsymbol{W}_2-\rho_3\boldsymbol{W}_3\right)\boldsymbol{y}_t\tag{5-22}$$

经过化简，得到参数估计的矩方程，如式（5-23）所示。

$$\boldsymbol{\Gamma}\lambda+\boldsymbol{\gamma}=0\tag{5-23}$$

其中，$\lambda=\left(\rho_1,\rho_2,\rho_3,\rho_1^2,\rho_2^2,\rho_3^2,\rho_1\rho_2,\rho_1\rho_3,\rho_2\rho_3\right)'$；$\boldsymbol{\Gamma}$ 是一个 3×9 矩阵；$\boldsymbol{\gamma}$ 是一个 3 行列矩阵，$i,j\in[1,2,3]$，具体定义如下：

$$\boldsymbol{\Gamma}_{i,j}=f\left(\boldsymbol{y}_t,\boldsymbol{W}_1,\boldsymbol{W}_2,\boldsymbol{W}_3\right)_{i,j}=E\left(-\boldsymbol{y}_t'\left(\boldsymbol{W}_i+\boldsymbol{W}_i'\right)\boldsymbol{W}_j\boldsymbol{y}_t\right)\tag{5-24}$$

$$\boldsymbol{\Gamma}_{i,j+3}=f\left(\boldsymbol{y}_t,\boldsymbol{W}_1,\boldsymbol{W}_2,\boldsymbol{W}_3\right)_{i,j+3}=E\left(-\boldsymbol{y}_t'\boldsymbol{W}_j'\boldsymbol{W}_i\boldsymbol{W}_j\boldsymbol{y}_t\right)\tag{5-25}$$

$$\boldsymbol{\Gamma}_{i,7}=f\left(\boldsymbol{y}_t,\boldsymbol{W}_1,\boldsymbol{W}_2,\boldsymbol{W}_3\right)_{i,7}=E\left(\boldsymbol{y}_t'\boldsymbol{W}_1\left(\boldsymbol{W}_i+\boldsymbol{W}_i'\right)\boldsymbol{W}_2\boldsymbol{y}_t\right)\tag{5-26}$$

$$\boldsymbol{\Gamma}_{i,8}=f\left(\boldsymbol{y}_t,\boldsymbol{W}_1,\boldsymbol{W}_2,\boldsymbol{W}_3\right)_{i,8}=E\left(\boldsymbol{y}_t'\boldsymbol{W}_1\left(\boldsymbol{W}_i+\boldsymbol{W}_i'\right)\boldsymbol{W}_3\boldsymbol{y}_t\right)\tag{5-27}$$

$$\boldsymbol{\Gamma}_{i,9}=f\left(\boldsymbol{y}_t,\boldsymbol{W}_1,\boldsymbol{W}_2,\boldsymbol{W}_3\right)_{i,9}=E\left(\boldsymbol{y}_t'\boldsymbol{W}_2\left(\boldsymbol{W}_i+\boldsymbol{W}_i'\right)\boldsymbol{W}_3\boldsymbol{y}_t\right)\tag{5-28}$$

$$\boldsymbol{\gamma}_i=f\left(\boldsymbol{y}_t,\boldsymbol{W}_1,\boldsymbol{W}_2,\boldsymbol{W}_3\right)_i=E\left(\boldsymbol{y}_t'\boldsymbol{W}_i\boldsymbol{y}_t\right)$$

在实际参数估计中，令 G 和 g 分别表示 $\boldsymbol{\Gamma}$ 和 $\boldsymbol{\gamma}$ 的样本估计值，利用式（5-29）估计空间相关性参数。

$$\hat{\rho}_{\mathrm{GMM}}=\left(\hat{\rho}_1,\hat{\rho}_2,\hat{\rho}_3\right)_{\mathrm{GMM}}=\arg\min_{\rho\in S}\left\|G\lambda+g\right\|^2=\arg\min_{\rho\in S}\left(G\lambda+g\right)'\left(G\lambda+g\right)\tag{5-29}$$

其中，$\|\bullet\|$ 表示欧几里得范数。理论上等式 $\boldsymbol{\Gamma}\lambda+\boldsymbol{\gamma}$ 值为 0，在实证中，当 $\boldsymbol{\Gamma}\lambda+\boldsymbol{\gamma}$

无限接近 0 时，得到参数 ρ_1、ρ_2、ρ_3 的估计值。相对于最大似然估计，GMM 无论 n 值多大，只要当 $\|\boldsymbol{\Gamma}\lambda+\boldsymbol{\gamma}\|$ 取得最小值时，即可得到 ρ_1、ρ_2、ρ_3 的估计值。接下来，本章证明当 $T\to\infty$ 时的 TSGMM 估计过程。

假设 5-2：

（1）设参数 $\rho_0\in S$ 为唯一的使等式（5-23）成立的值。即有 $\boldsymbol{\Gamma}\lambda+\boldsymbol{\gamma}=0\Leftrightarrow\rho=\rho_0$。

（2）矩阵 $E\left(\dfrac{\partial(G\lambda+g)}{\partial\rho}(y_1,\rho_0)\right)=d_0=\boldsymbol{\Gamma\lambda}^{(1)}$，其中：

$$\boldsymbol{\lambda}^{(1)}=\begin{bmatrix}1&0&0\\0&1&0\\0&0&1\\2\rho_1&0&0\\0&2\rho_2&0\\0&0&2\rho_3\\\rho_2&\rho_1&0\\\rho_3&0&\rho_1\\0&\rho_3&\rho_2\end{bmatrix}$$

（3）设：

$$f(y_t,\rho_0)=\begin{pmatrix}\varepsilon_t'W_1\varepsilon_t\\\varepsilon_t'W_2\varepsilon_t\\\varepsilon_t'W_3\varepsilon_t\end{pmatrix}$$

当 $j\to\infty$ 时，$E\left(f(y_t,\rho_0)\middle|f(y_{t-j},\rho_0),\ f(y_{t-j-1},\rho_0),\ \cdots\right)$ 收敛于 0。有 $\sum_{j=0}^{\infty}E\left(\eta_i'\eta_j\right)^{1/2}$ 收敛。其中：

$$\begin{aligned}\eta_j\coloneqq&E\left(f(y_t,\rho_0)\middle|f(y_{t-j},\rho_0),f(y_{t-j-1},\rho_0),\cdots\right)\\&-E\left(f(y_t,\rho_0)\middle|f(y_{t-j-1},\rho_0),f(y_{t-j-2},\rho_0),\cdots\right)\end{aligned}$$

定理 5-2　在假设 5-1 和假设 5-2 条件下，当 $T\to\infty$ 时，如下关系成立。

（1）$\rho'_{\text{GMM}}\xrightarrow[P]{}\rho_0$，即 ρ'_{GMM} 依概率收敛于 ρ_0。

（2）$\sqrt{T}\left(\hat{\rho}_{\text{GMM}}-\rho_0\right)\xrightarrow[d]{}N\left(0,d_0^{-1}S_W\left(d_0^{-1}\right)'\right)$，其中，$S_W=\sum_{t=-\infty}^{\infty}E\left(f(y_1,\rho_0)'\right)$。

当 $i,j\in[1,2,3]$，矩阵 $\boldsymbol{E}(G)=\boldsymbol{\Gamma}$ 的各元素项由下估计：

$\boldsymbol{\Gamma}_{i,j}=\operatorname{tr}\left((\boldsymbol{W}_i+\boldsymbol{W}_i')\boldsymbol{W}_jV\right)$，$\boldsymbol{\Gamma}_{i,j+3}=\operatorname{tr}\left(\boldsymbol{W}_j'\boldsymbol{W}_i\boldsymbol{W}_jV\right)$，$\boldsymbol{\Gamma}_{i,7}=\operatorname{tr}\left(\boldsymbol{W}_1'(\boldsymbol{W}_i+\boldsymbol{W}_i')\boldsymbol{W}_2V\right)$，

$$\boldsymbol{\Gamma}_{i,8}=\operatorname{tr}\left(\boldsymbol{W}_1\left(\boldsymbol{W}_i+\boldsymbol{W}_i'\right)\boldsymbol{W}_3V\right),\quad \boldsymbol{\Gamma}_{i,9}=\operatorname{tr}\left(\boldsymbol{W}_2'\left(\boldsymbol{W}_i+\boldsymbol{W}_i'\right)\boldsymbol{W}_3V\right)。$$

在TSGMM估计第二阶段，利用第一阶段的空间相关性参数估计值，直接估计残差项方差参数。具体方法为直接对 $\hat{\varepsilon}_{i,t}^2$ 估计值求均值，如式（5-30）所示。

$$\begin{aligned}\hat{\sigma}_i^2&=\frac{1}{T}\sum_{t=1}^{T}\hat{\varepsilon}_{i,t}^2=\frac{1}{T}\sum_{t=1}^{T}\left[\left(I_n-\hat{\rho}_1\boldsymbol{W}_1-\hat{\rho}_2\boldsymbol{W}_2-\hat{\rho}_3\boldsymbol{W}_3\right)\boldsymbol{y}_t\right]_i^2\\&=\frac{1}{T}\sum_{t=1}^{T}\boldsymbol{e}_i'\left(I_n-\hat{\rho}_1\boldsymbol{W}_1-\hat{\rho}_2\boldsymbol{W}_2-\hat{\rho}_3\boldsymbol{W}_3\right)\boldsymbol{y}_t\boldsymbol{y}_t'\left(I_n-\hat{\rho}_1\boldsymbol{W}_1'-\hat{\rho}_2\boldsymbol{W}_2'-\hat{\rho}_3\boldsymbol{W}_3'\right)\boldsymbol{e}_i\end{aligned}\qquad(5\text{-}30)$$

其中，$\boldsymbol{e}_i$ 表示第 i 个 n 维单位向量。

定理 5-3 在假设 5-1 和假设 5-2 条件下，当 $T\to\infty$ 时，$\hat{\sigma}_i^2\underset{P}{\to}\sigma_i^2$ $(i=1,2,\cdots,n)$。

证明：首先给出如下定义形式：

$$\tilde{\sigma}_i^2=\frac{1}{T}\sum_{t=1}^{T}\tilde{\varepsilon}_{i,t}^2=\frac{1}{T}\sum_{t=1}^{T}\left[\left(I_n-\hat{\rho}_1\boldsymbol{W}_1-\hat{\rho}_2\boldsymbol{W}_2-\hat{\rho}_3\boldsymbol{W}_3\right)\boldsymbol{y}_t\right]_i^2$$

结合式（5-30），有如下等式成立：

$$\hat{\sigma}_i^2-\sigma_i^2=\left(\hat{\sigma}_i^2-\tilde{\sigma}_i^2\right)+\left(\tilde{\sigma}_i^2-\sigma_i^2\right)$$

根据以上等式，如果能够证明 $\hat{\sigma}_i^2-\sigma_i^2$ 以概率收敛于 0，则定理 5.3 成立，即证明 $\hat{\sigma}_i^2-\tilde{\sigma}_i^2$ 和 $\tilde{\sigma}_i^2-\sigma_i^2$ 都以概率收敛于 0 即可。根据遍历定理和 $E\left(\varepsilon_{i,t}^2\right)=\sigma_i^2$，显然 $\tilde{\sigma}_i^2-\sigma_i^2$ 以概率收敛于 0。接下来进一步证明 $\hat{\sigma}_i^2-\tilde{\sigma}_i^2$ 以概率收敛于 0。

$$\hat{\sigma}_i^2-\sigma_i^2=\boldsymbol{e}_i'\left(I_n-\hat{\rho}_1\boldsymbol{W}_1-\hat{\rho}_2\boldsymbol{W}_2-\hat{\rho}_3\boldsymbol{W}_3\right)\frac{1}{T}\sum_{t=1}^{T}\boldsymbol{y}_t\boldsymbol{y}'\left(I_n-\rho_1\boldsymbol{W}_1'-\rho_2\boldsymbol{W}_2'-\rho_3\boldsymbol{W}_3'\right)\boldsymbol{e}_i$$

$$-\boldsymbol{e}_i'=\left(I_n-\rho_1\boldsymbol{W}_1-\rho_2\boldsymbol{W}_2-\rho_3\boldsymbol{W}_3\right)\frac{1}{T}\sum_{t=1}^{T}\boldsymbol{y}_t\boldsymbol{y}'\left(I_n-\rho_1\boldsymbol{W}_1'-\rho_2\boldsymbol{W}_2'-\rho_3\boldsymbol{W}_3'\right)\boldsymbol{e}_i$$

则以上式子与定理 5-2 中的 $\hat{\rho}_{\mathrm{GMM}}$ 一致，结合遍历定理有 $\frac{1}{T}\sum_{t=1}^{T}\boldsymbol{y}_t\boldsymbol{y}'\underset{P}{\to}E\left(y_t y'\right)$，即有 $\hat{\sigma}_i^2-\tilde{\sigma}_i^2$ 以概率收敛于 0，定理 5-3 证毕。

5.2.3 广义多维经济空间 SVAR 模型

本节基于 VAR 理论，检验金融危机冲击下金融市场风险传染的空间溢出效应。VAR 是目前学术界和业界最主流的金融市场风险测算方法，它用于测算在既定时间区间内，金融资产在一定的置信水平下的潜在最大损失。即有

$$P\left(\Delta P>\mathrm{VAR}\right)=1-\alpha\qquad(5\text{-}31)$$

在这里，我们引入区域空间引力效应，构建空间 SVAR 模型，测算金融风险首

先基于股票收益的市场本身一般性、跨行业、跨地理位置等三种空间相关性，定义空间自回归资本资产定价模型（S-CAPM），矩阵形式如式（5-32）所示。

$$\boldsymbol{r}-\boldsymbol{\iota r}_f=\rho_1 W_1\left(r-\iota r_f\right)+\rho_2 W_2\left(r-\iota r_f\right)+\rho_3 W_3\left(r-\iota r_f\right)+\tilde{\beta}\left(r_m-r_f\right)+u \quad (5\text{-}32)$$

其中，$\boldsymbol{r}-\boldsymbol{\iota r}_f=r_1-r_f,\cdots,r_N-r_f$，表示超额收益向量；$\tilde{\boldsymbol{\beta}}'=\beta_1,\cdots,\beta_N$；$\left[\rho_k W_k\left(r-\iota r_f\right)\right]_i=\rho_k\sum_{j=1}^{N}W_{i,j}\left(r_j-r_f\right)(k=1,2,3;i,j=1,\cdots,N)$，表示在资产组合中，一个企业的风险溢价为所有其他“相邻”公司风险溢价的加权平均。

在上述基础上，根据最小方差投资组合理论，构建在广义多维经济空间下的SVAR 模型测算股票市场资产组合收益风险。本章重点考察金融危机风险的空间溢出效应，故设 β 系数为零向量，则在置信水平 α 下的高斯 SVAR 模型如式（5-33）所示。

$$\begin{aligned}\mathrm{VAR}_\alpha&=I_0 u(\alpha)\sqrt{\boldsymbol{\omega}'V\omega}\\&=u(\alpha)\sqrt{\boldsymbol{\omega}'(I_n-\rho_1\boldsymbol{W}_1-\rho_2\boldsymbol{W}_2-\rho_3\boldsymbol{W}_3)\mathrm{Cov}(\varepsilon_t)(I_n-\rho_1\boldsymbol{W}_1'-\rho_2\boldsymbol{W}_2'-\rho_3\boldsymbol{W}_3')^{-1}\omega}\end{aligned} \quad (5\text{-}33)$$

其中，I_0 表示初始财富；$u(\alpha)=\Phi^{-1}(1-\alpha)$，$\Phi(\bullet)$ 表示满足标准正态累积分布函数；$\boldsymbol{\omega}'=(\omega_1,\cdots,\omega_n)$ 表示资产组合中各成分股的权重向量。

广义多维经济空间 VAR 模型能够捕捉“相邻”空间单元的风险溢出效应，能够对广义多维经济空间相关风险进行度量和估计。为了能更直观地测算金融传染过程中的风险空间溢出程度，在广义多维经济空间 VAR 模型基础上，构建广义多维经济空间条件在险价值（S-CoVAR）模型。

Adrian 和 Brunnermeier 为了计算当某一金融市场发生突发金融事件时，整个金融市场（资产组合）的风险水平，提出条件风险在险价值（CoVAR）模型[140]，其数学表达式如式（5-34）所示。

$$\Pr\left(X^i\leqslant \mathrm{CoVAR}_\alpha^{i|j}\middle|X^j=\mathrm{VAR}_q^j\right)=1-\alpha \quad (5\text{-}34)$$

在广义多维经济空间 VAR 模型基础上，并结合式（5-34），定义新的S-CoVAR 模型。设 X^i 和 X^j 为两收益率序列，它们对应的联合分布密度函数和边缘分布密度函数分别为 $f\left(x^i,x^j\right)$、$f_i\left(x^i\right)$、$f_j\left(x^j\right)$，则序列 X^i 在条件序列 X^j 下的条件密度函数如式（5-35）所示。

$$f_{i|j}\left(x^i\middle|x^j\right)=\frac{f\left(x^i,x^j\right)}{f_j\left(x^j\right)} \quad (5\text{-}35)$$

根据时变 t-Copula 函数，有 $f_{i|j}\left(x^i\middle|x^j\right)=c\left(F_i\left(x^i\right),F_j\left(x^j\right)f_i\left(x^i\right)\right)$，则 X^i 在条

件 X^j 下的条件分布函数如式（5-36）所示。

$$f_{i|j}\left(x^i \middle| x^j\right)=\int_{-\infty}^{x^i} c\left(F_i\left(x^i\right),F_j\left(x^j\right)f_i\left(x^i\right)\right)\mathrm{d}x^i \quad (5\text{-}36)$$

则广义多维经济空间条件在险价值 $\mathrm{CoVAR}_{\alpha}^{i|j}$ 在 $X^j=\mathrm{VAR}_q^j$ 条件下的 X^i 的定义式如式（5-37）所示，其中 $F_{i|j}^{-1}$ 表示 $F_{i|j}$ 的反函数。

$$\mathrm{CoVAR}_{\alpha}^{i|j}=F_{i|j}^{-1}\left(\alpha \middle| \mathrm{VAR}_q^j\right) \quad (5\text{-}37)$$

为了更直接地刻画金融市场 j 的突发金融时间对金融市场 i 的广义多维经济空间风险溢出大小，定义空间溢出风险在险价值为 $\Delta\mathrm{CoVAR}_{\alpha}^{i|j}$，形式如式（5-38）所示。

$$\Delta\mathrm{CoVAR}_{\alpha}^{i|j}=\mathrm{CoVAR}_{\alpha}^{i|j}-\mathrm{VAR}_{\alpha}^{j} \quad (5\text{-}38)$$

5.3 广义多维经济空间理论与方法的有效性分析

利用广义多维经济空间 SVAR 模型测算金融危机冲击下，风险传染的广义多维经济空间溢出效应前，首先需要实证检验本章基于广义多维经济空间构建的 SVAR 模型在风险度量过程中的有效性和准确性。

在前文分析的基础上，将全球 36 个经济体的股指视为股票资产组合，各经济体股票指数视为投资组合成分股。根据构建的广义多维 SVAR 模型（式 3-33），计算在不同标准正态分位数点 α 下的股票资产组合日度收益 VAR 预测值，设 $\alpha\in(0,0.05]$，并将日度股票资产组合收益 VAR 预测值与下一日实际资产组合收益作比较，在所有观测值范围内，当股票资产组合实际收益小于 VAR 预测值的概率越接近 α，则构建的 VAR 模型预测越精确。在这里，首先构建三种常用的 VAR 模型，与本论文建立的广义多维 SVAR 模型作比较分析，检验广义多维 SVAR 模型的准确性。

空间效应包括空间相关性和空间异质性，而异方差是空间异质性的表现形式之一，即空间计量经济学模型通过异方差参数化已经考虑了异方差性。因此，Yang 等[124]在利用空间权重矩阵捕捉股票市场的空间效应，将异方差参数化处理，建立样本方差-协方差，单因素模型两种 VAR 比较模型，与空间 VAR 进行比较分析，以股票对数收益数据进行实证检验，得到较高的预测精度。在此基础之上，利用本章建立的广义多维经济空间，对 Afonso 等[16]构建空间 VAR 模型进行改进。我们引用他们采用的样本方差-协方差、单因素模型的两种 VAR 比较模型，同时与他们提出的空间 VAR 模型进行比较研究，检验本文提出的广义多维经济空间 VAR 对股票市场资产组合收益风险的测算精度。

VAR 比较模型具体构建方法如下：

（1）样本方差-协方差 VAR 模型的构建。对应协方差矩阵如式（5-39）所示：

$$V_{\text{samp}} = \frac{1}{T-1}\sum_{t=1}^{T}(y_t - \overline{y})(y_t - \overline{y})' \quad (5\text{-}39)$$

（2）单因素 VAR 模型的构建。第 i 只成分股收益单因素模型如式（5-39），假设资产组合收益存在异质性，则对应协方差矩阵如式（5-40）所示。

$$V_{\text{fact}} = \beta\beta'\sigma_m^2 + \eta_t \quad (5\text{-}40)$$

其中，$\beta = (\beta_1, \cdots, \beta_n)'$；$\eta_t = \text{diag}(\sigma_{t1}^2, \cdots, \sigma_{tm}^2)$；式（5-18）中的市场收益率 y_{mt} 选用 S&P 全球 1200 指数日对数收益率刻画。

（3）在 Arnold 等提出的空间权重矩阵基础上构建 VAR 模型：方差协方差矩阵计算模型如式（5-39）所示，Arnold 等在建立空间 VAR 模型时，空间权重矩阵采用二元 0-1 矩阵[138]。

将以上基于样本方差-协方差矩阵、单因素模型估计及 Arnold 等构建的空间自回归模型等三种协方差矩阵 V 替代式（5-19）中的 V 值，构建三种 VAR 比较模型，与本章构建的广义多维 SVAR 模型作比较分析。利用 Matlab 程序，计算四种资产组合收益 VAR 风险预测值，结果如图 5-2 所示。

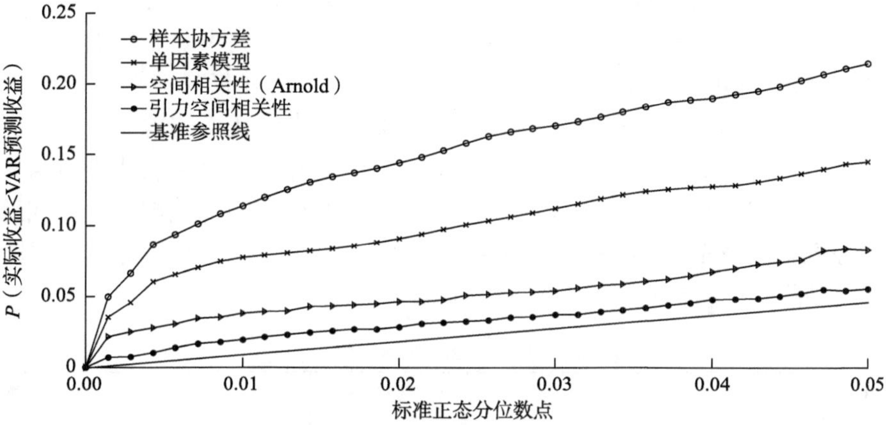

图 5-2　不同 VAR 风险度量准确性

图 5-2 为四种 VAR 模型在标准正态分位数点 α 在区间（0，0.05]下的风险度量结果，横坐标表示标准正态分位数点 α 值，纵坐标表示下一日股票资产组合实际收益小于当日 VAR 预测值的概率 P，图 5-2 中最下边一条实线为基准参照线，表示股票资产组合实际收益小于 VAR 预测值的概率 P 值等于标准正态分位数点 α 值，经济含义表示 VAR 预测的准确度为 100%。通过比较分析表明：两种

基于空间自回归模型构建的 SVAR 模型风险预测结果明显优于样本方差-协方差矩阵和单因素模型构建的 VAR 模型，多维空间引力效应下的 SVAR 模型风险预测精确度较 Arnold 等构建的 VAR 模型有明显的提高。因此，在金融市场存在多维空间效应条件下，股票市场价格受到风险空间溢出效应的影响，如果缺乏对风险的多维空间溢出效应的考虑，可能会导致风险水平的低估，传统风险度量方法会产生偏差。在广义多维经济空间下建立的 SVAR 模型提高了风险测算精度，表明本论文构建的广义多维 SVAR 模型是有效的，接下来，我们即可利用广义多维 S-CoVAR 模型，检验金融危机冲击下，全球金融危机风险的广义多维经济空间溢出程度。

5.4 广义多维经济空间溢出效应

在广义多维经济空间下，建立空间计量经济模型捕捉金融危机风险溢出存在的多维空间效应，以及进一步分析金融危机风险溢出机制时，首先需要检验金融危机冲击背景下，全球金融风险之间是否存在广义的多维空间溢出效应，同时检验本章构建的广义多维经济空间的适应性和有效性。

以欧洲债务危机为背景，检验金融危机风险传染存在的广义多维经济空间溢出效应。基于此，本章选取全球 36 个经济体的股票市场重要股指的对数收益率刻画各金融市场的景气程度和市场波动情况，其中对数收益率 $r_i = \ln\left(P_i / P_{i-1}\right)$（$P_i$ 表示第 i 日收盘价，P_{i-1} 表示前日收盘价）。样本包括不同地区、不同区域经济组织成员（定义为国家“行业”，包括欧盟、上海合作组织、北美自由贸易区及亚太经合组织等四个经济组织），以及不同发展程度的金融市场。时间跨度为欧洲债务危机爆发前后 2008 年 1 月 1 日至 2012 年 12 月 31 日，数据主要来源于 Wind 数据库。样本详细说明如表 5-3 所示。

表 5-3 样本（36 个经济体）描述

经济体	股指	经济组织	经济体	股指	经济组织
阿根廷	MERV		挪威	OSEAX	
爱尔兰	ISEQ	E	葡萄牙	PSI	E
澳大利亚	AS51	A	日本	N225	A
奥地利	ATX	E	瑞典	OMXSPI	E
巴西	IBOVESPA		瑞士	SMI	

续表

经济体	股指	经济组织	经济体	股指	经济组织
比利时	BFX	E	土耳其	ISE100	
丹麦	OMX20	E	西班牙	IBEX35	E
德国	DAX	E	希腊	ASE	E
俄罗斯	RTS	A，S	新加坡	FSSTI	A
法国	CAC40	E	新西兰	NZ50	A
芬兰	HEX	E	以色列	TA100	
韩国	KS11	A	意大利	ITLMS	E
荷兰	AEX	E	印度	SENSEX30	S
加拿大	GSPTSE	A，N	印度尼西亚	JKSE	A
捷克	PX	E	英国	FTSE100	E
马来西亚	KLSE	A	中国	SSE Composite Index	A，S
美国	SP500	A，N	中国台湾	TWII	A
墨西哥	MXX	A，N	中国香港	HSI	A

注：A 表示亚太经合组织成员，E 表示欧盟成员，N 表示北美自由贸易区成员，S 表示上海合作组织成员

在利用空间计量经济学理论研究实际问题时，首先需要检验所研究领域是否存在空间相关性。因此，在利用本章构建的广义多维经济空间计量方法实证研究金融危机风险传染之前，首先检验全球各经济体的金融市场之间是否存在多维空间相关性。空间相关性时空间单元之间互相影响，在金融领域中，不同金融市场的经济行为之间的简单线性关系、空间样本的归并、空间溢出等因素都可能引起各金融市场之间的空间相关性。

空间计量经济模型是在 20 世纪末，一些学者为了研究各经济体之间的空间相关性而提出的计量模型。核心作用就在于刻画样本之间的空间相关性。因此，我们采用本书构建的引力空间相关系数度量各金融市场之间的空间相关性。根据广义多维经济空间自回归面板模型，检验全球金融市场在跨区域位置、跨市场及跨行业之间是否存在多维空间相关性。根据 5.2.1 小节构建三种引力空间权重矩阵的方法，以 150 个股票交易日为滚动窗口，估计全球 36 个经济体各金融市场在市场一般性、跨行业市场、跨区域位置之间的三方面的引力空间相关系数，检验金融危机风险传染是否存在广义多维经济空间相关性。引力空间动态相关系数如图 5-3 所示。

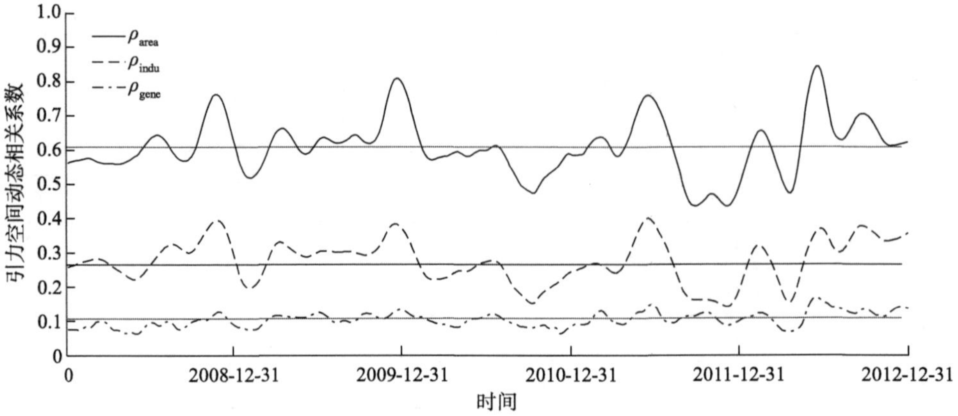

图 5-3 引力空间动态相关系数

在图 5-3 中，从上至下依次为全球 36 个经济体金融市场之间在跨地区市场空间动态相关性系数、跨行业市场空间动态相关性系数（行业是指全球主要政治区域经济组织）和市场本身一般性空间相关性系数。根据引力空间动态相关系数实证结果图，可以得到如下结论：

（1）引力空间相关性系数动态序列均大于 0，平行虚线为引力空间动态相关系数的均值，分别为 0.605 8、0.275 4、0.104 3，表明随着全球经济一体化发展，全球各经济体的金融市场之间的确存在正的空间相关性。根据前文建立的三种引力空间权重矩阵捕捉不同空间效应实证分析：全球金融市场的市场本身一般空间相关系数大于 0，表明金融市场越大的经济体对“相邻”金融市场的空间联动影响越大；基于全球金融市场跨行业市场空间相关系数大于 0，表明同一政治区域经济组织内的成员国，由于频繁和便利的贸易往来和政治交往。成员国之间的空间关联性越大，越容易发生金融风险的空间溢出；在考虑全球金融市场区域经济测度距离的引力空间相关系数最大，说明考虑各经济体金融市场之间的经济测度距离能够捕捉金融市场之间更多的空间效应信息。

（2）在 2008 年 9 月 15 日雷曼兄弟宣告破产，对全球金融市场形成巨大冲击在后，三种空间相关性系数动态序列都有一个明显的跳跃，2009 年 12 月 8 日，惠誉评级机构下调希腊信贷评级；标志欧洲债务危机爆发时刻，三种空间相关性系数动态序列也有一个明显的跳跃；同时在 2011 年中后期到开始，金融危机升级，受冲击的各经济体实体经济开始恶化，三种空间相关性系数动态序列出现频繁跳跃状态跳跃；这些特征表明当全球金融市场受到金融危机等经济突发事件冲击时，空间相关性显著加强。因此，金融危机风险传染加剧了全球金融市场风险的空间溢出效应。

根据以上实证分析，全球金融市场的确存在多维空间相关性，各金融市场受到“相邻”金融市场风险的影响，同时金融危机加剧空间风险的溢出，传统计量方法会产生偏差，本章利用空间计量经济理论，在新建立的广义多维经济空间下研究金融危机风险时可行而必要的。

利用广义多维 S-CoVAR 模型度量全球各经济体金融市场，金融危机冲击对金融风险空间溢出的影响，检验金融危机风险的广义多维经济空间溢出效应。根据欧洲债务危机爆发时间点将本章节使用样本时间段 2008 年 1 月 1 日至 2012 年 12 月 31 日划分为稳定期和危机期，以 2009 年 12 月 8 日惠誉评级机构下调希腊信贷评级标志欧洲债务危机的爆发为分界点，2008 年 1 月 1 日至 2009 年 12 月 7 日为欧洲债务危机潜伏期，本节定义为稳定期；2009 年 12 月 8 日至 2012 年 12 月 12 日为爆发期，本节定义为危机期。学术界和业界公认的引起欧洲债务危机爆发及加剧的金融事件为评级机构下调希腊、葡萄牙、西班牙、意大利、爱尔兰的主权信用评级。由此，将 36 个样本中的希腊、葡萄牙、西班牙、意大利、爱尔兰五国股指视为资产组合，定义为条件金融突发事件，将剩余 31 个经济体划分欧洲地区（15 个经济体）、美洲地区（5 个经济体）和亚太地区（包括亚洲和大洋洲经济体，11 个经济体），将各地区包括经济体股指视为资产组合。利用广义多维 S-CoVAR 模型度量在欧洲债务危机前后，希腊等国突发金融事件对全球金融市场风险的广义多维经济空间溢出程度。计算结果如表 5-4 所示。

表 5-4　欧洲债务危机金融危机风险广义多维经济空间溢出效应（α=0.05）

分类		VAR	CoVAR	Δ CoVAR	溢出程度
欧洲地区	稳定期	5.241 9	7.553 8	2.311 9	44.10%
	危机期	8.763 2	13.435 1	4.671 9	53.31%
美洲地区	稳定期	7.613 5	8.291 5	0.678 0	8.91%
	危机期	7.043 4	8.778 1	1.734 7	24.63%
亚太地区	稳定期	6.211 6	7.416 7	1.205 1	19.40%
	危机期	7.229 2	10.102 2	2.875 0	39.77%

根据表 5-4，希腊等国突发金融事件对其他经济体均有正的风险溢出效应，表明各经济之间存在广义多维经济空间溢出。通过欧洲债务危机稳定期和危机期度量结果比较，欧洲地区和亚太地区金融市场的在险价值在欧洲债务危机爆发后都明显增大，而美洲反而略微减小，这可能与本节选择的样本时间区间有关，在本节定义的稳定期时间段（2008 年 1 月 1 日至 2009 年 12 月 7 日），美国次贷危机刚刚爆发，而美国金融市场在美洲地区占有主导地位，根据前学者研究结果，欧洲债务危机对美国金融市场的影响有限，本节定义的欧洲债务危机期（2009 年 12 月 8 日至 2010 年 12 月 12 日）可能是美国金融市场缓慢恢复期，因此，美洲地区的广义多维经济空间 SVAR 测算结果反而略微减小。通过溢出程度的比

较，危机期间，评级机构对希腊等国的主权信用评级下调对欧洲地区金融市场形成巨大冲击，广义多维经济空间溢出程度达到 53.31%，包括日本、澳大利亚等亚太地区金融市场在欧洲债务危机期间也遭受了较大的冲击，溢出程度为 39.77%，欧洲债务危机金融风险对美洲地区的溢出程度为 24.63%。全球经济一体化发展，全球各经济体空间相关性显著加强，金融危机迅速传染全球各经济体，金融危机风险通过跨地区、跨市场、跨行业的广义多维经济空间效应，迅速对“相邻”空间单元产生空间溢出效应，金融危机迅速传染全球。

5.5 评级下调对我国金融市场冲击的跨市场效应

5.5.1 跨市场效应的检验方法

1. 订单流

订单流属于金融市场微观结构理论（market microstructure theory）的基本概念。金融市场微观结构理论主要研究特定交易机制下金融资产的交易过程与结果。与基于完美市场假说的经典经济学理论相比，金融市场微观结构理论更贴近真实的金融市场，更能反映不同交易机制对资产价格形成的影响。在传统的金融市场微观结构理论中，主要使用交易量来代表投资者的交易行为，以研究投资者交易行为与价格波动之间的关系。但随着研究的深入，不少学者发现交易量并不能完全反映投资者的交易行为，如存在买卖方向不同的交易。因此，学者引入了一个具有更为丰富信息含量的指标——订单流。订单流是衡量资金净流入的主要指标，具有丰富的信息含量，蕴含着投资者的买卖信息[141]。

最早提出订单流概念的是在 Chordia 等[142]的研究中。他们指出，传统研究通常使用交易量证明交易行为和回报率之间的关系。但事实上，市场可能是买方主导、卖方主导或双方势力均衡，交易量并不能反映此类特征。而订单流是买卖订单金额间的差额，能够反映出资产价值的信息和投资者对市场看法的不同，是刻画资金流向的主要指标，对市场回报有着强烈影响。例如，当某只股票出现大量买单，即说明资金持续流入这只股票，此时投资者会预期这只股票价格上升。同样现象放在债券市场上也可成立。在随后的研究中，Chordia 和 Subrahmanyam 利用订单流指标从实证和理论两方面研究交易行为与价格波动间的关系，奠定了订单流比较完善的研究体系[143]。基于此，提出了金融市场订单流的概念：

$$\mathrm{OF}_i = \sum \text{市场内买单交易金额} - \sum \text{市场内卖单交易金额} \qquad (5\text{-}41)$$

OF_i（即第 i 天订单流）大于 0 表示金融市场上买方力量大于卖方力量，存在超额资金需求；反之则存在超额供给。一方面，订单流与传统的委比、委差、内盘和外盘指标类似，可以反映一段时间内金融市场多、空力量的差距，也反映了交易量的信息；另一方面，订单流具有正负符号，正负号可以反映金融市场投资者对金融产品的价值预期和交易倾向，更适合作为表明投资者行为、价格发现的指标。

2. 订单流与跨市场效应

订单流具有丰富的跨市场信息含量，一个市场的订单流会反映出另一个市场的收益率和订单流的变化。Subrahmanyam 的研究是第一个探究订单流和流动性在纽约证券交易所股票市场和房地产投资信托市场间溢出效应的研究。通过脉冲响应函数和格兰杰英国关系检验，研究发现股票市场订单流和收益率与房地产投资信托订单流负相关，此结果符合房地产被视为股票市场的替代投资市场的现实，即会导致股票市场下行时投资资金会流入到房地产投资信托市场[144]。Rimea 等[145]假设债券市场和股票市场的交易活动包含重要的系统性价格信息。使用大量积极交易的股票和美国国债作为样本，发现总订单不平衡在解释跨市场收益中扮演重要角色。这表明订单流揭示了投资者风险偏好、投资者信念和禀赋的重要信息，而它们在债券市场和股票市场资产定价中都具有重要意义。并且跨市场套期保值是债券市场和股票市场联系的重要来源，这在股票市场波动性提高时尤其明显。Underwood 提出了一个假设，即债券市场和股票市场间存在着重要的跨市场价格信息。研究者使用大量的频繁交易的美国股票和国债数据发现订单流在解释跨市场效应中扮演着强有力的角色；另外，跨市场套期保值是债券市场和股票市场联系的重要来源，这种现象在股票市场波动性升高时尤其明显[146]。Eric 等考察了中国股票市场、公司债市场和国债市场订单流的市场内和跨市场信息含量，使用上海证券交易所三年内的高频数据发现无论在不同金融市场间还是债券市场间，订单流和收益率都存在着负向跨市场效应。具体来说，不仅在一般市场条件下存在着跨市场投资组合，在极端市场条件下，有从股票市场到国债市场的安全性投资转移；当股票市场和国债市场都面临极端情况时，企业债市场是投资的安全场所。

国内对于订单流和跨市场效应的研究相对较少。靳飞等实证研究了中国股票市场内高市值与低市值股票间的跨市场效应现象。研究发现，由于市场共同因素的影响，定单流上升、流动性变好、高市值股票和低市值股票收益率大涨三个现象同时出现；在控制市场共同因素后，订单流增加时，高市值股票大跌、低市值股票大涨的概率显著增加；共同因素是中国股票市场上高市值与低市值股票之间风险传染的主要原因，即使不存在控制共同因素，两类股票间也存在投资转移行为[18]。谭地军通过分析不同流动性债券的订单流的信息含量，发现 7 年期和 10

年期国债的定单流不仅影响国债市场收益率，也影响企业债市场收益率，而其他国债和企业债的定单流对市场收益率的影响均不显著；而显著的前后关系还存在于国债和企业债市场间的收益率和定单流间，即国债市场首先表现出影响债券市场的共同因素，然后再传递到企业债市场[147]。

3. 似不相关模型

早在 1962 年，Zellner 在研究中首次介绍了似不相关回归模型[148, 149]。似不相关模型属于联立方程模型的一种，与每个方程分别进行普通最小二乘法相比，它考虑了各个方程间的相关性，使得参数估计的效率得到改进，为统计建模带来了很大的灵活性。自此模型出现后，许多学者对似不相关模型进行了大量研究，将最早的线性似不相关模型拓展到非线性、存在自回归误差和异方差情况下的似不相关模型、随机系数似不相关模型、似不相关泊松回归模型、似不相关广义线性模型和基于贝叶斯理论的非参数似乎不相关回归等，证实了似不相关模型较传统方法的优势。似不相关模型在现代计量经济学中扮演了重要角色，在经济、工业、地质和社会科学等领域得到广泛应用。由于线性模型是众多计量模型的基础，而似不相关模型中的似不相关线性回归模型是研究得最完全的模型。本章研究的问题可用似不相关线性模型来描述，其基本结构如下所示：

考虑 n 个似不相关回归方程

$$\boldsymbol{y}_i = \boldsymbol{x}_i\boldsymbol{\beta}_i + \boldsymbol{e}_i, i = 1,2,\cdots,n \tag{5-42}$$

其中，$\boldsymbol{y}_i$ 是（$n\times1$）向量，对应于 $\boldsymbol{y}_i$ 的 n 个观测值；$\boldsymbol{x}_i$ 是（$n\times k$）设计矩阵；$\boldsymbol{\beta}_i$ 是（$k_i\times1$）未知参数向量；$\boldsymbol{e}_i = (e_{1i}, e_{2i}, \cdots, e_{ni})'$ 是（$n\times1$）随机误差向量；$\boldsymbol{x}_i\neq\boldsymbol{x}_j$，$i$，$j$=1,⋯,$n$；当 $\boldsymbol{x}_i=\boldsymbol{x}_j$ 时，模型退化为多元回归模型。

可将上式改写为

$$\begin{bmatrix} y_1 \\ y_2 \\ \vdots \\ y_m \end{bmatrix} = \begin{bmatrix} x_1 & 0 & \cdots & 0 \\ 0 & x_2 & \cdots & 0 \\ \vdots & \vdots & & \vdots \\ 0 & 0 & \cdots & x_n \end{bmatrix} \begin{bmatrix} \beta_1 \\ \beta_2 \\ \vdots \\ \beta_n \end{bmatrix} + \begin{bmatrix} e_1 \\ e_2 \\ \vdots \\ e_n \end{bmatrix} \tag{5-43}$$

即 $\boldsymbol{Y}=\boldsymbol{X\beta}+\boldsymbol{E}$。

假定 $\boldsymbol{Y}$ 的 n 个观测值间相互独立，各方程误差项 E_i 不相互独立，则有

$$E(\boldsymbol{e}_i) = 0,\ E(\boldsymbol{e}_i, \boldsymbol{e}_i) = \sigma_{ii} I_n,\ E(\boldsymbol{e}_i, \boldsymbol{e}_j) = \sigma_{ij} I_n,\ i, j = 1,\cdots,n \tag{5-44}$$

即

$$E(\boldsymbol{e}_i) = 0,\ E(\boldsymbol{e}, \boldsymbol{e}) = \boldsymbol{V} = \begin{bmatrix} \sigma_{11} I_n & \cdots & \sigma_{1n} I_n \\ \vdots & & \vdots \\ \sigma_{n1} I_n & \cdots & \sigma_{nn} I_n \end{bmatrix} = \boldsymbol{W} * I_n \tag{5-45}$$

其中，$\boldsymbol{V}$ 是模型误差项的方差-协方差矩阵；$\boldsymbol{W}$ 是同一观测点误差项的方差-协方差矩阵；*为克罗内克乘积符号。从模型的形式上看，n 个方程为各自独立的协变量所解释，但 n 个方程的同一观测的模型误差项 e_i 的各分量相关、实际上相互联系。

4. Copula 函数

Copula 从广义上讲就是连接关联函数，从狭义上讲，Copula 函数是一种研究自下而上相关性的主要方法。主要是建立在固定多维结构的目的上，用一维边缘分布描述多维边缘分布之间的结构性关系。Sklar 在 1959 年首次提出 Copula 函数，Sklar 将一个联合分布函数分解为 Copula 函数和其他多元边缘分布函数，其中一个 Copula 函数可以分析方程中变量的相关性结构。Sklar 定理为 Copula 方法的应用和研究奠定了理论基础[113]。他的理论表示了任何相关性分布可以有以下这个边缘分布函数来描述：

令联合分布 F 函数具有 N 元边缘分布，且是连续的，则有 Copula 函数 C，满足：

$$F\left(x_1,x_2,\cdots,x_n\right)=C\left(F_1\left(x_1\right),F_2\left(x_2\right),\cdots,F_n\left(x_n\right)\right) \tag{5-46}$$

而根据 Sklar 定理，$F_1\left(x_1\right),F_2\left(x_2\right),\cdots,F_n\left(x_n\right)$ 在连续的情况下，存在反函数设 $F_1^{-1}\left(x_1\right),F_2^{-1}\left(x_2\right),\cdots,F_n^{1}\left(x_n\right)$ 是 $F_1\left(x_1\right),F_2\left(x_2\right),\cdots,F_n\left(x_n\right)$ 的反函数，那么当 $u_n\in(0,1)$，则存在唯一的 Copula 函数 $C\left(C\in(0,1)\right)$，满足：

$$C\left(u_1,u_2,\cdots,u_n\right)=F\left(F_1^{-1}\left(x_1\right),F_2^{-1}\left(x_2\right),\cdots,F_n^{1}\left(x_n\right)\right) \tag{5-47}$$

由此，可以得到一个多元联合分布函数的 N 维边缘分布和唯一一个的 Copula 函数。

肖璨等探讨协整关系、传统线性相关关系与 Copula 理论中尾部相关性之间的联系[114]。常用 Copula 有多种分类方法，本节中主要介绍根据分布类型分类的椭圆 Copula 函数族和阿基米德族 Copula 函数族中比较常用的几种：

（1）椭圆 Copula 函数族。

椭圆 Copula 函数族的名字来源于密度等高线分布的投影类似于椭圆形。首先假设 F 是一个多元分布累计函数，而 F_i 是其边缘分布函数，F_t^{-1} 是其边缘分布函数的逆函数，则函数 F 的椭圆族 Copula 函数为

$$C\left(u_1,u_2,\cdots,u_n\right)=F\left(F_1^{-1}\left(u_1\right),F_2^{-1}\left(u_2\right),\cdots,F_n^{1}\left(u_n\right)\right) \tag{5-48}$$

椭圆 Copula 函数族中比较常用的两种是 Normal Copula 和 Student t-Copula。其中 Normal Copula 表示多元正态分布的相依函数，假设 $x=\left(X_1,\cdots,X_n\right)$ 分布为多元正态分布，那么当且仅当他的边缘分布函数 $F_1,F_2,\cdots,F_n$ 也为正态分布时，有唯一一个 Copula 函数，满足：

$$C_R^N(u_1,u_2,\cdots,u_n)=\Phi_R\left(\phi^{-1}(u_1),\cdots,\phi^{-1}(u_n)\right) \tag{5-49}$$

其中，Φ_R 是指标准多元正态分布的分布函数，它的相关系数矩阵为 $\boldsymbol{R}$，ϕ^{-1} 是其反函数。Student *t*-Copula 是指服从 Student *t* 分布的 Copula 函数，假设 $X=(X_1,\cdots,X_n)$ 服从多元 Student *t* 分布，自由度为 *v*，其均值向量为 $\boldsymbol{\mu}$（当 *v*>1），协方差矩阵为 $\frac{v}{v-2}\Sigma$（当 *v*>2），那么：

$$X=\boldsymbol{\mu}+\frac{\sqrt{v}}{\sqrt{S}}\boldsymbol{Z} \tag{5-50}$$

其中，$\boldsymbol{\mu}\in\boldsymbol{R}^n$，$S\in\chi^2$，独立随机向量 $\boldsymbol{Z}\sim N_n(0,\Sigma)$。

向量 $\boldsymbol{X}$ 的连接函数 Copula 为自由度为 *v* 的 Student *t*-Copula，其解析形式表示为

$$C_v^t(u_1,u_2,\cdots,u_n)=t_v^n\left(t_v^{-1}(u_1),\cdots,t_v^{-1}(u_n)\right) \tag{5-51}$$

（2）阿基米德族 Copula。

阿基米德族 Copula 函数是通过算子 φ（一个完全单调函数）构造而成，其数学形式为 $C(u_1,u_2,\cdots,u_n)=\varphi^{-1}\left(\varphi(u_1)+\cdots+\varphi(u_n)\right)$。其中 φ^{-1} 是算子 φ 的分位数函数。在本章的实证中主要采用 Clayton Copula：

当算子 $\varphi(t)=\frac{1}{\theta}\left(t^{-\theta}-1\right)$ 时，得到的 Copula 函数称为 Clayton Copula，其表达式为

$$C(u_1,u_2,\cdots,u_n)=\max\left\{\left[u_1^{-\theta}+\cdots+u_n^{-\theta}\right]^{-1/\theta},0\right\}$$

其中，

$$\theta\in[-1,0)\cup(0,\infty)\text{。} \tag{5-52}$$

比较常用的三种 Copula 函数的特点，其中 Normal Copula 和 Student *t*-Copula 反映对称分布，且 Student *t*-Copula 能反映尾部相关性，而 Normal Copula 不能，而 Clayton Copula 虽不能反映对称分布，但是可以很好地刻画下尾相关和上尾渐进独立性，综合使用这三种函数可以提高检验的有效性。

5. 转移熵

1948 年，香农最早提出了信息熵的概念。经过数十年的发展，Schreiber 于 2000 年第一次提出了转移熵（transfer entropy）的概念[150]：

$$T_{J\to I}=\sum p\left(i_{t+1},i_t^{(k)},j_t^{(h)}\right)\log\frac{p\left(i_{t+1}\middle|i_t^{(k)},j_t^{(h)}\right)}{p\left(i_{t+1}\middle|i_t^{(k)}\right)} \tag{5-53}$$

其中，$i_t^{(k)}=(i_t,\cdots,i_{t-k+1})$；$j_t^{(h)}=(j_t,\cdots,j_{t-h+1})$；$p\left(i_{t+1},i_t^{(k)},j_t^{(h)}\right)$ 是状态 $\left(i_t^{(k)},j_t^{(h)}\right)$ 到

状态 i_{t+1} 的转移概率；$p\left(i_{t+1}\middle|i_t^{(k)},j_t^{(h)}\right)$ 是在状态 $\left(i_t^{(k)},j_t^{(h)}\right)$ 下，转移到状态 i_{t+1} 的条件概率；$p\left(i_{t+1}\middle|i_t^{(k)}\right)$ 是在状态 $i_t^{(k)}$ 下，转移到状态 i_{t+1} 的条件概率。$k=h=1$，I 序列和 J 序列均为 1 阶马尔可夫过程。J 到 I 的转移熵表示排除 I 序列 t 时刻所包含的自身 $t+k$ 时刻信息之后的 J 序列所包含的 I 序列 $t+k$ 时刻的信息。由表达式和意义可知，$T_{J\to I}\neq T_{I\to J}$。$T_{J\to I}$ 越大，系统 J 传递到系统 I 的信息流强度就越大，I 受 J 的影响越大。目前已有学者将其应用在金融领域[151]。

虽然转移熵包含了方向上的信息，但是转移熵对各参数的协调性的要求非常高。针对这个问题，Staniek 和 Lehnertz 提出了符号化转移熵的概念[152]。他采用静态划分方法，根据数据所属的特定区间定义其符号化值，解决了参数的协调性问题。虽然静态划分法保留了原始序列的动力学特征，但是也导致了部分信息的丢失。基于此本节采用 Wu 等提出的改进的动态自适应符号化方法对原始序列进行划分[153]。

5.5.2　基于订单流的跨市场效应检验

欧美主权信用评级的改变会对我国债券市场和股票市场产生不同的冲击，可能形成我国金融子市场间的跨市场效应。在我国，股票市场和债券市场规模数一数二，作为最常见的投资组合，投资者往往在市场条件发生变化时在有风险的股票和无风险固定收益类证券间进行资产分配或风险对冲。跨市场效应包括跨市场投资转移和跨市场风险传染。跨市场投资转移指的是在评级事件的冲击下，投资者由于趋利避害会在不同的资本市场上进投资资金的转移；另外，评级事件会产生主权信用风险，不同的资本市场间会产生风险的传染，由此产生跨市场风险传染。订单流是具有正负号的交易量，是将买卖订单加以区分后的买卖订单间的差额。订单流蕴含着丰富的与投资者心理及行为、资产价格形成相关的信息，因此它不仅能揭示资金的流向，还能传递出关于投资者信念、风险偏好等信息。除此之外，订单流也反映了投资者对同一宏观信息的不同解读。

因此，运用订单流数据对欧美主权信用评级下调冲击下我国债券市场和股票市场间存在的跨市场效应进行检验。选取 2009 年 1 月 5 日到 2011 年 12 月 30 日为研究样本区间，总共 728 个有效交易日，此区间包含了多个欧美评级下调事件。实证数据来源于国泰安高频数据库，包括 43 支国债和 232 支股票的日内及日交易数据，选择在上海证券交易所上市交易的国债作为样本国债、选择沪深 300 指数包含的所有股票作为样本股票。订单流数据一共 148 512 笔，其中股票订单流数据 131 040 笔，国债订单流数据 17 472 笔。具体数据处理过程如下：

对于收益率数据，选取上证国债指数和沪深 300 指数日收盘价格作为我国债券市场和股票市场的走势度量指标。上证国债指数是以上海证券交易所上市的所有固定利率国债为样本，按照国债发行量加权而成，自 2003 年 1 月 2 日起对外发布。沪深 300 指数反映了沪深两个市场整体走势的状态，样本选自沪深两个证券市场中市场代表性好、流动性高、交易活跃的主流投资股票，覆盖了大部分流通市值，自 2005 年 4 月 8 日起正式发布。日收益率的计算方法如下：

$$r_{i,t} = \log\left(\text{yield}_{i,t}\right) - \log\left(\text{yield}_{i,t-1}\right) \tag{5-54}$$

其中，i=s、b，s代表股票市场，b代表债券市场；yield分别代表股票市场收盘价格和债券市场收盘价格。

对于订单流数据，首先要区分一笔交易为买方主动发起的交易还是卖方主动发起的交易，即买单或卖单。普遍的方法是比较每笔交易的成交价与买卖报价中点：成交价高于买卖报价中点的认为是买方发起订单，反之则认为是卖方发起订单。此方法为 Charles 和 Mark 提出的 Ready-Lee 检验法。另外区分交易方向的方法还有报价检验法（quote test）——通过报价来区分买单与卖单，与交易价格检验法（tick test）——根据报升原则分辨是否为做空交易[154]。由于 2009 年开始的分笔数据包含了交易方向，因此本章按照原始数据中标明的交易方向区别买单和卖单。在区分了交易方向后，订单流可以定义为买单交易额与卖单交易额之差。在计算出了订单流具体数额后，对各金融市场的订单流数据进行标注化处理：

$$x_{i,t}^{*} = \frac{x_{i,t} - \mu_{i,t}}{\sigma_{i,t}} \tag{5-55}$$

其中，$x_{i,t}$ 为统计出的订单流金额；$\mu_{i,t}$ 和 $\sigma_{i,t}$ 分别为该市场订单流的期望和标准差。

对于评级数据，本章选用标准普尔、穆迪和惠誉外币计价债务的长期评级数据作为评级虚拟变量，所选主权国家包括希腊、西班牙、葡萄牙、爱尔兰、意大利、英国、法国、德国、美国。标准普尔、穆迪和惠誉是国际上公认的最具权威性的三家专业信用评级机构，三家信用评级机构使用类似的等级评定量表，并提供前景展望评定。Brooks 等指出，本币评级和外币评级间并没有 100%的关系，但在 75%的时间里一种评级的改变会引发另一种评级的变化[155]；另外，外币评级对资产收益的影响更大。因此，本章对主权信用评级变量刻画为

$$D_t = \begin{cases} 0 \\ 1 \end{cases} \tag{5-56}$$

其中，1 表示三家中任意一家下调评级，0 表示其他情况。

表 5-5 列出了债券与股票市场收益率和订单流的描述性统计。股票市场收益率高于债券市场，但其标准化收益率较低，表明虽然我国股票市场风险相对更大，但国债承担的单位风险却更高。收益率偏度均为负值，订单流偏度均为正

值，表明收益率小于均值的更多，订单流大于均值的更多。债券市场收益率峰度最大，其次是债券市场订单流，表明债券市场收益率和订单流可能存在极端值。另外，订单流的均值为正值，表明我国股票市场和债券市场均为买方市场；订单流标准差较大，表明订单流的波动较大，特别在股票市场，可能会出现较大的卖单。

表 5-5　描述性统计

变量	收益率		订单流/亿元	
	r_s	r_b	OF_s	OF_b
极大值	−7.211%	−0.538%	−50.187	−7.984
极小值	6.513%	0.498%	120.593	12.337
均值	0.031%	0.011%	10.913	0.401
中位数	0.099%	0.008%	9.918	0.282
标准差	1.686%	0.076%	20.007	2.049
偏度	−0.388	−0.295	0.538	0.666
峰度	1.568	16.070	1.996	4.190

债券市场、股票市场收益率和订单流间的相关系数如表 5-6 所示。从表 5-6 可以看出，我国债券市场和股票市场收益率显著负相关，表明我国债券和股票是很好的风险分散资产。债券市场和股票市场各自收益率和订单流的相关性显著，表明两个市场的市场内收益率和订单流显著正相关，特别是股票市场内的收益率和订单流，相关性达到了 0.45。对于跨市场的收益率和订单流相关性，股票市场收益率和债券市场订单流显著负相关，表明投资者会同时在债券市场和股票市场交易。

表 5-6　相关系数表

变量	r_s	r_b	OF_s	OF_b
r_s	1	-0.153^{**}	0.450^{**}	-0.081^{*}
r_b	-0.153^{**}	1	0.063	0.009^{*}
OF_s	0.450^{**}	0.063	1	−0.018
OF_b	-0.081^{*}	0.009^{*}	−0.018	1

**、*分别代表在 5%、10%的水平下显著

以往的实证研究表明主权信用评级和订单流会对股票市场收益率与债券市场收益率有着较强解释能力。除此之外，由于跨市场的投资资金的分配与风险对冲，主权信用评级和订单流还具有跨市场效应。

本章主要使用订单流能显示出跨市场效应这一特性，研究欧美主权信用评级

引起我国金融市场间的跨市场效应。为了检验主权信用评级和订单流的跨市场效应，本章参考 Girardin 等的方法，建立如下的似不相关模型[156]：

$$\gamma_{s,t} = \alpha_0 + \alpha_1 D_t + \alpha_2 \mathrm{OF}_{s,t} + \alpha_3 \mathrm{OF}_{b,t} + \varepsilon_t \tag{5-57}$$

$$\gamma_{b,t} = \beta_0 + \beta_1 D_t + \beta_2 \mathrm{OF}_{s,t} + \beta_3 \mathrm{OF}_{b,t} + \varepsilon_{b,t} \tag{5-58}$$

$$E\left[\varepsilon_{s,t}\right] = E\left[\varepsilon_{b,t}\right] = 0; E\left[\varepsilon_{s,t}, \varepsilon_{b,t}\right] = \begin{cases} 0, & \text{others} \\ \sigma, & i = j \end{cases} \tag{5-59}$$

其中，$\gamma_{s,t}$、$\gamma_{b,t}$ 分别表示股票市场和债券市场第 t 天的收益率；$\mathrm{OF}_{s,t}$、$\mathrm{OF}_{b,t}$ 分别表示股票市场和债券市场第 t 天的定单流；D_t 表示评级信息虚拟变量，当第 t 天有欧美主权信用评级下调，则 $D_t=1$，否则为 0。此模型不仅可以检验市场内效应，还可以检验跨市场效应：一个市场的定单流与另一个市场收益率负相关表示跨市场投资转移；一个市场的定单流与另一个市场收益率正相关表示跨市场风险传染。

对建立的跨市场效应实证模型进行参数估计，估计结果如表 5-7 所示。从表 5-7 的估计结果可知，所估计参数均显著。对主权国家（本章所选主权国家为希腊、西班牙、葡萄牙、爱尔兰、意大利、英国、法国、德国、美国）的政治、经济、信用进行评价的主权信用评级，与我国债券市场和股票市场收益率负相关，表明评级机构根据主权国家的偿债能力（包括 GDP 增长趋势、对外贸易、国际收支情况、外汇储备、外债总量及结构、财政收支、政策实施等）和财政负担（包括金融体制改革、国企改革、社会保障体制改革所造成的财政负担）发布并调整主权信用评级，不仅对主权国家有影响，而且对我国债券市场和股票市场收益率均具有显著负面影响。另外，在我国股票市场上，显著为负，表明股票市场收益率与债券市场订单流呈现出负相关关系；在我国债券市场上，显著为负，表明债券市场收益率与股票市场订单流呈现出负相关关系。根据跨市场效应的检验标准推测，当评级机构调整欧美主权信用评级时，除了引起我国债券市场和股票市场的市场内效应，投资者还会在我国债券市场和股票市场间进行投资转移，以控制主权信用评级变动产生的风险。

表 5-7　SUR 模型估计结果

变量	OF_s	OF_b	Rating
r_s	0.218 8* （0.094）	−0.258 2* （0.069）	−0.003 1*** （0.000）
r_b	−0.026 4*** （0.005）	0.026 5*** （0.004）	−0.007 4*** （0.009）

***、*分别代表在 1%、10%的水平下显著

5.5.3 基于 Copula 函数的跨市场效应检验

近年来，债券市场的价差与对应的 CDS 的价差之间的影响效应等问题受到学术界、业界和政府管理层的广泛关注。其中，在评级下调冲击主权债券和 CDS 跨市场效应是重点研究的问题之一。债券市场与 CDS 市场的跨市场效应是指在外部经济因素的冲击下引起的投资者 CDS 市场和债券市场之间的跨市场投资转移，以及外部经济因素的冲击在股票市场和债券市场之间的跨市场风险传染，而在本节中这种外部经济因素是指主权信用评级下调。研究跨市场效应一方面可以提高投资者对债券 CDS 市场投资转移、风险传染的跨市场效应内在机理的认识，规避可能和潜在的风险，另一方面可以为政府管理层制定政策引导投资者进行跨市场投资转移和规避利率风险传染提供有益参考。主权国家按照评级结果分为投资级和投机级。

对于投资级国家来说，该国的主权违约风险增大，但是投资者仍然认为投资级国家可以履行债务协议，直接导致主权债券的违约风险增加，CDS 卖方承担了更多的风险，导致 CDS 价格增加，而对于投机级国家，由于在主权信用评级下调前 30~90 天内，CDS 价格有明显的涨幅，投资者担心评级下调带来的风险，此时两个市场之间的关系，表现为风险传染，而在评级下调后 CDS 价格降低的情况，说明评级下调后的短期内，投资者对投机级国家主权债券还款能力产生怀疑，减少对债券市场的投资。而此时，由于 CDS 卖方也已经发现在评级下调事件发生之前 CDS 价格的暴涨可能会导致 CDS 无法成交，在评级下调后 CDS 价格降低，投资者将债券市场撤出的资金投入 CDS 市场对债券进行保护，改变投资组合，导致投资转移，从这个角度讲，在评级下调后的短期内对于投机级国家 CDS 有一定的控制和分散风险的作用。根据前面文献的理论基础以及第四章的对比分析，本节从以下两个方面去检验 CDS 跨市场效应：一是对于投资级国家，在主权信用评级发生前后，债券与 CDS 市场是否存在风险传染的跨市场效应，二是对于投机级国家，在主权信用评级发生之前是否存在风险传染，而在事件发生之后变为投资转移。本章的研究假设如下：

假设 5-3：对于投资级的新兴市场国家，主权信用评级下调发生前后，债券和 CDS 市场的跨市场效应均表现为风险传染。

Connolly 等通过在不同金融市场环境背景下，对股票和债券收益率关系的研究，发现虽然在长期，两者之间是呈正相关关系，但是在有外部因素影响股票市场导致其风险增加时，两个市场之间存在了短暂的负相关，说明投资者在发现股票市场风险增加时，为了规避风险保证收益，投资者将资金从股票市场撤出而转入风险较低的债券市场，从而引起两个市场的收益率负相关[157]。通过 Connolly 的研究我们发现，当市场获得外界经济因素的冲击时，会改变原本两个市场之间的关系，而风险传染则表现为两者收益率呈正相关，投资转移则表现为负相关。

假设 5-4：对于投机级的新兴市场国家，主权信用评级发生之前，CDS 与债券市场的跨市场效应表现为风险传染，而在事件发生之后表现为投资转移。

数据选取 13 个具有代表性的新兴市场国家从 2006 年 7 月到 2016 年 8 月的五年期国债收益和五年期CDS价差，由于在第4章中提到，新兴市场国家的投资级国家和投机级国家面对主权信用评级下调的反应不同，所以在本节的实证中我们把总体新兴市场国家分为投资级国家和投机级国家，其中投资级国家包括：韩国、巴西、哥伦比亚、墨西哥、南非和罗马尼亚 7 个国家；投机级国家包括：土耳其、俄罗斯、菲律宾、印度尼西亚和委内瑞拉 6 个国家。从这十年的评级数据可以看出，几乎所有的国家在 2008~2009 年的金融危机中都没有幸免于难，该事件段的异常数据不做特殊的解释，主要根据新兴市场国家评级下调的频率，将时间转化为稳定时期和评级下调期进行实证和解释。

从理论上来说，CDS 的价差应该等于它所对应的债券的信用利差，但是在实际的操作中会存在一定的偏差，图 5-4 为新兴市场国家中投资级国家和投机级国家 2006 年 7 月到 2016 年 8 月十年间五年期的 CDS 价差与对应国债收益率日数据的关系图。

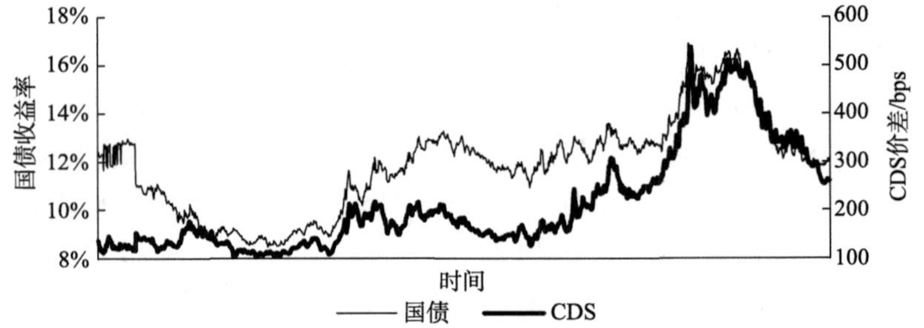

（a）投资级国家国债与 CDS 波动图

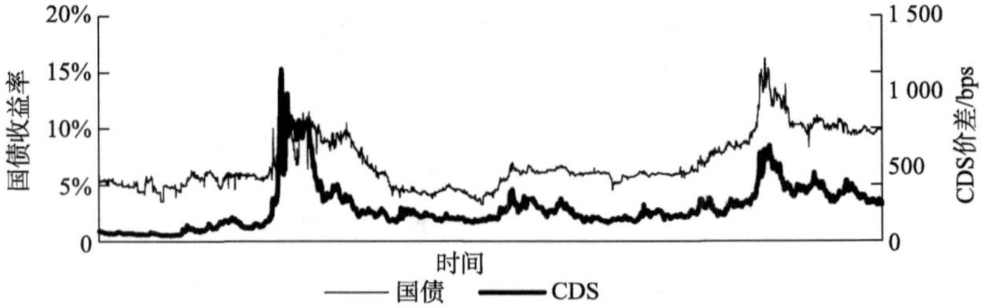

（b）投机级国家国债与 CDS 波动图

图 5-4　投资级国家与投机级国家 CDS 价差与国债价差波动图

从中可以看出 CDS 价差与国债收益率的波动有着非常密切的关系，两者的图形非常相似，大致来看，趋于同时升高和降低，在大多数的时间呈同向变化。另外，CDS 价差与债券收益率也有非常明显的差别，CDS 价差都大于对应的债券收益率，并且差距从投资级国家到投机级国家逐渐增大，并且可以从两边的比例尺中看到，不同类型的债券的收益率差距不大，但是 CDS 价差的差距却是以 10 倍的增幅加大，在数据的统计中，2013 年之后，新兴市场国家的主权信用评级被频繁下调，因此这段时间被划分为评级下调的非平稳期。从图形中看到在非平稳期 CDS 和债券都有非常明显的变动，CDS 对于外部经济因素反应的敏感性要远远大于债券，特别是类似于委内瑞拉这种国家，CDS 的价差相当之高甚至能达到 12 200，可见 CDS 在不同级别的国家所起的作用是有所差别的。

将 Copula 函数应用到新兴市场国家主权信用评级下调期的风险传染度量中，分析 CDS 与债券市场风险传染的强度及转移方向。结合主权信用评级下调对单个债券市场和 CDS 市场风险传染的检验结果，本节实证研究样本数据选取受到主权信用评级下调风险传染的东道国 CDS 市场与债券市场，样本区间与时间分段在上节中已经提到，为了减小数据损失，将收益率定义为 $R_t = 100 \times \ln\left(P_t / P_{t-1}\right)$，其中，$P_t$ 是当天 CDS 价差或者国债收益率。样本的数据统计在第 3 章和第 4 章给出，描述性统计也在上节中给出，在实证的过程中，评级下调前是指在主权信用评级发生前 60 天时间段，评级下调后是指在主权信用评级下调后 40 天时间段，与事件研究法的分析时间相同。

（1）投资级国家。

投资级国家 CDS 和债券样本在稳定期和危机期的波动图如图 5-5 和图 5-6 所示。

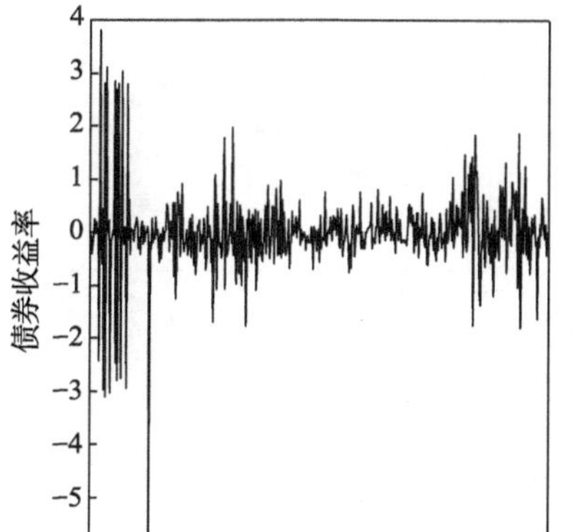

（a）债券

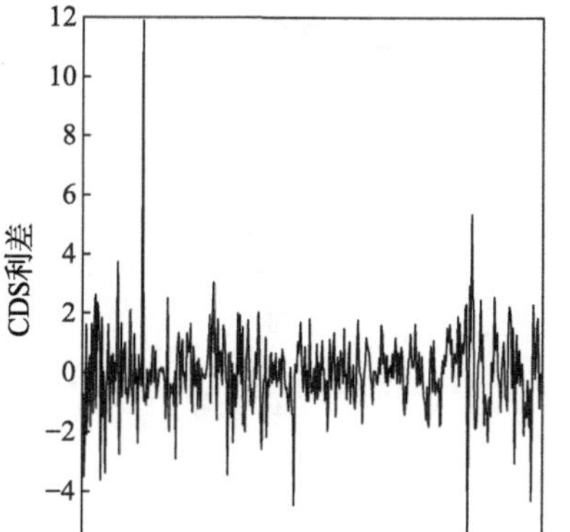

（b）CDS

图 5-5　投资级国家稳定期（一）

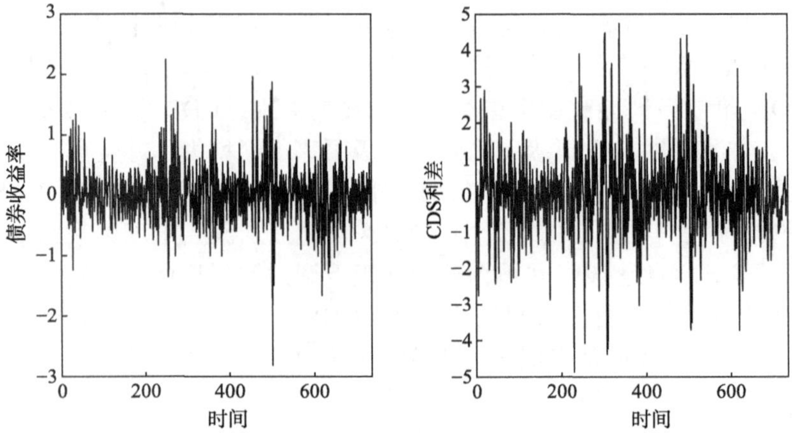

（a）债券　　（b）CDS

图 5-6　投资级国家危机期（一）

从图 5-5 和图 5-6 中我们可以看出，无论是稳定期还是危机期，投资级国家国债收益率和主权 CDS 收益率波动较大且都是在达到峰值后立刻回落或者回升，且明显存在某个时间段，波动相对较大，某个时间段，波动相对较小，特别是对于 CDS 收益率，明显在评级下调时期有更大的波动。

投资级国家 CDS 与债券波动如图 5-7 和图 5-8 所示。

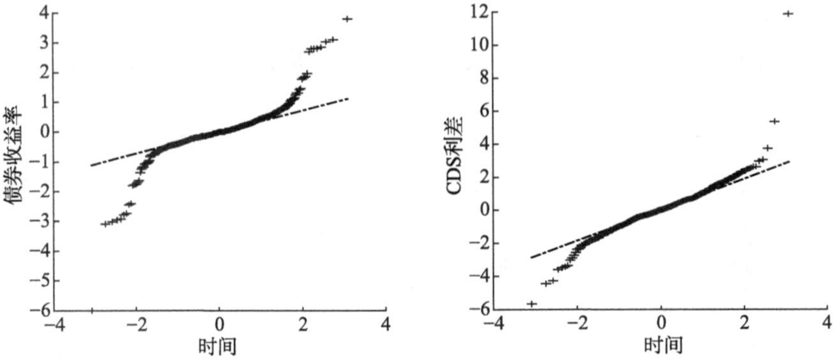

（a）债券　　（b）CDS

图 5-7　投资级国家稳定期（二）

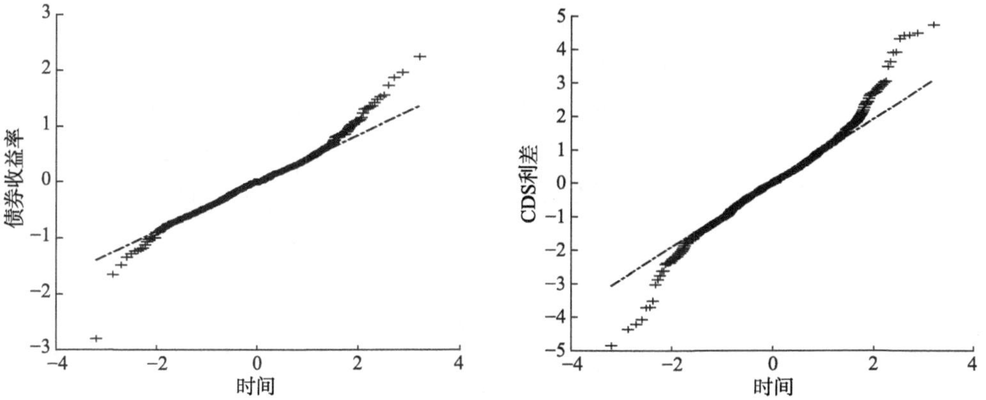

（a）债券　　（b）CDS

图 5-8　投资级国家危机期（二）

从图 5-7 和图 5-8 可以看出，无论是在稳定期还是在危机期，CDS 和债券收益率数据与标准正态分布存在显著差异，因此不能采用标准正态分布的形势来描述 CDS 和债券收益率单独的分布情况。在这样的情况下，引入 GARCH-t（1，1），它能够很好地刻画金融市场收益率“尖峰厚尾”特性和波动聚集性及时变性。采用该模型对稳定期和危机期投资级国家 CDS 与债券收益率的数据进行拟合。

表 5-8 为采用 GARCH-t（1，1）模型对稳定期和危机期投资级国家 CDS 和债券收益率的数据进行拟合的参数估计值。其中 K-S 统计量主要是对比理论分布和实际样本分布值的频率函数，这样可以明确看到实际样本值和理论值之间的偏差，在检验中，一般采用一元分布函数进行拟合优度检验，如果 K-S 检验的统计检验量数值越小，则实际和理论偏离程度越低，说明拟合效果越好。而表 5-8 中对采用 GARCH-t（1，1）模型对 CDS 和债券收益率在稳定期和评级下调期数据拟合进行 K-S 检验的统计量非常小，则表明，GARCH-t（1，1）模型可以较好地描述 CDS 和债券收益数据在稳定期和危机期的边缘分布。

表 5-8　投资级国家 GARCH-t（1，1）模型的参数估计及检验结果

时期	样本	u	α_0	α	β	自由度	对数似然值	K-S 统计量
稳定期	CDS	−0.020 1 0.017 422 7	0.061 8 0.025 844 9	0.354 6 0.068 954 1	0.645 4 0.160 185	2.760 6 0.380 735	−376.699	0.035 5
	债券	0.017 8 0.044 976 8	0.276 7 0.123 173	0.183 5 0.113 707	0.650 1 0.076 379 8	4.328 1 0.669 058	−764.881	0.024 0
危机期	CDS	−0.006 9 0.015 77	0.009 7 0.004 631 82	0.102 3 0.037 411 1	0.858 2 0.029 000 6	10.367 3 2.964 34	−468.395	0.027 2
	债券	−0.012 6 0.036 780 3	0.038 3 0.022 559 8	0.078 0 0.030 264 6	0.895 8 0.023 560 5	6.409 0 1.599 73	−1 110.8	0.023 4

确定了边缘分布和参数后，便是选择合适的 Copula 函数，使其能够合理地描述出 CDS 和债券在稳定期和危机期边缘分布的相关模式，由前文可知，Normal Copula 和 Student *t*-Copula 可反映对称分布，且 Student *t*-Copula 能反映尾部相关性，Normal Copula 不能；Clayton Copula 虽不能反映对称分布，但是可以很好地刻画下尾相关和上尾渐进独立性，综合使用这三种函数可以提高检验的有效性。运用数据对三种 Copula 函数的相关参数进行估计，如表 5-9、表 5-10、表 5-11 所示。

表 5-9 Normal Copula 中的参数估计结果（一）

项目		相关系数	对数似然数
		CDS	
稳定期	债券	0.166 0	−1.082 8
评级下调前		0.323 4	−18.848 8
评级下调后		0.730 9	−36.865 1

表 5-10 Student *t*-Copula 中的参数估计结果（一）

项目		相关系数	对数似然数
		CDS	
稳定期	债券	0.081 5	−17.483 2
评级下调前		0.422 8	−43.598 1
评级下调后		0.656 9	−137.569 2

表 5-11 Clayton Copula 中的参数估计结果（一）

项目	θ	对数似然数
稳定期	0.109 4	−2.603 5
评级下调前	0.351 1	−12.624 3
评级下调后	0.803 6	−75.358 1

表 5-9 中给出了 Nomal Copula 函数的估计结果及其对数似然值；表 5-10 中给出了 Student *t*-Copula 函数的矩阵相关性和自由度的估计结果及其对数似然值；表 5-11 中给出了 Clayton Copula 函数的单参数 θ 的估计结果及其对数似然值。

从结果可以看到，Nomal Copula CDS 和债券收益率在稳定期和危机期的对数似然值分别为−1.082 8 和−18.848 8，Student *t*-Copula CDS 和债券收益率在稳定期和危机期的对数似然值分别为−17.483 2 和−43.598 1，Clayton Copula CDS 和债券收益率在稳定期和危机期的对数似然值分别为−2.603 5 和−12.624 3。对于 Copula 函数模型来说，对数似然数越大说明模型拟合越好，通过比较，Student *t*-Copula 在稳定期和危机期的对数似然值在三种形式的 Copula 函数中都是最大的，因此本节采用 Student *t*-Copula 函数来描述 CDS 和债券收益率边缘分布在稳定期和危机期的相关性比较具有简便性。

从实证结果我们可以看到，在稳定期 CDS 和债券的相关系数是 0.081 5，而评级下调前则是 0.422 8，说明主权信用评级下调前，东道国的 CDS 与其所对应的债券具有风险传染性，从表 5-10 中我们也可以看到，在评级下调后，相关系数达到了 0.656 9，这说明在事件发生之后，CDS 与债券市场的风险传染性持续增加。假设 5-3 成立。

（2）投机级国家。

投机级国家CDS和债券样本在稳定期和危机期的波动图如图5-9和图5-10所示。

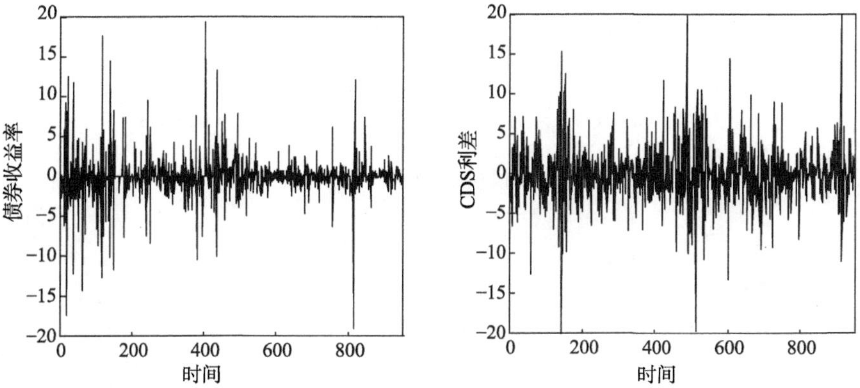

（a）债券　　（b）CDS

图 5-9　投机级国家稳定期（一）

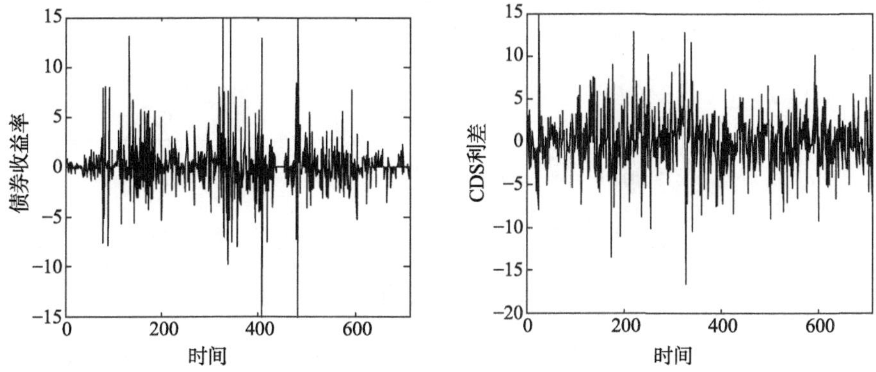

（a）债券　　（b）CDS

图 5-10　投机级国家危机期（一）

投机级国家 CDS 与债券波动如图 5-11 和图 5-12 所示。

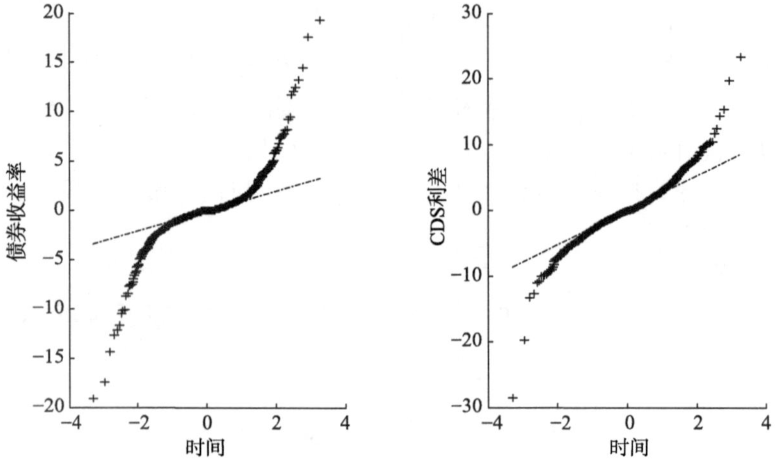

（a）债券　　（b）CDS

图 5-11　投机级国家稳定期（二）

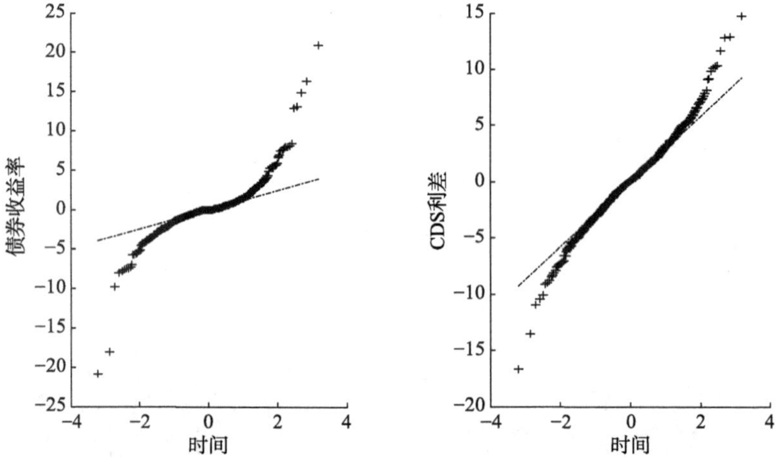

（a）债券　　（b）CDS

图 5-12　投机级国家危机期（二）

投机级国家 CDS 在平稳期和危机期 GARCH-t（1，1）模型的参数估计及检验结果如表 5-12 所示。对投机级国家运用数据对三种 Copula 函数的相关参数进行估计，结果如表 5-13、表 5-14、表 5-15 所示。

表 5-12　投机级国家 GARCH-t（1，1）模型的参数估计及检验

时期	样本	u	α_0	α	β	自由度	对数似然值	K-S 统计量
稳定期	CDS	−0.120 017 0.092 792 7	1.026 24 0.382 246	0.142 797 0.039 408 2	0.794 586 0.049 478 8	4.154 45 0.606 164	−2 468.7	0.029 4
	债券	−0.046 212 0.037 180 3	1.163 63 0.599 064	0.362 227 0.180 41	0.637 773 0.050 781 8	2.319 41 0.187 659	−1 849.9	0.075 8
危机期	CDS	0.006 181 2 0.117 45	0.856 673 0.480 807	0.079 819 7 0.029 010 4	0.852 548 0.057 563 9	6.260 44 1.769 45	−1 852.4	0.029 1
	债券	−0.002 106 0.042 024 4	0.159 98 0.047 446 2	0.323 308 0.066 362	0.676 692 0.035 708 5	3.220 16 0.344 777	−1 422.4	0.070 0

表 5-13　Normal Copula 中的参数估计结果（二）

项目		相关系数	对数似然数
		CDS	
稳定期	债券	0.102 7	−4.999 5
评级下调前		0.279 0	−12.856 8
评级下调后		−0.205 6	−10.865 1

表 5-14　Student *t*-Copula 中的参数估计结果（二）

项目		相关系数	对数似然数
		CDS	
稳定期	债券	0.127 2	−17.483 2
评级下调前		0.364 9	−43.598 1
评级下调后		−0.222 6	−37.569 2

表 5-15　Clayton Copula 中的参数估计结果（二）

项目	θ	对数似然数
稳定期	0.165 0	−25.340 9
评级下调前	0.345 8	−44.097 0
评级下调后	0.000 32	−1.263 0

在做分析时仍然以似然数最大的 Student *t*-Copula 为例，对于投机级国家，在平稳期 Copula 系数为 0.127 2，在评级下调前，变为 0.364 9，说明债券市场与 CDS 市场在评级下调之前有明显的风险传染效应，而在评级发生之后，系数变为−0.222 6，两者的关系呈负向，说明发生了投资转移的过程。

投资级和投机级新兴市场国家在平稳期 CDS 与债券收益率的相关系数分别是 0.081 5 和 0.127 2，整体的相关性呈上身趋势，在评级发生之前系数分别是

0.422 8 和 0.364 9，且可以看到投资级国家的风险传染效果更为明显，在评级事件发生之后，相关系数分别是 0.656 9 和−0.222 6，也就是说主权信用评级后，债券市场与 CDS 在投资级国家继续呈更加严重的风险传染，而在投机级国家转为投资转移，到此假设 5-4 成立。

由上述实证结果可得，对于投资级国家，债券与 CDS 市场的跨市场效应始终表现为风险传染，主要是因为主权信用评级下调，使投资者风险增大，造成债券与 CDS 市场之间发生风险传染，但该类国家仍属于可投资级别，并未造成投资者恐慌；而对于投机级国家，评级下调事件很容易使投资者陷入恐慌，担心该类国家进一步演变成“垃圾”债券国家。在评级事件发生之前，CDS 与债券市场发生风险传染的跨市场效应，而评级下调后，投资者通过降低收益，改变投资组合的方式，降低风险，是评级下调后的短期内，两个市场存在投资转移的跨市场效应，说明了 CDS 在投资级别偏低的国家，在外部事件冲击下，在短期内比投资级级别高的国家更能表现出管理和分散风险的能力。

5.5.4 基于动态转移熵 GARCH 模型的跨市场效应检验

关于风险传染和投资转移的研究已有不少成果。1986 年，Keim 和 Stambaugh 第一次对股票和债券市场间的相关性进行了研究[158]。Ilmanen 则通过对美国 1929~2001 年的股票市场和债券市场收益率的研究发现，二者整体呈正相关关系，但是部分子样本期为负相关关系，并将影响二者相关性的因素归于经济货币政策周期，通货膨胀率和波动性冲击[159]。King 和 Wadhwani 分析了 1987 年 10 月间尽管各国经济环境存在很大差异，但几乎所有股票市场同时下跌的情况，并通过构建模型验证了各国股票市场间传染效应的存在[160]。Meitu 对 2008~2012 年欧元区的主权风险传染进行了研究，发现在此期间欧元区国家的长期债券收益率之间存在显著的传染效应，并发现市场风险偏好是主权风险的重要决定因素[161]。Gai 和 Kapadia 通过构建任意结构的金融网络分析模型，分析了网络结构变化和资本市场流动性对传染概率的影响，发现金融体系具有稳健但脆弱的特征，当传染概率很低但危机发生时，传染效应也会很广泛[162]。Baur 和 Lucey 通过对全球八大经济体在各经济危机事件期股票和债券市场相关性的研究，发现投资转移现象普遍存在于各经济体，并认为投资转移和风险传染具有一定的内在联系[66]。Mustafa 等通过利用 DCC 模型对美国引发的全球金融危机前、中和后期股票和债券市场的相关性的研究，验证了危机时期投资者从股票到债券市场安全性投资转移行为的存在[163]。国内也有很多学者对跨市场效应进行研究。靳飞等以定单流和市场流动性为视角研究了中国股票市场内，高市值与低市值股票之间的风险传染和投资转移现象[18]。袁晨和傅强利用 GARCH 模型对 2007~2009 年我国股票、债券和黄金市场之间跨市场效应的阶段时变特征进行了分析[94]。罗明华等通过构建似不相关模型检验了利率变动的跨市场效应，并通过构建时变参数状态空间模型刻画了利率变动跨市场效应的时变特征[62]。

在Baur构建的GARCH模型基础之上，为了更加精确地的捕捉市场间的关联性，本节结合信息论引入转移熵，构建了动态转移熵 GARCH（1，1）模型用来检验股票市场和债券市场间的跨市场效应。模型书写如下：

$$\frac{T_{b\to s,t}}{T_{b\to s,t}+T_{s\to b,t}}R_{b,t}=\alpha+\beta\frac{T_{b\to s,t}}{T_{b\to s,t}+T_{s\to b,t}}R_{s,t}+\gamma\frac{T_{b\to s,t}}{T_{b\to s,t}+T_{s\to b,t}}R_{s,t}D_{\text{event},t}$$

$$+\gamma^{*}\frac{T_{b\to s,t}}{T_{b\to s,t}+T_{s\to b,t}}R_{s,t}D^{*}_{\text{event},t}+e_t$$

$$e_t\sim N\left(0,\sigma_t^2\right),e_t^2=\omega+\lambda e_{t-1}^2+\rho\sigma_{t-1}^2,t=1,2,\cdots,T \tag{5-60}$$

其中，$T_{b\to s,t}$，$T_{s\to b,t}$ 分别表示 t 时刻债券市场到股票市场和股票市场到债券市场的转移熵，$\frac{T_{b\to s,i,t}}{T_{b\to s,i,t}+T_{s\to b,i,t}}$ 和 $\frac{T_{s\to b,i,t}}{T_{b\to s,i,t}+T_{s\to b,i,t}}$ 分别表示股票市场对债券市场和债券市场对股票市场的时变影响权值。$R_{b,t}$ 和 $R_{s,t}$ 分别表示 t 时刻债券市场指数和股指的收益率。β 表示基准期内股票市场和债券市场的关联系数，γ 表示事件期内二者关联系数的改变量。γ^* 表示事件前期两市场的关联系数。$D_{\text{event},t}$ 和 $D^*_{\text{event},t}$ 是虚拟变量。若 t 处于事件期，则 $D_{\text{event},t}$ 取 1；否则取 0。若 t 处于事件前期，则 $D^*_{\text{event},t}$ 取 1；否则取 0。e_t 表示模型误差项，服从 GARCH（1，1）过程。

根据跨市场效应的定义，股票市场和债券市场间的跨市场效应是由 γ 和 β 与 γ 之和共同决定的。当 $\gamma<0$ 且同时 $\beta+\gamma<0$ 时，二者之间发生投资转移效应。当 $\gamma>0$ 且 $\beta+\gamma>0$ 时，二者之间发生风险传染。

选取在世界经济中占有重要地位的北美洲的美国和加拿大，亚洲的中国和日本，欧洲欧盟成员国中GDP排名前4的德国、英国、法国和意大利，以及大洋洲的澳大利亚的主要股指（标普 500 指数，日经 225 指数，德国 DAX 指数，法国 CAC40 指数，富时 100 指数，意大利指数，上证综指，澳大利亚标普 200 指数和多伦多 300 指数）和 10 年期国债日收益数据为研究对象，所有数据均以当地货币为计量单位。样本区间为 2016 年 1 月 1 日至 2016 年 11 月 7 日，并选取 2016 年 6 月 23 日至 2016 年 7 月 23 日为欧美主权信用评级下调事件期。去掉不匹配日期，共计得到有效交易日数据 171 个。数据来自万德数据库。所有的收益率均由日收盘价的对数一阶差分计算得到。即

$$R_t=\left(\ln P_t-\ln P_{t-1}\right)\times 100\% \tag{5-61}$$

其中，R_t 表示 t 日的收益率；P_t 和 P_{t-1} 分别表示 t 日和 $t-1$ 日的收盘价。

表 5-16 给出了各国主要股指和 10 年期国债日收益率序列的基本统计特征。

表 5-16　各国股指和国债日收益率序列的描述性统计特征

变量	美国		日本		德国		法国		英国		意大利		中国		澳大利亚		加拿大	
	S	B	S	B	S	B	S	B	S	B	S	B	S	B	S	B	S	B
均值	0.00	1.74	0.00	−0.06	0.00	0.08	0.00	0.410	0.00	1.27	0.00	1.39	0.00	0.00	0.00	2.26	0.00	1.18
标准差	0.01	0.18	0.02	0.12	0.01	0.21	0.01	0.216	0.01	0.35	0.02	0.15	0.02	0.00	0.01	0.30	0.01	0.12
偏度	−0.48	0.31	−0.61	0.83	−0.97	0.71	−1.10	0.455	−0.08	−0.22	−1.55	−0.07	−1.67	−0.03	−0.39	0.06	−0.39	0.23
峰度	5.11	2.82	6.45	4.13	6.74	3.05	9.27	2.633	4.62	1.77	12.15	2.24	9.39	4.31	3.70	1.67	4.52	2.67
J-B 检验	45.84	3.04	113.89	28.77	151.46	14.34	376.26	6.852	22.55	12.19	797.66	4.22	444.61	12.15	9.41	12.70	24.88	2.33

注：S 表示股票指数；B 表示债券

由表 5-16 可以看出，样本期间内各国股指日收益的均值均为零。而国债收益率均值除中国为零和日本为负值以外，其余各国均为正值。

利用 Matlab 软件进项操作，由于跨市场效应的判定是依据均值方程的估计系数，所以本节只列出了均值方程的估计结果，没有给出方差方程的估计结果。表 5-17、表 5-18 给出了本章构建的转移熵 GARCH 模型的均值方程即方程（5-60）的估计结果。

表 5-17　转移熵 GARCH（1，1）模型均值方程估计结果（一）

项目	美国			日本			法国			意大利			加拿大		
	系数	SE	*P* 值	系数	SE	*P* 值	系数	SE	*P* 值	系数	SE	*P* 值	系数	SE	*P* 值
$W_{s\to b}r_s$	0.659 0	0.036 5	0.00	0.462 1	0.034 8	0.00	0.608 8	0.055 7	0.00	0.531 1	0.039 1	0.00	0.112 7	0.059 5	0.05
$W_{s\to b}r_sD$	−0.748 6	0.017 0	0.00	−0.975 4	0.036 5	0.00	−0.844 2	0.024 9	0.00	−0.800 8	0.017 0	0.00	−0.660 3	0.054 6	0.00
$W_{s\to b}r_sD^*$	−0.753 4	0.024 1	0.00	−0.674 7	0.015 1	0.00	−0.342 6	0.023 3	0.00	−0.431 4	0.015 8	0.00	0.209 5	0.033 4	0.00
常数	0.205 0	0.024 4	0.00	0.664 0	0.020 0	0.00	0.316 8	0.037 2	0.00	0.224 6	0.027 5	0.00	0.626 4	0.026 7	0.00
R^2	0.78			0.78			0.78			0.83			0.72		
Ll	188.31			243.01			192.43			246.59			157.25		
AIC	−1.89			−2.48			−1.94			−3.40			−1.79		
SC	−1.74			−2.32			−1.79			−3.25			−1.57		
ARCH LM	0.634[0.427]			0.154[0.695]			0.108[0.743]			0.287[0.592]			0.370[0.544]		

注：[ ]内为 *P* 值

表 5-18　转移熵 GARCH（1，1）模型均值方程估计结果（二）

项目	澳大利亚			中国			德国			英国		
	系数	SE	*P* 值	系数	SE	*P* 值	系数	SE	*P* 值	系数	SE	*P* 值
$W_{s\to b}r_s$	0.381 4	0.049 8	0.00	−0.001 1	0.074 3	0.86	0.859 1	0.067 8	0.00	0.844 3	0.053 1	0.00
$W_{s\to b}r_sD$	−0.584 2	0.024 7	0.00	0.100 7	0.069 3	0.11	−0.988 0	0.050 8	0.00	−0.989 5	0.056 5	0.00
$W_{s\to b}r_sD^*$	−0.422 4	0.017 8	0.00	0.011 8	0.063 0	0.85	−0.749 1	0.035 8	0.00	−0.860 6	0.039 9	0.00
常数	0.356 0	0.038 3	0.00	0.542 9	0.022 3	0.00	0.253 6	0.033 6	0.00	0.383 3	0.027 9	0.00
R^2	0.76			0.45			0.74			0.79		
Ll	212.82			156.31			152.16			129.55		
AIC	−2.16			−1.55			−1.551			−1.27		
SC	−2.00			−1.40			−1.36			−1.12		
ARCH LM	0.123[0.726]			1.119[0.292]			0.112[0.737]			0.706[0.402]		

注：[　]内为 *P* 值

表 5-19、表 5-20 给出了传统 GARCH 模型均值方程的估计结果。

表 5-19　传统 GARCH（1，1）模型均值方程估计结果（一）

项目	美国			日本			法国			意大利			加拿大		
	系数	SE	*P* 值	系数	SE	*P* 值	系数	SE	*P* 值	系数	SE	*P* 值	系数	SE	*P* 值
r_s	0.753 3	0.049 3	0.00	0.515 6	0.033 1	0.00	0.599 3	0.043 7	0.00	0.661 3	0.046 6	0.00	0.234 9	0.064 5	0.00
r_sD	−0.958 2	0.034 5	0.00	−0.923 8	0.016 6	0.00	−0.910 2	0.028 9	0.00	−0.868 0	0.017 6	0.00	−0.883 1	0.047 5	0.00
r_sD^*	−0.656 1	0.027 8	0.00	−0.694 0	0.014 1	0.00	−0.347 6	0.024 6	0.00	−0.486 4	0.016 0	0.00	0.051 1	0.032 0	0.11
常数	0.396 6	0.029 8	0.00	0.606 9	0.019 3	0.00	0.377 1	0.030 6	0.00	0.224 6	0.030 5	0.00	0.632 4	0.031 4	0.00
R^2	0.64			0.65			0.63			0.72			0.54		
Ll	152.06			232.51			186.87			233.59			141.31		
AIC	−1.51			−2.36			−1.88			−2.37			−1.40		
SC	−1.36			−2.21			−1.63			−2.22			−1.24		
ARCH LM	0.019[0.889]			0.154[0.695]			0.002[0.968]			0.066[0.798]			0.004[0.953]		

注：[　]内为 *P* 值

表 5-20 传统 GARCH（1，1）模型均值方程估计结果（二）

项目	澳大利亚			中国			德国			英国		
	系数	SE	P 值	系数	SE	P 值	系数	SE	P 值	系数	SE	P 值
r_s	0.173 8	0.076 8	0.02	−0.006 3	0.081 8	0.94	0.930 5	0.058 1	0.00	0.877 9	0.051 1	0.00
r_sD	−0.424 4	0.027 7	0.00	0.122 3	0.075 5	0.11	−0.967 9	0.050 7	0.00	−0.931 2	0.046 9	0.00
r_sD^*	−0.150 6	0.022 0	0.00	0.017 4	0.069 0	0.80	−0.853 5	0.039 9	0.00	−0.862 8	0.044 9	0.00
常数	0.487 6	0.057 2	0.00	0.537 8	0.024 0	0.00	0.425 6	0.027 6	0.00	0.365 7	0.025 5	0.00
R^2	0.51			0.31			0.77			0.82		
Ll	146.85			147.46			133.42			128.78		
AIC	−1.46			−1.46			−1.32			−1.24		
SC	−1.30			−1.31			−1.16			−1.14		
ARCH LM	0.142[0.706]			0.909[0.341]			2.783[0.197]			0.118[0.732]		

注：[ ]内为 P 值

由表 5-17~表 5-20 可知，虽然条件异方差的 ARCH LM 检验的 P 值显示两模型均已消除残差序列的 ARCH 效应，但是和表 5-19、表 5-20 中传统 GARCH 模型的估计结果相比，除了德国和英国以外，表 5-17 和表 5-18 中符号化转移熵 GARCH 模型显示其余国家的 R^2 和所有国家的对数似然值普遍有所增加。同时除了英国的 SC 以外，其余所有国家的 AIC 和 SC 都变小了，这说明本章提出的模型能够更好地拟合数据，更具有实际应用价值。所以，本章着重分析表 5-17 和表 5-18 的转移熵 GARCH 模型的实证结果。

根据跨市场效应的定义，对表 5-17 和表 5-18 中 GARCH（1，1）模型的估计结果进行跨市场效应的统计，FTQ 表示安全性投资转移，结果如表 5-21 所示。

表 5-21 各国股票市场和债券市场间的跨市场效应

国家	法国	德国	英国	美国	中国	澳大利亚	加拿大	日本	意大利
欧美主权信用评级下调事件	FTQ	FTQ	FTQ	FTQ	—	FTQ	FTQ	FTQ	FTQ

由表 5-21 可知，中国市场上除常数项外各估计系数均不显著。但是其余八个国家基准期内股票市场和债券市场的关联系数均在 1%的水平下显著为正（法国的显著性水平为 5%），而事件期内均又呈现出了 1%水平下的显著负向改变，发生了安全性投资转移现象。说明欧美主权信用评级下调事件对全球经济来说有着巨大的溢出效应。由表 5-21 的统计结果可知在其影响下股票市场到债券市场的跨市场投资转移是一个普遍现象，这也进一步说明了经济事件（危机）期投资转移能够在一定程度上规避风险损失，增强市场的弹性进而维护市场的稳定性，也说明了当股票市场下跌时债券市场避风港的作用。

虽然除中国外的其余各国均发生了安全性投资转移现象，但是由事件期的变动系数 $W_{s\to b}r_sD$ 的估计结果可知，各国股票市场到债券市场间关联性的负向改变程度存在较大差别。其中，欧盟区的英国、德国、法国的负向改变程度较大，分别为−0.989 5、−0.988 0、−0.975 4。英国作为欧盟区的主要经济体国家，与欧盟有着密切的贸易往来和较高的经济利益融合度，是支撑欧盟发展的中坚力量。英国本身拥有庞大的金融业，其首都伦敦又是国际金融中心，所以欧美主权信用评级下调必然会引起自身和欧盟成员国金融市场的震荡。进而引起投资者情绪恐慌，避险情绪升温，资金流入国债等安全性较高的市场，发生安全性投资转移现象。

5.6　评级下调冲击下的行业间扩散路径分析

扩散期（2011/12/14-2012/6/14），由希腊引发的债务危机开始扩散到欧盟各国。2010 年 2 月，美国银行业在西班牙、葡萄牙、爱尔兰、希腊这几个国家的风险贷款为 1 760 亿美元。2010 年 5 月，德国实施金额为 224 亿欧元的援助希腊计划。2010 年 5 月，欧盟实施金额为 7 500 亿欧元的援助希腊计划。2011 年 7 月，欧元区领导人在欧洲峰会上对希腊援助达成一致，提供 1 000 亿欧元金额用于希腊政府的财政支出。截至 2012 年希腊政府赤字减少，债务危机有所缓解，欧洲各国经济开始缓慢恢复。

样本区间为 2011 年 12 月 14 日至 2012 年 6 月 14 日。希腊评级下调引起欧洲各国出现债务危机，从聚集性最明显的金融、服务、材料行业向其他行业扩散。在这一年多的时间里，欧洲各国及 IMF 等其他金融集团多次向希腊等国进行经济援助，稳定欧洲各国经济，各行业也从最开始的聚集性进一步扩散，形成新的均衡形态。因此，选取此样本区间的欧洲行业股指数据从波动溢出效应的角度分析行业的扩散效应，其中波动溢出效应参数估计分为 ARCH 项系数（冲击传导效应）、GARCH 项系数（波动传导效应）。验证两个行业是否存在直接的、动态的扩散效应，其估计系数的 ARCH 项和 GARCH 项必须都显著不为 0。例如，$a12$ 系数表示行业 1 对行业 2 股价的冲击传导系数，$b12$ 系数表示行业 2 对行业 1 股价的波动传导系数，若 $a12$、$b12$ 系数均显著，则可认为行业 1 对行业 2 有扩散效应。若 $a21$、$b21$ 系数也同时显著，则认为行业 2 对行业 1 也存在扩散效应，此时行业 1 和行业 2 是双向传导关系。

5.6.1　行业间单向传导效应

对样本区间的 10 个行业序列进行单位根检验以考察各序列在此期间的平稳性，结果显示各序列均为平稳序列，如表 5-22 所示，它们之间可能存在稳定的关系。

表 5-22 各行业序列平稳性检验

变量	检验形式	ADF 统计量	*P* 值	结论
材料	0，*c*	−19.422 7	0.000 0	平稳
公用	0，*c*	−20.603 6	0.000 0	平稳
金融	0，*c*	−18.457 5	0.000 0	平稳
电信	0，*c*	−18.882 9	0.000 0	平稳
工业	0，*c*	−18.526 0	0.000 0	平稳
科技	0，*c*	−19.406 8	0.000 0	平稳
能源	0，*c*	−19.473 8	0.000 0	平稳
服务	0，*c*	−18.934 4	0.000 0	平稳
消费品	0，*c*	−19.119 5	0.000 0	平稳
医疗	0，*c*	−19.107 2	0.000 0	平稳

注：①*c* 表示含截距，滞后阶数根据 AIC 信息准则确定；②ADF 检验采用麦金农（Mackinnon）值

使用 Johansen 检验来判断各行业股指收益是否存在协整关系。在 EViews7.0 中，根据各序列的走势图，认为协整方程包含截距项没有趋势项，序列存在明显的线性趋势。

由表 5-23 可知，在检验水平为 5%时，这 10 个行业指数之间存在协整关系，至少存在一个协整方程，这表明：一方面，各行业指数存在着某种长期而稳定的联系或均衡关系；另一方面，协整关系的存在是建立 VAR 模型的前提，避免了变量非平稳条件下而产生的“伪因果”问题。

表 5-23 Johansen 协整检验结果

协整关系检验	迹检验			最大特征值检验		
	Trace 统计量	5%的临界值	*P* 值	最大特征值统计量	5%的临界值	*P* 值
R=0	841.682 7	239.235 4	0.000 0	138.861 9	64.504 7	0.000 0

注：根据 AIC 确定的滞后阶为 1

为了更好地说明评级下调冲击下的行业间单项传导路径，采用拓扑网络结构和最小生成树刻画单项传导网络循环图。

（1）拓扑网络结构模型概述。

首先运用 *t*-Copula 函数找出行业间的相关系数。$R_{i,j}$ 表示行业 *i* 与行业 *j* 之间的相关性指标，本节使用欧洲各行业股票指数对数收益率来刻画各行业的景气程度，股票收益率具有非线性有偏、下尾相依等特性，时变 *t*-Copula 函数正好能精确刻画股票收益率序列的这种特性，因此，我们选用 *t*-Copula 函数求解金融市场之间的非线性相关性。即通过 *t*-Copula 函数计算出的相关系数值作为 $R_{i,j}$，其定

义如下所示。

$$C_t^{\rho,v}\left(F_1(x_1),\cdots,F_n(x_n)\right)=t_v^n\left(t_v^{-1}\left(F_1(x_1)\right),\cdots,t_v^{-1}\left(F_n(x_n)\right)\right) \tag{5-62}$$

其中，$t_v^n=\dfrac{\Gamma\left((v+1)/2\right)}{\sqrt{v\pi}\,\Gamma(v/2)}\left(1+t^2/v^{-(v+1)/2}\right)$，$\Gamma(z)=\int_0^{\infty}\dfrac{t^{z-1}}{e^t}d_t$，$t$（·）表示自由度为 v 的 t 分布的累积密度函数。对 t 分布的参数的时变结构用如下方程描述。

$$\rho_t=(1-\theta_1-\theta_2)\sigma+\theta_1\varphi_{t-1}+\theta_2\rho_{t-1},\theta_1+\theta_2\leqslant 1,\theta_1>0,\theta_2\geqslant 0 \tag{5-63}$$

由上，行业相关性指标 $R_{i,\,j}$ 的计算如下所示。

$$R_{i,j}=c\left(F_i(x_i),F_j(x_j)\right)=\frac{\partial^2 t_v\left(t_v^{-1}\left(F_i(x_i)\right),\cdots,t_v^{-1}\left(F_j(x_j)\right)\right)}{\partial x_i\partial x_j} \tag{5-64}$$

Eckel 等[121]和 Fernandez[133]在利用空间统计学，空间计量经济方法研究各个金融市场之间的空间相关性时，提出运用超度量空间理论，将各经济体股指相关系数作为经济距离的替代变量。

$$\begin{cases} d(x_i,x_j)\geqslant 0, d(x_i,x_j)=0 \Leftrightarrow i=j \\ d(x_i,x_j)=d(x_j,x_i) \\ d(x_i,x_j)\leqslant \max\left\{d(x_i,x_k),d(x_k,x_j)\right\} \end{cases}$$

$$d_{ij}=\sqrt{2\left(1-R_{ij}\right)} \tag{5-65}$$

（2）最小生成树与网络拓扑。

最小生成树是指在一个复杂系统中，n 个空间单元和 $n-1$ 条边（无回路下的最小权重和的边集合）形成的树结构。即假设存在无向图 G（V，E），其中 $V=\{v_1, v_2, \cdots, v_n\}$表示节点集，$E$ 表示无向边集，w（v，e）代表边 e 的权重，若存在 $T\subset E$，且无回路，使得 w（T）最小，则称 T 为 G 的最小生成树。

根据 AIC，选择滞后期为 1 进行 SVAR 回归，取其残差项，得到冲击项的拓扑网络循环图（图 5-13）。从中可以看出，YL1（医疗）只受到 GY1（公用）的影响，且没有对其他行业产生影响，KJ1（科技）只对 FW1（服务）造成影响，且没有受到其他行业产生的影响。GY2（工业）受到来自 JR1（金融）、GY1（公用）、NY1（能源）这 3 个行业的直接影响，同时对 CL1（材料）造成冲击。JR1（金融）受到 FW1（服务）的冲击，同时对 GY2（工业）造成冲击影响。FW1（服务）受到 KJ1（科技）和 XF1（消费品）的直接影响。由此可见，JR1（金融）、GY2（工业）、FW1（服务）、GY1（公用）这 4 个行业在行业间的单项传导上处于关键位置，是系统冲击的来源。XF1（消费品）与 JR1（金融）、GY1（公用）存在相关性，但没有明显的因果关系。CL1（材料）与 NY1（能源）也同样存在相关性但不具备明显的因果特征。

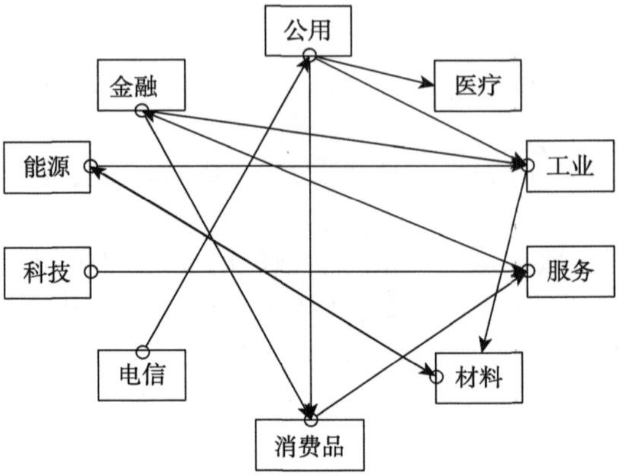

图 5-13 单项传导的网络循环图

方差分解可以进一步分析各变量相互影响冲击过程中的相对贡献度，我们通过对上一节行业间的冲击传导效应 SVAR 模型做方差分解，以此分析各行业在冲击扩散过程中的影响力度。基于图 5-13 给出的因果关系，进行方差分解，如表 5-24。这个表给出了每个行业波动由它自身及其他行业波动引起的份额，期限包括 1 周、4 周、8 周。

表 5-24 行业方差分解结果

期限	标准差	材料	公用	金融	电信	工业	科技	能源	服务	消费品	医疗
材料的方差分解											
1 周	0.04	86.60	0	0	0.89	8.95	0	3.56	0	0	0
4 周	0.09	90.20	0.03	0.02	0.04	2.89	0.03	3.90	1.23	0.88	0.78
8 周	0.23	93.47	1.23	1.20	0.50	2.80	0.05	0.06	0.12	0.25	0.32
公用的方差分解											
1 周	0.04	1.40	61.54	10.00	0	19.46	0	0.47	0.20	6.73	0.20
4 周	0.08	1.03	65.67	8.25	0.18	18.60	0.01	0.46	0.20	5.40	0.26
8 周	0.11	1.28	66.28	7.34	0.30	19.13	0	0.72	0.97	2.00	2.00
金融的方差分解											
1 周	0.04	5.39	1.88	57.42	0	26.01	0	0.36	2.20	4.80	1.94
4 周	0.08	6.32	1.00	60.70	0.07	23.75	0	0.77	2.00	5.00	0.39
8 周	0.11	6.55	0.80	61.11	0.10	23.72	0	0.70	2.10	4.00	1.01

续表

期限	标准差	材料	公用	金融	电信	工业	科技	能源	服务	消费品	医疗
电信的方差分解											
1 周	0.04	0	49.71	0	50.29	0	0	0	0	0	0
4 周	0.08	0.12	53.10	0.28	46.23	0.05	0.04	0.02	0.08	0.02	0.06
8 周	0.11	0.18	5325	0.35	45.85	0.08	0.05	0.01	0.11	0.01	0.10
工业的方差分解											
1 周	0.04	31.16	1.57	4.63	0.78	51.25	0.17	3.78	2.24	1.42	3.00
4 周	0.08	29.65	0.71	2.61	1.58	55.97	0.16	3.87	3.15	1.20	1.10
8 周	0.12	30.81	0.45	1.95	1.90	56.46	0.21	3.33	3.29	0.90	0.70
科技的方差分解											
1 周	0.04	42.86	1.14	1.04	0	1.16	34.08	3.89	11.74	4.20	0
4 周	0.08	46.68	0.41	2.74	0.33	1.54	32.93	3.49	9.89	2.00	0
8 周	0.12	46.91	0.25	3.09	0.44	1.10	33.19	3.01	9.80	2.20	0
能源的方差分解											
1 周	0.04	18.88	0	0	0	29.57	0	42.43	3.60	5.13	0.40
4 周	0.09	18.58	0.09	0	0	27.01	0	47.02	3.00	4.10	0.20
8 周	0.13	18.97	0.14	0.01	0.01	27.04	0	47.80	2.00	3.84	0.20
服务的方差分解											
1 周	0.04	18.80	0	17.02	0	0	0.20	0.80	53.16	10.02	0
4 周	0.08	19.46	0.11	16.37	0.04	0.08	0.01	0.90	59.92	3.10	0
8 周	0.11	16.40	0.22	17.05	0.12	0.15	0	0.70	60.64	4.63	0
消费品的方差分解											
1 周	0.04	13.52	4.20	17.52	5.60	2.30	0.99	0.20	10.30	45.29	0.08
4 周	0.07	11.20	2.50	20.20	5.30	1.50	1.02	0.09	8.30	48.20	1.69
8 周	0.09	11.59	2.49	19.53	6.01	1.56	1.34	0.11	7.50	48.60	1.27
医疗的方差分解											
1 周	0.05	5.20	5.90	4.68	6.30	0	0	0.72	8.20	5.10	63.90
4 周	0.08	7.60	3.99	5.68	6.30	0	0	0.85	6.01	3.58	65.99
8 周	0.13	8.20	4.26	6.32	5.23	0.08	0.01	0.53	9.35	2.98	63.04

从表 5-24 中的方差贡献率来看，其结果具有如下特征：

（1）在4周以后，方差分解的结果变动较小。由此可以看出，在欧洲行业股票指数中，希腊评级下调引发的欧洲危机对行业股指收益的影响一般持续 4 周左右。

（2）再观察整个样本期内，一个变量所解释的其他变量的波动份额并未随预测期的增加而发生大的变化。这表明欧洲股票市场的不同行业指数在预测其他行业指数变化时发挥的作用基本不变。其次，系统中各变量对其他变量的作用机制存在较大差异。其中材料、医疗这两个行业在短期（1 周）中分别能解释自身波动的 86.60%和 63.90%，长期（8 周）中分别能够解释自身波动的 93.47%、63.04%，并且这两个行业由其他行业解释的份额较小，因此在单项冲击的过程中，这两个行业相对稳定，其波动变化主要来自于自身前期的滞后效应。金融行业其波动主要来自于自身前期，但同时受到工业较大的影响，在波动贡献比例中由于工业的变动而引起的波动短期（1 周）达到 26.01%，并且服务、消费品行业对其均有不小的影响，解释的份额随预测期增加趋于上升。表明金融行业波动较大，与各行业联系紧密，单项传导效应明显。工业股指也有类似的现象，其自身前期的波动滞后效应能够解释 51.25%的份额，同时还受到材料行业 31.16%的影响，并且与金融、能源行业的冲击效应联系紧密。

（3）从方差分解的特征可以看出，各序列扩散过程中的冲击力度与自身行业属性较为相符，科技、医疗行业属于政府防御性行业其自身发展与其他行业关联性不大，同时公用事业行业受政府管控，因此相对其他行业，这三个行业受冲击力度较小，同时扩散过程中其贡献度也较小。而消费品行业最为显著，因其涉及必需品、电器、服务等多个领域，其发展受到大部分行业直接或间接的影响较大。

5.6.2 行业间双向传导效应

根据 5.6.1 小节对行业间的单项直接冲击传导效应的分析结果，进一步对行业间的双向传导进行分析：①关键行业（金融、工业、服务）进行双向分析；②考察分析结果中存在相关性但无明显因果关系的行业间波动溢出效应。此样本区间的欧洲行业股指数据从波动溢出效应的角度分析行业的扩散效应，其中波动溢出效应参数估计分为 ARCH 项系数（冲击传导效应）、GARCH 项系数（波动传导效应）。验证两个行业是否存在直接的、动态的扩散效应，其估计系数的 ARCH 项和 GARCH 项必须都显著不为 0。例如，$a12$ 系数表示行业 1 对行业 2 股价的冲击传导系数，$b12$ 系数表示行业 2 对行业 1 股价的波动传导系数，若 $a12$、$b12$ 系数均显著，则可认为行业 1 对行业 2 有扩散效应。若 $a21$、$b21$ 系数也同时显著，则认为行业 2 对行业 1 也存在扩散效应，此时行业 1 和行业 2 是双向传导关系。利用 BEKK（1，1）模型对样本区间的数据进行参数估计，得到如

表 5-25、表 5-26 的估计结果。

表 5-25　方差方程 BEKK（1，1）*a* 参数实证估计结果：冲击传导效应系数

参数	估计值	参数	估计值	参数	估计值	参数	估计值
*a*11	0.167 9	*a*63	0.085 9	*a*16	0.123 2	*a*68	0.071 6
*a*21	0.083 1	*a*73	0.086 8*	*a*26	0.098 9	*a*78	0.074 8
*a*31	0.088 5	*a*83	0.086 6*	*a*36	0.118 9	*a*88	0.077 3
*a*41	0.087 5	*a*93	0.083 7*	*a*46	0.104 4	*a*98	0.083 3*
*a*51	0.087 7*	*a*103	0.081 1	*a*56	0.151 2***	*a*108	0.050 9*
*a*61	0.088 0	*a*14	0.117 6*	*a*66	0.157 8	*a*19	0.083 9
*a*71	0.088 1*	*a*24	0.133 1	*a*76	0.086 7	*a*29	0.061 3
*a*81	0.087 9	*a*34	0.116 7***	*a*86	0.086 6	*a*39	0.054 9*
*a*91	0.084 9	*a*44	0.161 6	*a*96	0.081 2	*a*49	0.068 1
*a*101	0.082 2*	*a*54	0.085 5	*a*106	0.056 7	*a*59	0.090 1
*a*12	0.110 8	*a*64	0.085 6	*a*17	0.086 7*	*a*69	0.075 2
*a*22	0.156 2	*a*74	0.084 7	*a*27	0.095 1	*a*79	0.069 8
*a*32	0.082*	*a*84	0.085 4*	*a*37	0.082 3*	*a*89	0.060 4**
*a*42	0.081 0	*a*94	0.082 6	*a*47	0.074 5	*a*99	0.071 9
*a*52	0.081 2*	*a*104	0.080 0	*a*57	0.089 6*	*a*109	0.077 9
*a*62	0.081 5	*a*15	0.158 3**	*a*67	0.106 1	*a*110	0.075 5
*a*72	0.081 7	*a*25	0.151 2**	*a*77	0.132 8	*a*210	0.065 9
*a*82	0.081 5**	*a*35	0.155 9***	*a*87	0.088 2	*a*310	0.075 6
*a*92	0.078 7	*a*45	0.173 1	*a*97	0.084 7*	*a*410	0.078 8
*a*102	0.076 2	*a*55	0.254 5	*a*107	0.081 6*	*a*510	0.094 3**
*a*13	0.130 6	*a*65	0.085 9*	*a*18	0.082 5	*a*610	0.073 5
*a*23	0.109 6**	*a*75	0.085 7*	*a*28	0.077 6	*a*710	0.069 7
*a*33	0.143 1	*a*85	0.085 9	*a*38	0.086 2*	*a*810	0.086 5**
*a*43	0.086 2*	*a*95	0.083 0	*a*48	0.082 6*	*a*910	0.057 8
*a*53	0.086 3*	*a*105	0.080 3	*a*58	0.103 1	*a*1010	0.088 5**

***、**和*分别表示在 1%、5%和 10%的显著性水平下显著

表 5-26　方差方程 BEKK（1，1）*b* 参数实证估计结果：波动传导效应系数

参数	估计值	参数	估计值	参数	估计值	参数	估计值
*b*11	0.077 0	*b*41	0.003 1	*b*71	0.024 9**	*b*101	0.002 1
*b*21	0.002 9	*b*51	0.035 9**	*b*81	0.003 4	*b*12	0.107 0
*b*31	0.005 1	*b*61	0.004 4	*b*91	0.003 6	*b*22	0.148 6

续表

参数	估计值	参数	估计值	参数	估计值	参数	估计值
*b*32	0.586 5*	*b*54	0.005 8	*b*76	0.001 1	*b*98	0.222 8*
*b*42	0.002 4	*b*64	0.000 2	*b*86	0.001 1	*b*108	0.000 3
*b*52	0.021 2**	*b*74	0.000 3	*b*96	0.002 3	*b*19	0.096 5
*b*62	0.001 2	*b*84	0.000 1	*b*106	0.001 2	*b*29	0.134 0
*b*72	0.001 6	*b*94	−0.000 3	*b*17	0.066 2**	*b*39	0.110 5*
*b*82	0.000 9	*b*104	−0.000 4	*b*27	0.092 0	*b*49	0.099 7
*b*92	0.001 0	*b*15	0.102 7*	*b*37	0.075 9	*b*59	0.128 7
*b*102	0.002 9	*b*25	0.142 7*	*b*47	0.068 4	*b*69	0.078 0
*b*13	0.088 2	*b*35	0.117 7	*b*57	0.188 3*	*b*79	0.083 0
*b*23	0.122 5*	*b*45	0.106 1	*b*67	0.053 6	*b*89	0.132 6*
*b*33	0.101 1	*b*55	0.137 0	*b*77	0.057 0	*b*99	0.120 9
*b*43	0.000 7	*b*65	0.093 4**	*b*87	0.001 2	*b*109	0.003 7
*b*53	0.121 3*	*b*75	0.390 3	*b*97	0.002 7	*b*110	0.069 2
*b*63	0.001 3	*b*85	−0.000 2	*b*107	0.390 3	*b*210	0.096 1
*b*73	0.000 8	*b*95	0.000 3	*b*18	0.105 9	*b*310	0.079 3
*b*83	0.209 3*	*b*105	0.002 2	*b*28	0.147 1	*b*410	0.071 5
*b*93	0.181 5*	*b*16	0.062 3	*b*38	0.121 3*	*b*510	0.092 3
*b*103	0.000 2	*b*26	0.086 5	*b*48	0.109 4**	*b*610	0.056 0
*b*14	0.079 6***	*b*36	0.071 4	*b*58	0.141 2	*b*710	0.059 5
*b*24	0.110 5	*b*46	6.064 4	*b*68	0.085 6	*b*810	0.095 2**
*b*34	0.091 2	*b*56	0.033 1	*b*78	0.091 1	*b*910	0.086 7
*b*44	0.082 2	*b*66	0.059 4	*b*88	0.145 6	*b*1010	0.062 2

***、**和*分别表示在 1%、5%和 10%的显著性水平下显著

剔除表 5-25、表 5-26 的估计结果中不显著的数据，整理为行业间股价的传导系数，见表 5-27。

表 5-27　行业间扩散效应系数

项目		材料	公用	金融	电信	工业	科技	能源	服务	消费品	医疗
材料	a（1n）										
	b（1n）										
	a（n1）										
	b（n1）										
公用	a（2n）										
	b（2n）										
	a（n2）										
	b（n2）										

续表

项目		材料	公用	金融	电信	工业	科技	能源	服务	消费品	医疗
金融	a（3n）		0.082*								
	b（3n）		0.586 5*								
	b（n3）		0.109 6**								
	b（n3）		0.122 5*								
电信	a（4n）			0.086 2*							
	b（4n）										
	b（n4）	0.117 6*		0.116 7***							
	b（n4）	0.079 6**									
工业	a（5n）	0.087 7*	0.081 2*	0.086 3*							
	b（5n）	0.035 9**	0.021 2**	0.121 3*							
	b（n5）	0.158 3**	0.151 2**	0.155 9**							
	b（n5）	0.102 7*	0.142 7*	0.117 7*							
科技	a（6n）					0.085 9*					
	b（6n）					0.093 4**					
	b（n6）					0.151 2***					
	b（n6）										
能源	a（7n）	0.088 1*		0.086 8*		0.085 7*					
	b（7n）	0.024 9**									
	b（n7）	0.086 7*		0.082 3*		0.089 6*					
	b（n7）	0.066 2**				0.188 3*					
服务	a（8n）	0.087 9*	0.081 5**	0.086 6*	0.085 1*						
	b（8n）			0.209 3*							
	b（n8）			0.086 2*	0.082 6*						
	b（n8）			0.121 3*	0.109 1**						
消费品	a（9n）			0.083 7*				0.081 7*	0.063 3*		
	b（9n）			0.181 5*					0.222 8*		
	b（n9）			0.061 9*					0.060 1**		
	b（n9）			0.110 5*					0.132 6*		
医疗	a（10n）	0.082 2*						0.081 6*	0.080 9*		0.0895**
	b（10n）										
	b（n10）					0.091 3**			0.056 5**		
	b（n10）								0.095 2**		

***、**和*分别表示在 1%、5%和 10%的显著性水平下显著

纵观整个传导系数，科技和医疗行业股价较为稳定，受到或造成的传导效应最少，而金融、工业、服务、材料是扩散路径中的重要节点。可以发现，金融行业与工业、公用、消费品、服务这 4 个行业均有冲击传导效应，并且都是双向的；工业与材料、金融、公用这 3 个行业存在双向传导关系，受到科技行业的传导效应，并且直接对能源行业造成传导效应；服务行业与金融、消费品行业存在

双向传导关系，受到电信行业的直接影响，并对医疗行业造成传导效应。

5.6.3 评级下调冲击下的行业间动态扩散路径

根据行业间的单向、双向传导结果总体来看，在2009年12月债务危机爆发之后，金融行业股指、工业股指及服务行业股指的动态相关性出现了明显上升的趋势，在这个阶段相关系数最高在0.79左右；随后的下降趋势中，最低达到-0.4。结合前面的实证结果，可以说明在欧洲债务危机之后的一段时间内，各行业间的相互关联度依然很高，且逐步稳定，行业间的风险传染在一段时间的扩散期后逐步形成了新的均衡稳定状态。这表明，希腊债务危机冲击从虚拟经济行业开始，然后冲击其他行业，产生了明显的风险传染。再进一步观察可以看到，金融、工业这两个行业的股指一直高于其他行业的波动系数，且在2010年12月达到最高点，在这之前各行业波动率依旧有起有伏，表明欧洲债务危机的冲击效应在很长一段时间内不断扩散且相互影响，这种“羊群效应”也是推动风险传染及投资转移的重要因素之一。在2010年12月之后，金融行业股指与其他行业股指的相关系数逐渐回落，虽然有再次升高阶段，但都没超过之前的最高点，表明新的均衡已经形成，各行业趋于稳定。

根据行业间的传导系数可以确定哪些行业间存在直接的传导效应，单向或双向传导。通过前两节的实证研究，可以发现金融行业在欧洲债务危机爆发后首当其冲，最先受到影响，因此以金融行业为起点，并且在第一期就对消费品、服务、工业、公用这4个行业造成直接冲击，根据表5-27的估计结果，将其绘制成动态扩散路径图，如图5-14所示。

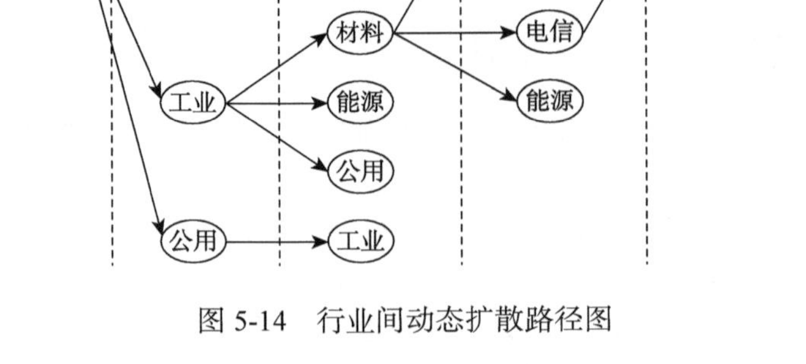

图5-14 行业间动态扩散路径图

由行业的扩散路径图可知：①由聚集性最明显的金融、工业、服务行业开始向其他行业扩散的一年期中，金融、工业仍然处于扩散路径的中心节点位置。金融行业会对消费品、服务、工业、公用这 4 个行业的下一期股价造成冲击。而工业会对下一期的材料、能源、公用行业股价造成冲击。服务行业会对下一期医疗行业造成影响，同时受到电信行业的冲击，并且与消费品行业存在着双向传导的关系。②工业在扩散路径图中与 5 个行业存在传导关系，处于极其重要的位置，其中与材料、金融、公用行业存在双向传导关系，并且受到科技行业的影响，同时对能源行业有传导关系。③医疗、科技、电信行业在整个扩散过程中受到的冲击较少，处于较为稳定的位置。

5.6.4　评级下调冲击下的关键行业扩散路径分析

进一步对金融、工业、服务这 3 个关键节点的冲击传导效应进行分析，找出其直接和间接的扩散路径，如图 5-15、图 5-16、图 5-17 所示。

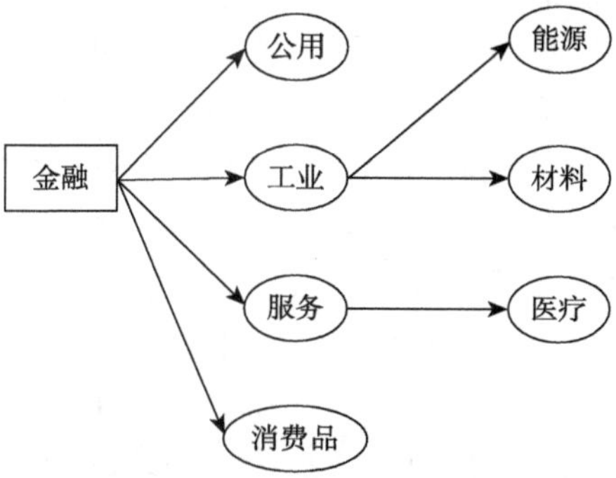

图 5-15　金融行业股价扩散路径图

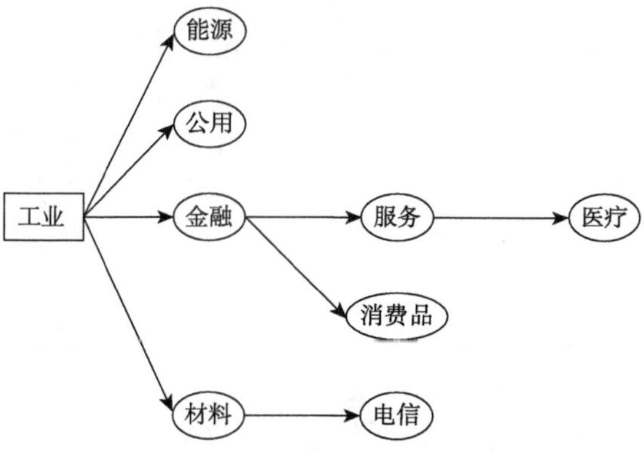

图 5-16　工业股价扩散路径图

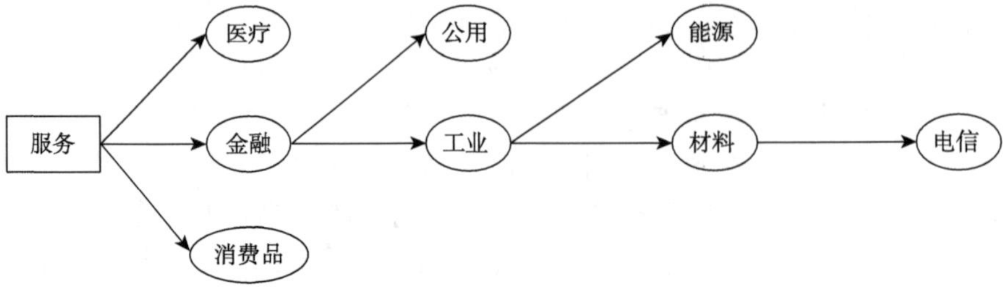

图 5-17　服务行业股价扩散路径图

从金融行业股价扩散路径图可知，金融行业对其他行业的冲击传导主要是纵向的，对公用、工业、服务、消费品这 4 个行业造成直接的冲击效应，而对能源、材料、医疗行业造成间接的冲击效应。欧洲债务危机爆发后，金融行业首当其冲，银行出现流动性紧张，股价重挫，信用风险上升，融资成本上升等问题。由于金融行业的低迷，经济萧条，使得国民消费能力减弱，服务业大幅波动，工业减产，政府减少公用事业投资，因此对多个行业造成直接或间接的冲击效应，其股价波动最为明显，是整个危机扩散路径最关键的节点。

工业股价扩散路径显示，工业主要形成纵向的冲击路线，对能源、公用、金融、材料 4 个行业造成直接的冲击效应，并通过金融行业对服务、消费品、医疗这 3 个行业造成冲击，通过材料对电信行业造成冲击。在 2009 年希腊评级下调引发欧洲债务危机的最初 3 个月里，由前文的实证结果可知，工业并未表现出明显的聚集性，这是因为欧盟大部分成员国或多或少存在“去工业化”现象。据欧盟统计局的数据，从 1996 年到 2007 年，工业占欧盟 GDP 的比重从 21%降至 18%，工业部门吸收的就业人数从 20.9%降至 17.9%。由于“去工业化”的趋势，使得欧盟国家过分注重虚拟经济，轻视实体经济，导致经济与产业结构的整体失衡，后果是爆发于虚拟经济的危机重创了实体经济。欧盟内部受国际金融危机影响严重、复苏缓慢且又爆发主权债务危机的多个成员国，虽然个体差异较大，但都是“去工业化”相对严重的国家。而欧洲债务危机也推动了欧盟及其成员国对实体经济与虚拟经济关系的重新审视，在欧洲债务危机爆发后，制造业的地位再次受到重视，多个欧盟成员国都提出要“再工业化”。欧盟委员会 2009 年提出了欧盟工业政策的方向与目标，并启动了以下方案：2009 年成立欧洲研究理事会；2010 年建立欧洲创新技术学院；实施联合技术倡议，研发如卫星监测环境与地球安全、微电子工艺燃料电池、药物创新等技术与工艺，以此提升“再工业化”进程。因此，从工业股价波动的扩散路径可以发现，“再工业化”的效用开始加强，工业和其他行业的影响度加强，从最开始的聚集性不明显到后期的关键性节点。

服务行业股价扩散路径显示，服务业形成横向的冲击路径，对医疗、金融、消费品行业造成直接冲击，然后通过金融行业对工业、材料、公用、能源、电信多个行业造成间接的冲击效应。欧盟国家在“去工业化”的几十年中，服务业比重不断上升，如 1970 年西班牙工业和能源产业占 GDP 的比例为 34%，服务业占 46.3%，而到 2010 年，这一比例分别为 15.6%和 71.6%。服务业的大力发展一方面得益于经济的快速增长，同时也使其与其他行业的联系更为紧密。欧洲债务危机爆发后，金融业最先受到冲击，服务业股价随即出现波动，并反向对金融业造成冲击效应，并由此对多个行业造成间接的冲击效应。

5.7 广义多维经济空间溢出路径

美国次贷危机和欧洲债务危机迅速传染到全球各地，表现出金融风险溢出渠道多元化等新特征，对于金融溢出机制和路径的研究也引起国内外学者的广泛关注。已有研究表明金融危机的主要通过实体经济和虚拟经济两种溢出路径[75~78]。实体经济溢出路径主要以贸易渠道为主，指两经济体之间以直接的商品贸易关系和投资等经济活动为基础的溢出路径，当某一经济体危机时，通过相关资产的贬值和进出口额度变化，对与其贸易关系紧密的经济体市场产生冲击，进而导致多个经济发生危机。虚拟经济溢出路径主要以金融资本渠道为主，指通过以金融市场（如股票市场、债券市场、信贷市场等）为依托的跨国经济活动（如去杠杆、资产负债再平衡等运作模式或则信息不对称、“羊群效应”等投资行为）导致危机在多个经济之间溢出与传播[75]。随着经济全球化发展，国内外学者开始采用全局空间的视角，从多维角度研究金融危机风险溢出路径[130，131]。

国内外学者对金融危机风险溢出的研究主要集中在风险溢出渠道和方式上，大量研究发现危机主要通过实体经济和虚拟经济传染，具体包括贸易、投资、债券市场、股票市场、信贷市场等渠道。尽管如此，目前对金融传染方式的研究在以下两方面还不够深入。一方面，目前研究发现的贸易、信贷等渠道仅仅从金融危机风险溢出的外在可观方式的直接刻画，它们并没有表明引发危机风险溢出的内在路径，忽略了间接关系性溢出路径。如果从信用理论角度分析，各金融市场间的投资买卖等经济行为实质上都是一种信用行为，它们都处在授信主体—信用—受信主体的关系中，任意一方主体出现危机，或受到了危机的冲击，出现自身信用收缩时，另一方信用主体必然也会出现一定的信用收缩，亦受到危机的影响，从风险溢出的角度看，这就发生了金融危机风险溢出。同时，这种关系会无限延伸，授信主体与受信主体间还存在角色的转化，从而形成一种关系网络。当关系网络中的任意一方出现影响其信用行为时，犹如神经网络中的刺激传递性，整个网络中的信用就会发生变化，即金融危机风险具有关系性溢出路径。假设存在 A、B、C、D 四国，其中 A—B、A—C、B—D、C—D 之间存在直接的投资贸易等经济行为，但 A—D 之间不存在直接的经济行为。如果某一时刻 A 率先爆发金融危机，则由 A—B、A—C 之间的主体双向性风险溢出，B、C 必然会出现信用收缩，这种收缩还会通过 B—D、C—D 之间的主体双向性溢出导致 D 也出现信用收缩传染。最终 B、C、D 都爆发金融危机。则 B、C 爆发金融危机是由信用的主体双向性风险溢出导致 D 爆发金融危机则是信用的主体双向性风险溢出和信用的关系性溢出合力的结果。上述复杂的金融危机风险溢出关系如图 5-18 所示。另一方面，目前国内外学者对金融风险溢出路径及方式的研究中，缺乏对经济体区域间相互影响的刻画，缺乏对金融危机风险溢出过程中的时效空间相关性考虑。各个经济体在空间上的相互影响和风险溢出是通过区域市场间的依赖性得以实现，在挖掘金融风险溢出路径及其空间效应时，空间计量经济模型中的权重矩阵正好起到对这一过程的传载作用。

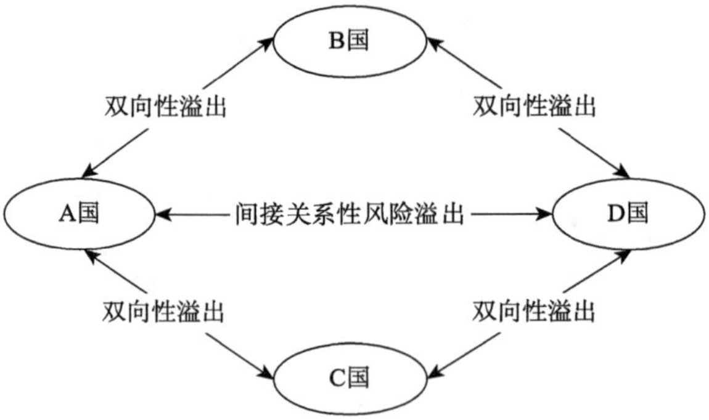

图 5-18　金融危机风险溢出关系图

本节在建立的广义多维经济空间理论下，尝试将金融危机风险溢出路径指标作为动态参数引入新的引力空间权重矩阵结构中，并基于不同空间效应构建空间权重矩阵，建立空间自回归面板模型和空间误差修正面板模型；采用 *t*-Copula 技术刻画金融市场复杂的非线性结构，定义 Copula 传染指数作为被解释变量，实证检验在广义多维经济空间下，金融危机风险的空间溢出路径。

5.7.1　Copula 传染指数定义

Forbes 和 Rigobon 研究发现金融危机爆发后，经济体之间的关联性显著增强，更易加剧危机的蔓延[127]。目前，国内外学者大多利用金融市场之间的相关性指标作为研究金融传染的工具，诸如 Pearson'ρ 及 Kendall's τ 等线性相关指标，研究表明它们在刻画金融市场间这种非线性相关性时不再有效，传统的相关性指数忽略了数据的非线性、有偏、尾部相依等特性。

接下来我们检验传统相关系数在金融传染实证研究中的不足。2009 年爆发的欧洲债务危机的爆发源，国内外学者公认为是全球三大评级机构下调希腊主权信用评级的金融事件。基于此，本书将希腊 ASE 指数作为研究基准，考察对其他 35 个经济体的空间传染效应。我们采用长度为 20 天的平滑窗口，除欧洲区域经济体外，其他经济体采用滞后一天的股指对数收益率与希腊 ASE 当日股指收益率相对应，求解希腊股指与其他 35 个经济体股票指数之间的线性 Pearson 动态相关系数波动序列。图 5-19 为从 35 个全球经济体抽取出来的具有代表性的 10 个经济体与希腊 ASE 股指之间 Pearson 动态相关系数波动序列。

（a）

（b）

（c）

希腊—法国
相关系数
1
0.5
0
−0.5
2008年12月
2009年12月
2010年12月
2011年12月
2012年12月
2013年12月
时间

（d）

希腊—德国
相关系数
1
0.5
0
−0.5
2008年12月
2009年12月
2010年12月
2011年12月
2012年12月
2013年12月
时间

（e）

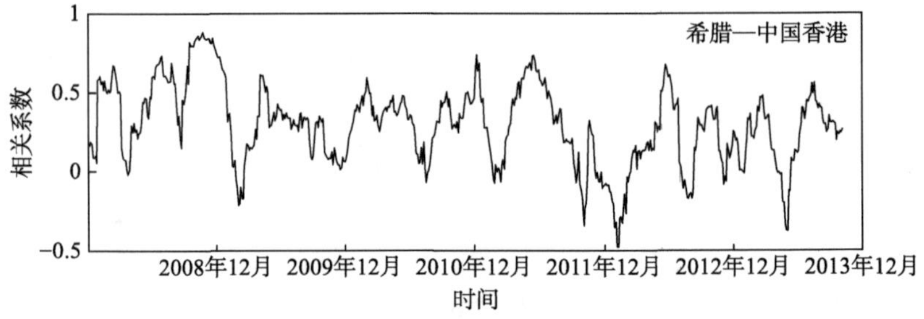
希腊—中国香港
相关系数
1
0.5
0
−0.5
2008年12月
2009年12月
2010年12月
2011年12月
2012年12月
2013年12月
时间

（f）

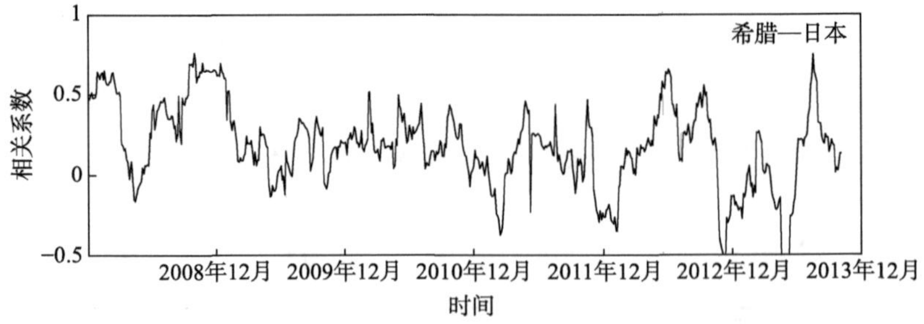
希腊—日本
相关系数
1
0.5
0
−0.5
2008年12月
2009年12月
2010年12月
2011年12月
2012年12月
2013年12月
时间

（g）

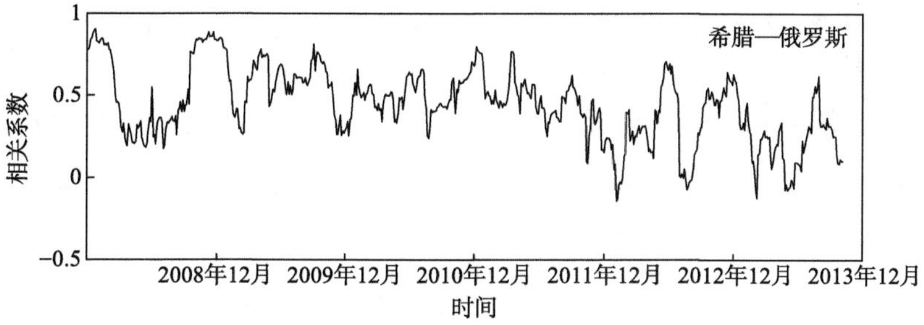

（h）

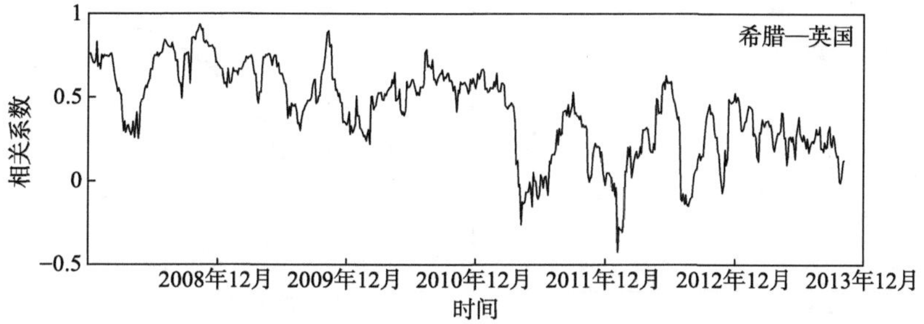

（i）

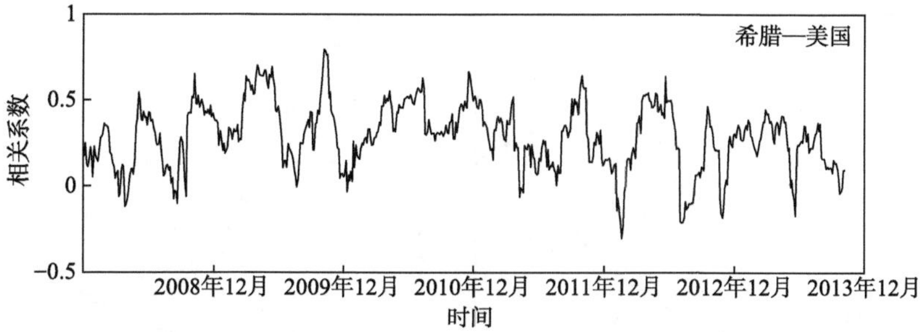

（j）

图 5-19　希腊 ASE 指数与其他 10 个经济体股票指数的线性 Pearson 动态相关系数

在图 5-20 中，分别表示澳大利亚、中国、西班牙、法国、德国、中国香港、日本、俄罗斯、英国、美国等 10 个经济体。在样本区间 2008 年 1 月 1 日至 2013 年 12 月 31 日，较大的金融事件包括：2008 年 9 月 15 日雷曼兄弟宣告破产，对欧洲及希腊形成巨大冲击；2009 年 12 月 8 日惠誉评级机构下调希腊信贷评级；2011 年 3 月 7 日，评级机构继续下调希腊信贷评级，金融危机恶化；2013 年 1 月 10 日欧洲债务危机放缓并持续。在这些金融事件点，Pearson's ρ 动态波动系列较少有异常波动，即曲线在相应时间点没有明显的跳跃特征。然而，根据国内现有研究成果，不同经济体的金融市场在全球某个金融市场爆发危机后，相关性都会引起显著升高。因此，线性 Pearson's ρ 对突发金融事件不再敏感，无法有效刻画金融危机风险引起的全球各经济体之间相关性的异常波动。

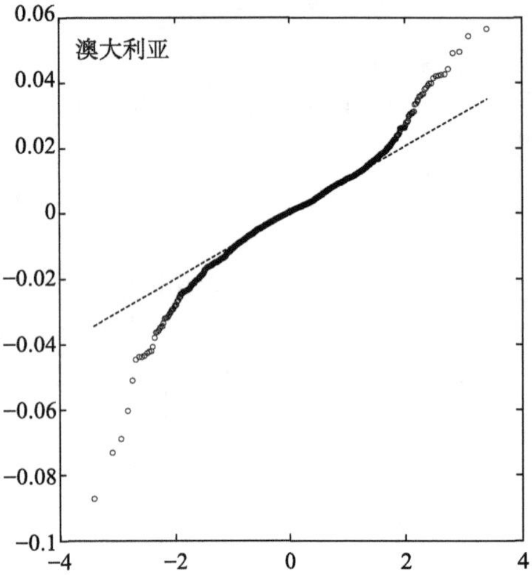

（a）

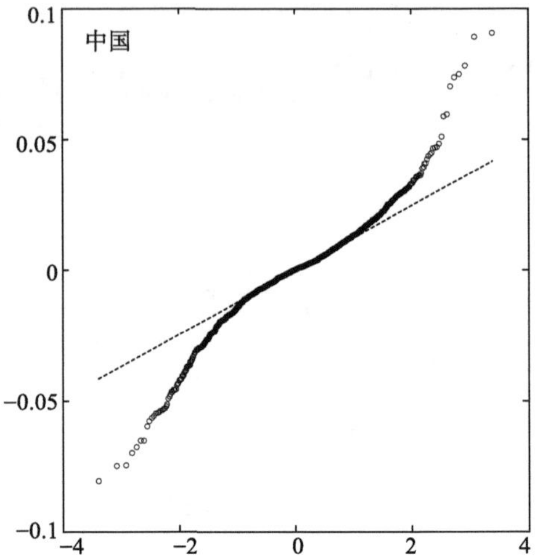

（b）

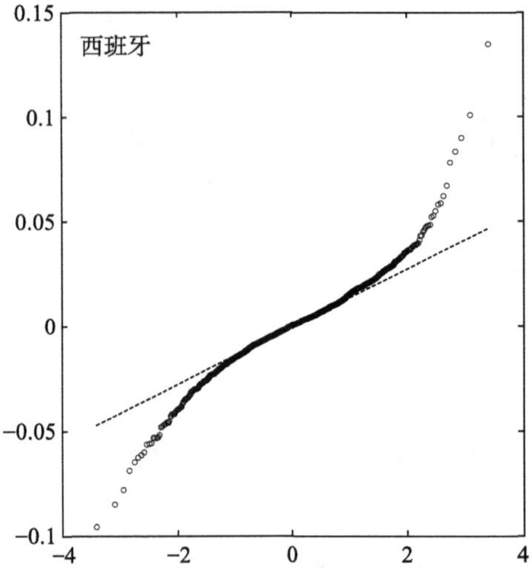

（c）

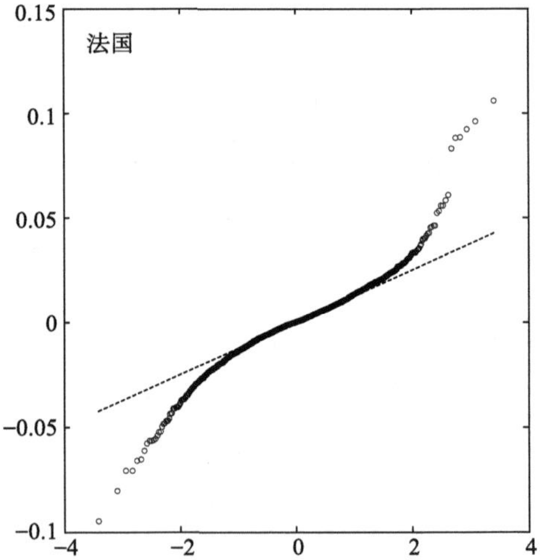

（d）

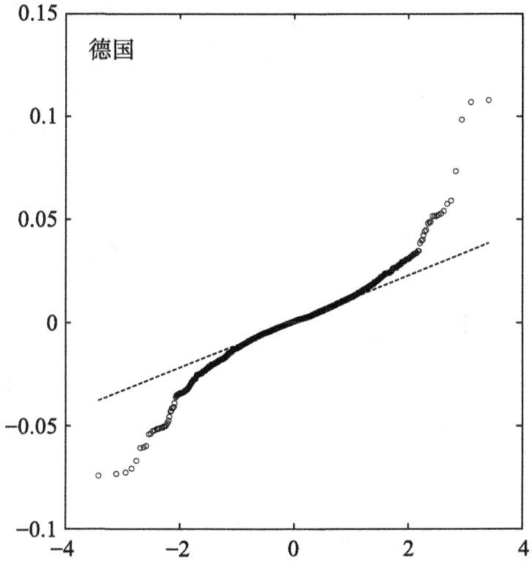
德国
0.15
0.1
0.05
0
−0.05
−0.1
−4
−2
0
2
4

（e）

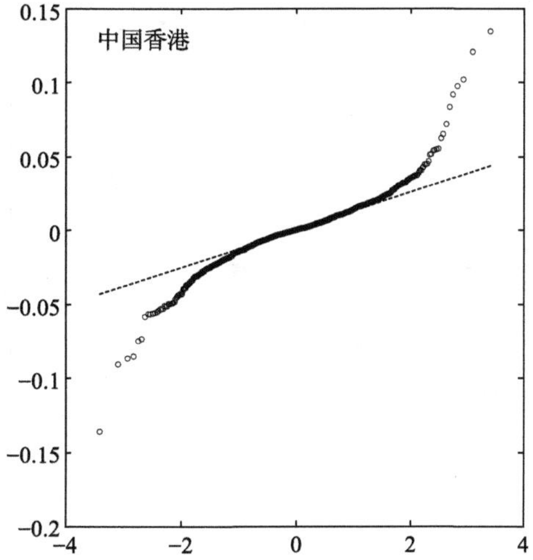
中国香港
0.15
0.1
0.05
0
−0.05
−0.1
−0.15
−0.2
−4
−2
0
2
4

（f）

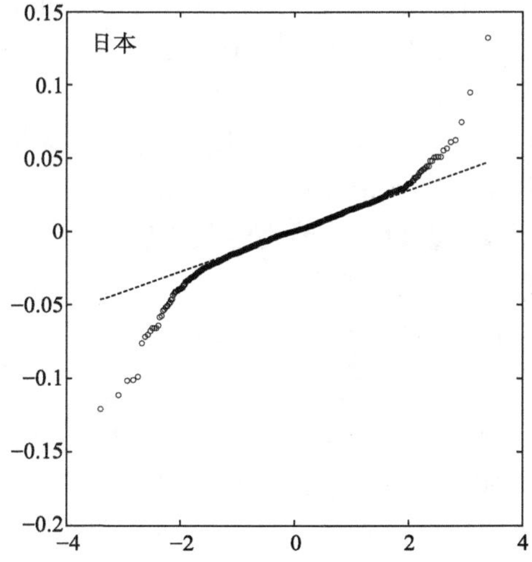
日本
0.15
0.1
0.05
0
−0.05
−0.1
−0.15
−0.2
−4
−2
0
2
4

（g）

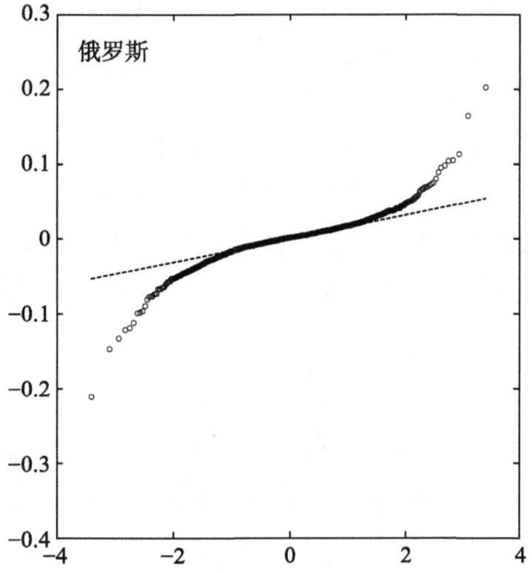
俄罗斯
0.3
0.2
0.1
0
−0.1
−0.2
−0.3
−0.4
−4
−2
0
2
4

（h）

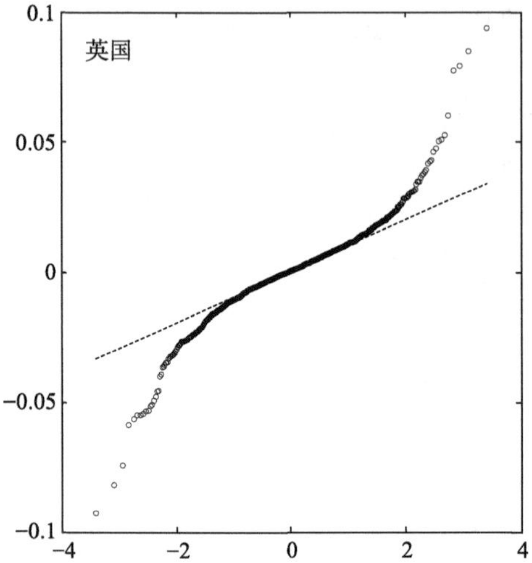

（i）

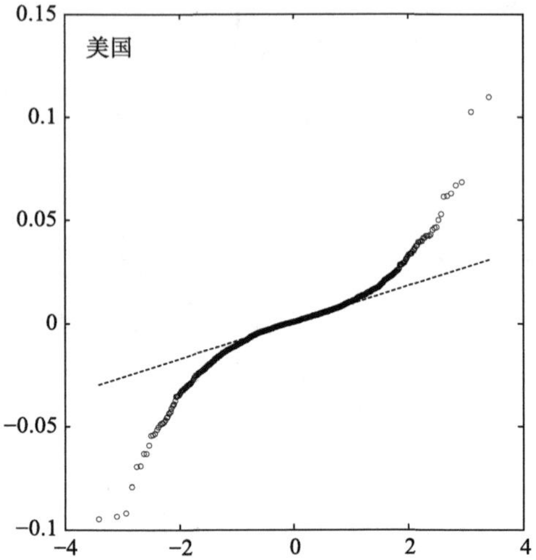

（j）

图 5-20　股指对数收益正态分布检验 Q-Q 图

根据图 5-20，全球主要 10 个经济体的重要股指对数收益率分布与标准正态分布明显存在差异，用正态分布假设刻画各股指收益率分布是不合理的。因此，在样本区间内，各经济体股指具有明显的非线性有偏和下尾相依特性。为了弥补传统相关性指标的不足，Rodriguez 提出将 Copula 函数用于度量金融传染[164]。在此基础上，Cheng 等提出 Copula 传染指数（Copula contagious index，CCI），比传统的线性相关系数更能适应的反应金融市场间的非线性相关性[165]。

定义两金融市场之间的 Copula 传染指数的形式如下：

$$\mathrm{CCI}=c\left(F_1\left(x_1\right),F_2\left(x_2\right)\right)=\frac{\partial^2 t_v\left(t_v^{-1}\left(F_1\left(x_1\right)\right),t_v^{-1}\left(F_2\left(x_2\right)\right)\right)}{\partial x_1 \partial x_2} \qquad (5\text{-}66)$$

其中，两金融市场之间的 Copula 联合密度函数采用 TVC t-Copula 密度函数，时变自由度 t-Copula 密度函数正好能够精确地刻画收益率数据的非线性有偏、下尾相依等特点。

5.7.2　空间溢出路径实证分析

以欧洲债务危机为背景的实证分析过程数据说明：

（1）求解 Copula 传染指数所用数据选取全球 36 个代表性经济体的重要股指对数收益率刻画各个金融市场的景气程度，数据主要来源于 Wind 数据库，表 5-28 和表 5-29 分别为样本中欧洲地区和非欧洲地区代表性的 10 个经济体股指对数收益率的描述性统计结果。

表 5-28　欧洲地区股指对数收益率统计描述

变量	德国	西班牙	法国	希腊	英国
平均值	−0.001 00	−0.000 28	−0.000 17	0.000 11	$2.919\,4\times10^{-5}$
中间值	−0.000 56	$3.684\,2\times10^{-5}$	$9.762\,2\times10^{-5}$	0.000 70	0.000 28
最大值	0.134 31	0.134 84	0.105 95	0.107 98	0.093 84
最小值	−0.102 14	−0.095 86	−0.094 72	−0.074 33	−0.092 66
标准差	0.022 74	0.018 22	0.017 03	0.016 18	0.014 22
偏度	0.094 62	0.204 99	0.117 03	0.104 20	−0.090 85
峰度	2.017 62	4.808 49	5.241 62	5.714 23	6.892 82
J-B 检验	253.1***	1 474.6***	1 750.1***	2 063.2***	2 980.0***
观察值	1 495	1 532	1 538	1 528	1 516

***表示在 1%的水平下显著

表 5-29　非欧洲地区股指对数收益率统计描述

变量	澳大利亚	美国	日本	中国	中国香港
平均值	−0.000 11	0.000 15	$4.233\,2\times10^{-5}$	−0.000 63	−0.000 12
中间值	0.000 28	0.000 79	0.000 59	0.000 14	0.000 18
最大值	0.052 68	0.109 57	0.132 35	0.090 34	0.134 07
最小值	−0.087 04	−0.094 70	−0.121 11	−0.080 44	−0.135 82
标准差	0.012 97	0.015 42	0.018 08	0.017 31	0.018 56
偏度	−0.383 31	−0.284 87	−0.565 27	−0.167 78	0.104 81
峰度	4.135 85	8.221 21	7.415 56	3.544 90	7.986 37
J-B 检验	1 110.6***	4 243.5***	3 422.1***	763.1***	3 905.5***
观察值	1 519	1 511	1 471	1 457	1 480

***表示在 1%的水平下显著

（2）引力空间权重相关指标计算所使用数据说明：各经济体之间的贸易总额来源于 IMF 在 2008~2013 年统计数据；各经济体外商直接投资和对外投资额外商直接投资总额（金融项目）来源于各国统计局官网 2008~2013 年的数据；求解引力空间权重矩阵的投资吸引力指标的各国宏观经济数据主要来源于中经网统计数据库和 Wind 数据库。

（3）各经济体宏观经济指标数据主要来源于 Wind 数据库和 OECD，样本采用欧洲债务危机前后 24 个季度（2008 年第 1 季度—2013 年第 4 季度）的季度数据。在利用空间计量面板模型实证分析中，由于解释变量均为季度数据，将 Copula 传染指数的季度日平均作为季度传染指数与宏观变量相对应。

根据表 5-28 和表 5-29 的统计描述结果：全球代表性的 10 个经济体股指收益率均比较小，其中 6 个都为负值，表明在样本时间区间内，全球金融市场受到金融危机冲击，股票市场都不景气，同时，希腊 ASE 股票指数的平均收益最小，说明在欧洲债务危机期间，希腊金融市场受金融危机影响最大。偏度检验结果都明显不等于 0，表明全球股票指数都存在后尾特性，欧洲地区股指收益率大多都为正偏，表明市场处于较严重的负收益状态。J-B 检验统计结果都通过 *P* 值检验，说明样本显著拒接原假设，表明全球股指对数收益率不服从标准正态分布。因此本课题利用 Copula 传染指数刻画欧洲债务危机对全球金融市场冲击的空间效应是可行的、必要的。

1. 被解释变量

用非线性 Copula 传染指数作为被解释变量。国内外学者都认为 2009 年 12 月 8 日惠誉评级机构下调希腊信贷评级是欧洲债务危机的爆发源。因此，在实证中以希腊 ASE 指数作为研究对象，考虑对其他 35 个国家或地区重要股指的金融风险空间溢出效应。在求解两金融市场之间的 Copula 传染指数时，将其他经济体重要股指（除欧洲外）滞后一天股指对数收益率与希腊 ASE 当日对数收益率相对应，以 20 天为平滑窗口，计算 Copula 传染指数动态序列。

2. 解释变量

（1）资本流动。

历次金融危机都会引发国际资本在各个经济体之间大规模转移，形成对金融市场及实体经济的冲击，引起大幅波动，由此资本流动是本书考察的对象之一。鉴于数据的可获取性，本章将 FDI 的流入和流出绝对值的和占现价 GDP 的比重作为资本流动的替代变量，用 Cflow 表示。即

$$\mathrm{Cflow}=\frac{|\mathrm{FDI\_in}|+|\mathrm{FDI\_out}|}{\mathrm{GDP}}\times 100\% \tag{5-67}$$

（2）汇率。

汇率在国际贸易中起到调节杠杆的作用，直接关系到各经济体的商品在国际市场上的竞争力。本节将各个经济体本币对美元日度数据季度平均值环比变化率作为汇率的代理变量，用 Exchange 表示。

（3）通货膨胀。

通货膨胀水平实质是社会总需求大于社会总供给，通常会导致投资的不确定性，如果一个经济体的通货膨胀率高于与其贸易的经济体，该经济体消费者可能

会青睐于本经济体外的商品，同时出口额也会降低，在其他因素不变的条件下，其经常账户余额将会减少。相反，如果该经济体通货膨胀率低于与其贸易的其他经济体时，它的经常账户余额将会增加。衡量通货膨胀水平的价格指数一般包括消费价格指数、生产者价格指数、GDP 价格折算指数。本书选取消费者价格指数 CPI 作为衡量通货膨胀率的替代变量，用 CPI 表示。

（4）流动风险。

流动性风险在金融传染的刻画中极为关键。在国内外学者前期研究中，通常使用各个经济体股指总交易量与买卖息差的复合指标刻画，如 Amivest 比率、Amihud 比率及 Martin 比率等。但是由数据的可获取性，本章只能将经济体各大股指交易量经过后续处理作为流动性风险的替代变量，根据日交易量求得季度日平均交易量，然后对其对数化处理，用 Liqu 表示。

（5）金融市场开放度。

本书希望通过实证检验本次金融危机传染路径，同时检验经济体遭受金融危机冲击的概率与其市场开放度之间的关联性。我们选取由《华尔街日报》和美国传统基金会发布的经济自由度指数中的金融业与银行业自由度指数作为体金融市场自由度的替代变量，它包括政府对银行业和其他金融服务的管制程度及对信贷资金分配的影响大小等指标。我们对指数取对数并作季度化处理，用 Ffree 作为金融市场自由度的变量符号。

（6）信用风险。

对经济体信用评级的调整，通常会引发国际资本在不同经济体间的大规模异常流动。欧洲债务危机的源头就是评级机构对希腊主权信用评级的下调引起的一系列连锁反应。本章将各个经济体的主权信用等级作为信用风险的替代变量。在此以标准普尔为基准，将主权信用等级以此划分为 AAA、AA+、AA、AA−、A+、A、A−、BBB+、BBB、BBB−、BB+、BB、BB−、B+、B、B−、CCC+、CCC、CCC−。

本章使用数据为标准普尔 2014 年公布的各个经济体近几年信用等级调整情况。在数据定量转换方面沿用以前学者的处理方式，用 1~19 分别表示由低到高的信用等级。为了使定量结果与实际经济情况更为接近，本章对其进行对数转换处理，用 R 表示一个经济体的主权评级，$R \in [0,\ 1]$，其中 0 和 1 分别代表最低和最高的信用等级。即

$$R = \frac{e^{\beta X}}{1 + e^{\beta X}} \tag{5-68}$$

其中，向量 $\boldsymbol{X}$ 表示解释变量，向量 $\boldsymbol{\beta}$ 表示系数，对数转换公式如式（5-69）所示：

$$L_i = \ln \frac{R_i}{(1 - R_i)} = \boldsymbol{\beta X} \tag{5-69}$$

其中，L_i 为各个经济体的主权信用等级的对数转换值。本节用 Credit 作为信用风险变量的符号，结果如表 5-30 所示。

表 5-30 信用风险对数变换结果

S&P	CCC−	CCC	CCC+	B−	B	B+	BB−	BB	BB+	BBB−
线性变换	1	2	3	4	5	6	7	8	9	10
对数变换	−2.944	−2.197	−1.735	−1.386	−1.099	−0.847	−0.619	−0.405	−0.201	0
S&P	BBB	BBB+	A−	A	A+	AA−	AA	AA+	AAA	
线性变换	11	12	13	14	15	16	17	18	19	
对数变换	0.201	0.405	0.619	0.847	1.099	1.386	1.735	2.020	2.944	

（7）经济周期。

经济周期指标以 2000 年为基期（个别国家除外）的不变 GDP 经过进一步处理得到。我们选取经过季节调整的实际 GDP 季度环比增长率作为经济周期变化指标，用 Cycle 表示。

（8）实体经济市场开放度。

为了与金融市场开放程度做比较分析，检验欧洲债务危机金融危机风险方式以金融市场为主还是实体经济为主，以及传染程度与市场开放度之间的关联性，选取由《华尔街日报》和美国传统基金会发布的经济自由度指数中的贸易自由度指数作为各国实体经济市场开放度的替代变量。在数据设置中对其取对数并作季度化处理，用 Tfree 表示（表 5-31）。

表 5-31 解释变量符号及其定义

变量名称	符号	定义
资本流动	Cflow	FDI 流入流出绝对和占 GDP 比重
汇率	Exchange	对美元汇率日度数据季度平均环比增长率
通货膨胀	CPI	CPI 同比增长率
流动性风险	Lipu	ln（股票季度日交易量平均）
金融市场开放度	Ffree	ln（金融业与银行业自由度指数）
经济周期	Cycle	实际 GDP 季度环比增长率
信用风险	Credit	S&P 主权信用等级对数变换
实体经济开放度	Tfree	ln（贸易自由度指数）

基于广义多维经济空间理论的构建方法，根据本节对金融危机风险空间溢出路径检验的实际问题，首先利用引力空间权重矩阵形式，对各变量进行动态设置，使引力空间权重满足研究金融危机风险空间溢出路径的特殊要求，能够捕捉更多的空间效应信息。同时，根据国内外常用几种空间权重矩阵构造方法，利用

不同空间关系定义不同的空间权重矩阵，与新定义的引力空间权重矩阵进行比较分析，检验引力空间权重矩阵的适应性和有效性时，考察不同空间效应对金融危机风险空间溢出路径及路径的影响。

（1）引力空间权重矩阵的构建。为了准确刻画金融危机风险空间溢出过程中的空间效应，将风险溢出渠道指标通过引力空间权重矩阵的控制变量参数引入，对欧洲债务危机金融危机风险溢出进行实证研究，考察溢出过程中的时空效应，提高检验准确性。我们将式（5-14）中的控制变量 $C_{i,j}$ 转化为风险溢出渠道指标变量，根据不同的风险溢出渠道指标（如贸易、投资、债券市场、股票市场、信贷市场等）动态设置 $C_{i,j}$。

分别选取各国之间的进出口贸易额和外商直接投资（金融项目）作为实体经济和虚拟经济的替代变量，构造两种引力空间矩阵，分别用 $C_{i,j}^{t}$ 和 $C_{i,j}^{f}$ 替换 $C_{i,j}$。其中 $C_{i,j}^{t}$ 值为经济体 i 和 j 之间的年贸易量占同年经济体 i 的总贸易量比重的 5 年平均值，相应的空间权重矩阵用 $\boldsymbol{W}_{ge}^{t}$ 表示；其中 $C_{i,j}^{f}$ 值为经济体 i 的金融项目内对经济体 j 的年外直接投资和对外投资总额占同年经济体 i 的金融项目总额比重的 5 年平均值，相应的空间权重矩阵用 $\boldsymbol{W}_{ge}^{f}$ 表示。

（2）基于地理位置构建空间权重矩阵。地区相邻经济体由于距离运输成本的相对偏低，它们之间拥有更密切的贸易往来，同时投资者行为的邻近，往往具有类似的经济行为，使得“相邻”经济体时间的空间溢出效应更强。基于此，对选取的 35 个经济体样本（除希腊）按照所处的区域地理进行分类，设同一个洲的国家或地区，权重矩阵元素 $\boldsymbol{W}_{i,j}=1$，否则取 0，对应的二元空间权重矩阵用 $\boldsymbol{W}_{g}$ 表示。

（3）基于政治区域经济组织关系构建空间权重矩阵 $\boldsymbol{W}_{p}$。同一个区域经济组织间的贸易空间依赖性较大，极易发生金融风险溢出现象[166]。本章主要考察欧盟、上海合作组织、北美国家自由联盟及亚太经合组织。同一区域经济组织内的经济体间的权重矩阵元素 $\boldsymbol{W}_{i,j}=1$，否则取 0，对应的二元空间权重矩阵用 $\boldsymbol{W}_{p}$ 表示。

在利用空间计量经济学分析实际问题前，我们首先利用引力空间权重矩阵挖掘空间效应，检验新的权重矩阵的适应性和有效性。在空间计量经济学中，判断空间相关性的指标主要包括全局 Moran' I 指数、全局 G 系数、Geary C 系数、LMlag，LMerr 及 Cliff-Ord statistic、Join-count statistic 等。在这里，选用全局 Moran' I 指数作为我们的检验方法。全局 Moran' I 指数最早是由 Moran 提出来的，但初始指数形式仅能应用于截面空间计量模型，不能对空间计量面板数据模型进行空间效应检验。本文应用分块矩阵 $\boldsymbol{C}$ 代替传统 Moran' I 指数中的空间权重矩阵，则 Moran' I 指数就可以扩展到面板数据模型中。

空间权重矩阵分块化运算：

$$\boldsymbol{C}=\boldsymbol{I}_{T}\otimes\boldsymbol{W} \tag{5-70}$$

其中，$\boldsymbol{C}$是$NT\times NT$的分块对角矩阵；$\boldsymbol{I}_T$是$T\times T$的单位矩阵；$\boldsymbol{W}$是$N\times N$的空间权重矩阵。

相应的空间全局 Moran'I 指数形式如下：

$$\text{Moran'I}=\frac{n\sum_{i=1}^{n}\sum_{j=1}^{n}C_{i,j}\left(x_i-\bar{x}\right)\left(x_j-\bar{x}\right)}{\sum_{i=1}^{n}\sum_{j=1}^{n}C_{i,j}C_{i,j}\left(x_i-\bar{x}\right)^2} \tag{5-71}$$

其中，$\text{Moran'I}\in[-1,1]$，x_i表示空间单元 i 的属性值，为各个经济体的宏观变量；$C_{i,j}$是空间单元i和j间的关联程度；$\bar{x}=\frac{1}{n}\sum_{i=1}^{n}x_i$。Moran'I指数值越趋于−1，区域间负相关性越强；值越趋于 1 则正相关性越强；趋于 0 则不相关。对全局 Moran'I 指数显著性水平的检验，我们采用标准统计量$Z(I)$检验。$Z(I)$表达式如式（5-72）所示。

$$Z(I)=\left(I-E(I)\right)/\sqrt{\text{Var}(I)} \tag{5-72}$$

利用前文构建的两种常用二元空间权重矩阵与新构造的两种基于实体经济和虚拟经济的引力效应等四种矩阵检验金融危机风险的广义多维经济空间效应。检验方法应用 Moran'I 指数、LMlag 和 LMerr，其中 LMerr 和 LMlag 不仅用于检验空间相关性，还对选择空间滞后模型（SAR）和空间误差修正模型（SEM）提供依据。根据模型（5-70），应用Matlab编程计算得到引力空间权重矩阵的适应性和有效性检验结果如表 5-32 所示。

表 5-32 引力空间权重矩阵与其他权重矩阵检验结果比较

空间权重矩阵	$\boldsymbol{W}_g$	$\boldsymbol{W}_p$	$\boldsymbol{W}_{ge}^t$	$\boldsymbol{W}_{ge}^f$
Moran'I	0.271 1	0.380 2	0.512 1	0.667 5
$Z(I)$	17.303 1***	12.883 7***	20.849 1***	24.969 9***
LMlag	172.007 8***	318.585 3***	554.868 6***	863.412 8***
LMerr	228.211 6***	191.314 4***	419.470 2***	649.601 1***

***表示在 1%的显著性水平下显著

根据全局 Moran' I 指数值、LMlag 值以及 LMerr 值，通过比较得到如下结论：

（1）四种空间权重矩阵对空间效应的检验结果都大于 0，且通过 $Z(I)$ 显著性检验，表明欧洲债务危机金融风险的确存在包括区域地理位置，政治区域经济组织以及金融市场和实体经济等广义多维经济空间溢出效应，利用空间计量面板模型对其分析是可行和必要的。

（2）通过比较研究发现，在广义多维经济空间下构建的引力空间权重矩阵在对金融危机风险的多维空间效应捕捉能力明显优于另外两种基于地理位置和区域经济组织的二元空间权重矩阵，基于地理位置的二元空间权重矩阵检验值最小，基于金融市场的虚拟经济的引力空间权重矩阵的检验值最优。结果表明：在对金融危机风险空间溢出的研究中，地理位置上的空间相关性最弱；引力空间权重矩阵表现出更高的适应性，挖掘空间效应更有效；通过两种引力权重矩阵检验结果的比较，以虚拟经济指标作为传染渠道动态变量的引力权重矩阵表现出更高的空间相关性，初步表明在欧洲债务危机冲击下的金融危机风险的空间溢出以金融资本渠道为主。

（3）LMlag 检验结果整体上大于 LMerr 值，因此，在实证部分，相对于空间面板误差修正模型（SEM），我们主要考察空间滞后模型（SAR）。这两个模型所反映的空间相关性都是全局性的，空间滞后模型表示一个客户经济体金融市场状况的解释变量，都会通过空间效应的风险溢出机制作用于其他经济体。空间误差修正模型主要反映了金融市场风险溢出效应是随机冲击的结果，显然前者更具有实际意义。

以欧洲债务危机为背景，将 Copula 传染指数作为金融传染度量指标，利用 35 个经济体数据，建立空间计量面板模型。具体思路如下：首先不考虑空间效应建立普通面板回归模型作为研究比较的基准模型；然后引入前文构造的 4 种空间权重矩阵，建立 SAR 模型和 SEM 作比较研究分析。

我们所建立的 9 个模型均采用横截面固定效应的空间面板模型，理由如下：①空间 Hausman 检验结果都显著拒绝存在随机效应的原假设；②本书待考察的样本共有 35 个国家 24 个季度的数据，足够多的样本能够增强模型的解释力度，但是如果同时考察横截面与时序效应，会导致所建立的模型自由度过大，调整后的 R^2 异常接近 1，显著性检验将失去意义。实证结果如表 5-33、表 5-34 所示。

表 5-33　普通面板模型以及地理、政治区域经济空间权重矩阵模型

变量	普通面板模型	W_g（地理位置）		W_p（政治区域经济组织）	
		SAR 模型	SEM	SAR 模型	SEM
W_gY		$-0.236\ 1^{***}$	$0.664\ 0^{***}$		
W_pY				$0.472\ 0^{***}$	$0.707\ 0^{***}$
Cflow	$0.067\ 0^{***}$	$0.072\ 4^{***}$	$0.044\ 1^{***}$	$0.070\ 5^{***}$	$-0.062\ 1$
Exchange	$0.048\ 7^{**}$	$0.821\ 7^{***}$	$0.064\ 3$	$0.814\ 6^{***}$	$0.231\ 9^{**}$
CPI	$0.010\ 4$	$1.419\ 7^{***}$	$0.158\ 5^{***}$	$1.510\ 9^{***}$	$0.578\ 3^{***}$
Liqu	$0.007\ 5^{***}$	$0.011\ 7^{***}$	$0.007\ 6^{***}$	$0.013\ 2^{***}$	$0.001\ 1^{***}$
Ffree	$0.157\ 9^{***}$	$0.323\ 8^{***}$	$0.110\ 3^{**}$	$0.289\ 2^{***}$	$0.064\ 2^{***}$
Cycle	$-0.003\ 8^{***}$	$-1.191\ 7^{**}$	$-0.787\ 5$	$-1.259\ 0^{***}$	$-0.620\ 6^{***}$
Credit	$0.090\ 7^{**}$	$0.130\ 3$	$-0.006\ 1$	$0.134\ 3^{**}$	$0.029\ 0^{***}$
Tfree	$-0.143\ 4^{***}$	$-0.524\ 4^{***}$	$-0.131\ 9^{*}$	$-0.465\ 3^{***}$	$-0.606\ 1$

续表

变量	普通面板模型	W_g（地理位置）		W_p（政治区域经济组织）	
		SAR 模型	SEM	SAR 模型	SEM
调整 R^2	0.358 3	0.398 1	0.394 8	0.500 9	0.479 2
F 值	12.663 0***	15.236 9***	12.230 6***	20.548 7***	9.491 9***
Hausman 值	47.846 6***	103.683 7***	50.368 6***	110.146 9***	61.580 8***
最优拟合度	0.200 9	0.286 9	0.211 0	0.304 1	0.240 7

*、**、***表示分别在 10%、5%、1%的水平下显著

表 5-34　广义多维经济空间下的引力空间权重矩阵模型

变量	W_{ge}^{t}（实体经济）		W_{ge}^{f}（虚拟经济）	
	SAR 模型	SEM	SAR 模型	SEM
$W_{ge}^{t}Y$	0.850 0***	0.713 0***		
$W_{ge}^{f}Y$			0.901 0***	0.899 0***
Cflow	0.046 0***	0.039 5*	0.024 7***	0.035 3***
Exchange	0.190 1*	0.211 9***	0.134 0***	0.291 1***
CPI	0.244 6***	0.322 0***	0.079 7	−0.067 8***
Liqu	0.005 5***	0.002 9***	0.008 1***	0.011 6**
Ffree	0.126 4***	0.024 1**	0.153 8***	0.248 8***
Cycle	−0.307 1***	−0.485 5***	−0.000 4***	−0.353 2***
Credit	0.013 9***	0.028 4***	0.007 1**	0.003 9***
Tfree	−0.165 0**	0.199 3***	−0.147 4***	−0.270 3***
调整 R^2	0.771 9	0.538 1	0.884 3	0.643 5
F 值	36.115 9	17.922 3	83.012 5	40.284 8
Hausman 值	93.409 1	49.300 8	33.238 3	77.836 2
最优拟合度	0.470 6	0.347 2	0.614 89	0.495 1

*、**、***表示分别在 10%、5%、1%的水平下显著

实证结果表明：根据 Hausman 检验和 F 检验结果表明，建立的 9 个模型都显著成立。同时根据较大的调整后的 R^2、P 值及最优拟合度大小，表明本节建立的模型是有效的。然后将建立的 9 个模型的结果进行比较，得到以下一系列结论：

（1）通过表 5-33 和表 5-34 的相互比较，表 5-34 中基于广义多维经济空间的引力效应空间权重矩阵构建的模型调整 R^2 分别为 0.771 9 和 0.884 3，引力空间权重矩阵空间相关系数显著为正，明显大于其他两种空间矩阵系数。再次证明，在新经济形势下，金融数据的确存现出广义多维经济空间效应的新特性，引力空间权重相比现有空间权重矩阵，挖掘空间效应更表现出更强的适应性和有效性。

（2）基于广义多维经济空间引力权重矩阵另一个优势在于引入动态参数，

捕捉金融危机风险的空间溢出效应。通过对权重矩阵中的传染渠道变量的动态设置，实现对金融危机风险空间溢出路径内在机理的挖掘和风险溢出路径进行检验。通过表 5-34 发现，在其他不变情况下，基于虚拟经济传染渠道的引力权重矩阵建立的模型，最优拟合度明显好于基于实体经济的模型，且前者权重矩阵系数显著为正，并大于后者。然后考察各个模型中解释变量，金融市场开放度的系数显著为正并通过统计检验，表明欧洲债务危机金融危机风险空间溢出路径的本质是金融资本渠道，金融市场开放度越大的经济体越容易受到金融危机冲击，这也正好解释了为什么中国在本次金融危机中受到的冲击有限（在《华尔街日报》和美国传统的基金会发布的经济自由度指数中，中国金融市场属于极不自由受压制市场）。另外，表示实体经济的贸易自由度指数的系数却大多为负，这与我们传统认识不相符，有待进一步考证，但也从侧面证明与以往金融危机溢出相比，国际贸易渠道在本次金融危机风险溢出中所起到的作用不再显著。

在基于广义多维经济空间，对两种引力空间权重矩阵的构造中，本章分别用各国间贸易总额和外商直接投资和对外投资的总额（金融项目）动态设置权重矩阵结构中的金融风险空间溢出渠道参数，在金融危机风险空间溢出网络中，这两个属于各个经济体间的间接关联指标。实证模型中，其系数明显大于 0 且统计检验显著，表明在金融危机风险的空间溢出过程中，间接关联空间溢出渠道的存在。由此本章节提出的理论得到证实：各个金融市场间的投资买卖等经济行为实质上就是一种信用行为，它们都处在“授信主体—信用—受信主体”的关系中，这种关系会无限延伸，授信主体与受信主体间还存在角色的转化，从而形成一种关系网络。当关系网络中的任意一方出现影响其信用的行为时，犹如神经网络中的刺激传递性，整个网络中的信用就会发生变化，从金融风险的空间溢出的角度看，这就发生了金融危机传染，金融危机风险溢出是主体双向性空间溢出和间接关系性风险溢出合力的结果。

（3）通过表 5-33、表 5-34 比较发现，在引入空间效应建模后，模型拟合度在整体上要明显优于普通面板回归模型，空间权重矩阵系数值均大于 0，并通过显著性检验。检验结果与前文空间相关性检验一致，再次表明由欧洲债务危机引起的金融危机风险的确存在广义多维经济空间溢出效应，挖掘风险溢出过程中存在的空间效应是非常必要的。

（4）根据 9 个模型解释变量的系数模拟结果得到如下结论：第一，资本流动的替代变量的系数都显著为正，这与之前学者研究结果一致，金融危机风险溢出往往伴随着资本流动的突然改变，表明一个经济体外商直接投资所占 GDP 比重越大，越容易在金融危机中遭受冲击；第二，汇率的替代变量系数显著为正，表明一个经济体的货币相对于美元越升值越容易受到金融危机的冲击；第三，通货膨胀的替代变量系数显著为正，通货膨胀水平其实质是社会总需求大于社会总供给，如果一个经济体的通货膨胀率高于与其进行贸易的经济体，该经济体消费者可能会青睐于本经济体外商品，同时出口额也会降低，如此就会引起本国资本结构的不确定性，更易遭受金融危机冲击；第四，刻画经济周期变量系数显著为负，表明金融危机风险溢出具有逆周期性，这与金融传染具有“季风效应”的结论是一致的；第五，信用风险和流动性风险的变量系数都显著为正，表明欧洲债务危机引起的金融危机风险空间溢出通常伴随着信用风险和流动性风险，这也成为目前一些学者感兴趣的研究领域。

5.8 本章总结

本章首先引入订单流变量和 Copula 函数，通过分析我国股票市场、债券市场和 CDS 市场间及各个市场内订单流和收益率的动态关系，以及它们与欧美主权信用评级的相互作用，实证检验欧美主权信用评级下调在我国债券市场与股票市场，债券市场与 CDS 市场的跨市场效应。构建动态转移熵 GRACH（1，1）模型检验股票市场与债券市场的跨市场效应，提高信息捕捉精确度。其次，针对现有空间计量经济学理论的不足，为适应金融领域多维空间溢出效应等新特性，提出能够对“距离”“相邻”等空间因子进行测度的广义多维经济空间理论，并实证检验其有效性。在此基础上，实证检验金融危机风险是否的确存在多维空间溢出效应，证明本论文以广义多维经济空间视角研究金融危机风险的合理性和必要性。进一步捕捉由聚集效应逐步扩散的动态过程，通过 BEKK 模型从行业间的单向、双向传导角度入手，最后形成行业间的动态扩散路径。根据实证研究，本章得到的主要结论如下所示。

在广义多维经济空间理论下，将金融危机风险溢出路径指标引入动态空间引力空间权重矩阵，并基于不同空间效应构建空间权重矩阵，进而建立空间计量 SAR 面板和 SEM 面板模型。采用 t-Copula 技术刻画金融市场复杂的非线性结构，定义 Copula 传染指数作为被解释变量，以欧洲债务危机为背景，构建相应的空间 Monran’I 指数检验空间相关性，捕捉金融危机风险溢出路径，分析金融危机在广义多维经济空间下的溢出路径。

对实证结果进一步分析和提炼，主要结论如下：

（1）我国订单流数据特征显示我国的债券市场和股票市场均为买方市场，市场内订单流的波动较大；尤其在股票市场中，有着较大可能性出现较大卖单。在我国股票和债券市场上，订单流和收益率显著相关，订单流对各市场收益率具有重要的跨市场效应。

（2）构建动态转移熵 GARCH（1，1）模型检验股票市场和债券市场间的跨市场效应，更加精确地捕捉市场间的关联性。

（3）运用 Copula 函数实证检验 CDS 和债券市场之间的跨市场效应。在评级下调事件冲击下短期内，投资级国家债券和 CDS 市场之间的相关性增强，说明评级下调加重了两个市场之间存在风险传染的效应，而对于投机级国家 CDS 市场在评级下调之前有剧烈的涨幅，在评级下调之前表现为风险传染，而在评级下调之后，投资者通过降低收益，改变投资组合，从而来降低风险，债券市场和 CDS 市场由正相关变为负相关，两个市场在短时间内存在投资转移的关系。

（4）在广义多维经济空间下的构建的 SVAR 和 CoVAR 等模型的测算精度明显提高。广义多维经济空间溢出效应的度量结果表明，金融危机风险通过跨地区、跨市场、跨行业的广义多维经济空间效应，迅速对“相邻”空间单元产生空间溢出效应，金融危机迅速对金融市场形成冲击。

（5）在欧洲债务危机爆发 3 个月后，危机的影响开始从最明显的行业向其他行业扩散，并形成新的均衡，表现出新的聚集性特点。其中，工业、金融、服务行业为整个行业扩散路径中的关键节点，工业与材料、金融、公用行业形成双向传导，金融与公用、消费品、服务、工业形成双向传导，服务与消费品、金融行业形成双向传导。形成这种传导关系的原因主要是因为，欧洲债务危机开始由虚拟经济爆发，因此金融、服务行业最先受到冲击，并由此向实体经济扩散，同时由于欧盟“再工业化”进程的加快，最终形成以工业为中心的传染路径。

（6）在样本区间一年的时间里，从行业的扩散路径的角度分析了欧洲债务危机的影响力，一方面，行业投资者应当重视跨行业投资的风险掌控与收益问题；另一方面，各国政府决策者应当有针对性地对关键行业进行监控，如金融、服务行业，同时对工业、材料行业进行帮扶，稳定其发展，确保经济复苏。

第6章　欧美主权信用评级下调冲击下的长期演变

本章在广义多维经济空间理论下，引入复杂空间网络思想，将各区域金融市场，各实体经济行业视为空间网络节点。对动态演变过程进行划分，度量空间相关性系数动态演变过程，寻找金融危机风险动态演变网络结构中的关键空间节点，分析空间溢出效应的动态演变机制。

6.1　长期动态演变过程

金融危机风险空间溢出是跨区域维度风险溢出和时间维度风险溢出相结合的动态演变过程。金融危机风险空间溢出的跨区域维度是指在特定的时间点上，金融危机风险短期内在金融系统空间内如何分布与聚集；金融危机风险空间溢出的时间维度是指金融危机风险在不同区域、行业形成短期聚集后。由于全球资本的异常流动，在空间相关性和空间异质性的动力作用下，金融危机风险空间溢出通过不同的溢出路径进行投资转移和风险传染，必然以短期聚集点为中心，向其他空间单元形成空间溢出。以欧洲债务危机为例，在危机早期对葡萄牙、意大利、爱尔兰及西班牙等区域经济体和金融行业形成聚集后，2011年3月以后，金融危机风险空间溢出通过不同的溢出路径进行投资转移和风险传染，并以前期聚集的“空间单元”为中心，向欧洲、亚洲、美洲等区域经济体和能源、材料等实体经济行业扩散，导致金融危机风险对全球各金融市场和实体经济行业形成混合的多维空间动态演变过程，造成相关国家（地区）的实体经济和金融市场的大幅波动。将结合短期聚集、中期扩散的研究成果，研究金融危机风险空间溢出的动态演变特征，捕捉金融危机风险空间溢出的内在机制。

金融危机风险溢出及动态演变一直是国内外研究的热门，只有准确刻画金融危机传导机制，才能制定相应政策对其有效控制。根据相关文献总结发现，现有研究大都采用各种相关性理论，单一考察冲击在金融市场或者实体经济之间的传导方式，而很少涉及对冲击多维混合传导方式及金融危机风险的动态演变机理等方面的研究[164~168]。

随着各金融市场之间空间效应的加强，国内外学者开始尝试利用空间计量经济学研究风险传导和资产组合风险管理等金融领域，但仍然缺乏对实体经济和金融市场相结合考察危机冲击路径动态演变过程。全球经济金融行为的错综复杂，使得金融危机冲击路径具有非线性系统空间网络新特征。复杂网络理论的兴起为金融传染相关理论的研究提供一种崭新视角。通过将金融机构视为网络的节点，能够直接而形象地刻画冲击在金融系统中的动态演变过程[169~172]。

综合现有文献分析，国内外学者开始尝试利用空间计量经济学方法捕捉金融风险溢出的空间效应，利用复杂网络理论刻画风险溢出的传导过程。尽管如此，目前对金融风险空间溢出演变研究在以下两方面还不够深入：一方面，目前国内外学者对金融危机风险溢出的研究，忽略各市场实体经济和金融市场之间跨市场、跨区域的多维空间效应。另一方面，缺乏考察在金融系统网络中，不同金融传染节点位置对冲击的影响，忽略直接与间接关联节点对冲击动态演变的相对重要性。因此，在研究金融危机风险溢出的动态演变中，捕捉金融危机风险空间溢出网络中的关键性节点，有助于理解金融危机发生的成因和冲击路径动态演变机制，防范全球金融危机对我国金融市场的冲击。

首先，结合复杂空间网络思想，在广义多维经济空间理论下，将各区域金融市场，各实体经济行业视为空间网络节点，构建金融危机风险不同阶段的空间网络拓扑结构，考察在金融危机不同阶段，金融危机风险的动态演变结构；其次，建立广义多维复杂空间网络层次模型度量动态空间相关性系数，并将参数值引入加权 Bonacich 关键性节点测算模型，识别直接与间接关联节点对金融危机风险的权重，寻找金融危机风险空间网络结构中的关键空间节点；最后，利用 SIR 传染模型分析空间溢出效应的动态演变机制，寻找金融危机风险的多维空间溢出的内在机制，从而防范金融危机的扩散，减小金融危机对各金融市场和实体经济的冲击效应，为金融监管改革提供理论参考与实践价值。

6.2 我国与欧美金融市场间传染效应的动态演变

6.2.1 研究方法与模型构建

1. DCC-MGARCH 模型

DCC-MGARCH 模型由 Engle 在 2002 年首次提出，它和 VECK 模型、BEKK 模型、CCC 模型、VCC 模型同属于多元 GARCH 模型族，主要用于估计多元变量之间的时变条件相关系数，模型的基本思想如下[115]：

假定 $\boldsymbol{y}_t=\left[y_{1,t},y_{2,t},\cdots,y_{k,t}\right]$ 是一个 $k\times1$ 的金融市场收益率向量，其均值方程设定如下：

$$\boldsymbol{y}_t=\boldsymbol{\Gamma}(L)\boldsymbol{y}_{t-1}+e_t \tag{6-1}$$

这里 $\boldsymbol{\Gamma}(L)$ 是一个时期滞后算子 L 的多形式矩阵，市场收益率的条件分布假定服从多元正态分布：$e_t\Omega_{t-1}\sim N(0,H_t)$，$\Omega_{t-1}$ 代表 $t-1$ 时刻的信息集合，而条件协方差矩阵 $\boldsymbol{H}_t$ 定义如下：$\boldsymbol{H}_t=D_t\boldsymbol{R}_tD_t$，其中 $D_t=\mathrm{diag}\left(h_{i,i,t}^{1/2}\right)$，$\boldsymbol{R}_t$ 是时变相关系数矩阵，变量间动态相关性正是通过对 $\boldsymbol{R}_t$ 的建模来实现。令 $\varepsilon_t=D_t^{-1}e_t$，则有

$$\boldsymbol{R}_t=\left[\rho_{i,j,t}\right]=\frac{q_{i,j,t}}{\sqrt{q_{i,i,t}q_{j,j,t}}}=E_{t-1}\varepsilon_t\varepsilon_t'=D_t^{-1}\boldsymbol{H}_tD_t^{-1} \tag{6-2}$$

$q_{i,j,t}$ 的动态演变方程如下：

$$q_{i,j,t}=\bar{\rho}_{i,j}(1-\alpha-\beta)+\alpha\varepsilon_{i,t-1}\varepsilon_{j,t-1}+\beta q_{i,j,t-1} \tag{6-3}$$

这里，$\bar{\rho}_{i,j}$ 是 $\varepsilon_{i,t}$ 和 $\varepsilon_{j,t}$ 之间的无条件协方差；α 和 β 是非负的标量并且满足 $\alpha+\beta<1$，式（6-3）也可以写成矩阵形式：

$$\boldsymbol{Q}_t=\bar{\boldsymbol{Q}}(1-\alpha-\beta)+\alpha\varepsilon_{t-1}\varepsilon_{t-1}'+\beta\boldsymbol{Q}_{t-1} \tag{6-4}$$

其中，$\bar{\boldsymbol{Q}}$ 是 ε_t 的无条件协方差矩阵，从而可以得到 $\boldsymbol{R}_t$ 的矩阵形式：

$$\boldsymbol{R}_t=\left(Q_t^*\right)^{-1/2}Q_t\left(Q_t^*\right)^{-1/2} \tag{6-5}$$

其中，$Q_t^*=\mathrm{diag}\{Q_t\}$，表示由 $\boldsymbol{Q}_t$ 对角线元素构成的矩阵。

DCC 模型的估计可以采用 Engle 的两步法，通过分别对 DCC 模型似然函数的波动性和相关性部分进行估计得到。

2. 模型构建与测定方法

（1）金融市场边缘分布建模。

大量的实证研究已经证实，金融市场的收益率一般不符合正态分布，往往具有尖峰厚尾、波动聚类、非对称效应等特征。Hansen 在 1994 年提出了偏态学生分布 Skew-T，能同时考虑金融市场具有的尖峰、厚尾和非对称性特征[173]。林宇等的研究也表明偏态 Skew-T 分布更适合用来对单个金融市场收益率建模[174]。本章将非对称 GARCH 的 GJR 模型和 Skew-T 模型结合，对市场收益率序列边缘分布建立 AR（1）－GJR（1，1）－Skew-T 模型，实现对四个金融市场收益率建模，模型描述如下：

$$
\begin{aligned}
& r_{i,t} = \alpha_0 + \alpha_1 r_{i,t-1} + \varepsilon_{i,t} \\
& h_{i,t} = \beta_0 + \beta_1 \varepsilon_{i,t-1}^2 + \beta_2 h_{i,t-1} + \beta_3 \varepsilon_{i,t-1}^2 I\left(\varepsilon_{i,t} < 0\right) \\
& \varepsilon_{i,t} = \sqrt{h_{i,t}}\, u_{i,t}, u_{i,t} \sim \text{Skew-T}\left(\eta_i, \lambda_i\right)
\end{aligned}
\tag{6-6}
$$

式（6-6）分别对应着收益率的均值方程和波动率方程，α_1 用来度量四个市场收益率的一阶自回归效应，波动率方程中的系数 β_2 用来测度四个市场收益率波动的持续性，而系数 β_3 则可以反映出市场的波动是否存在非对称效应，Skew-T 分布中的系数 η 和 λ 分别表示自由度和偏度。

（2）市场间常规传染效应的动态特征测定。

作为一种动态多元 GARCH 模型，DCC 模型被广泛应用于不同金融资产之间的动态相关性研究，但 DCC 模型中对于金融资产收益率残差要服从正态分布的假定，这一要求有些过于严格。首先，金融资产的收益率往往呈现尖峰厚尾的现实特征，单个资产的收益率难以完全满足正态分布的假定。其次，不同市场收益率之间的相关性也可能呈现出非线性关系，如果仅仅考虑线性相关关系，并假定资产的边缘分布为正态分布，可能会产生模型误设问题。为更好地测度不同金融市场之间的动态相关性，本章在 DCC 模型基础上，结合 *t*-Copula 连接函数，构建 DCC-*t*-Copula 多元动态相关联合模型：

$$
\begin{aligned}
& F\left(r_t\right)\big|\Omega_{t-1} = C^{\mathrm{T}}\left(F_{1,t}\left(r_{1,t}\right), F_{2,t}\left(r_{2,t}\right), \cdots, F_{n,t}\left(r_{n,t}\right)\right) \\
& \varepsilon_{i,t} = T_k^{-1}\left(F_{i,t}\left(r_{i,t}\right)\right), F_i\left(r_{i,t}\right) = \text{GJR}(1,1) - \text{Skew-T} \\
& \varepsilon_t \sim T_N\left(k, 0, R_t\right), R_t = \left(Q_t^*\right)^{-1/2} Q_t \left(Q_t^*\right)^{-1/2}, Q_t^* = \text{diag}\left\{Q_t\right\} \\
& Q_t = \bar{Q}(1-\alpha-\beta) + \alpha \varepsilon_{t-1} \varepsilon_{t-1}' + \beta Q_{t-1}
\end{aligned}
\tag{6-7}
$$

以上式子中的市场收益率 $r_{1,t}$ 依然由式（6-6）决定。在 DCC-*t*-Copula 模型中，虽然继续使用 GJR 模型来描述单个金融市场收益率的波动，但不再需要其标准化残差服从正态分布的假设，这里的标准化残差 $u_{i,t}$ 可以服从任意分布 F_i，

本章采用了 AR（1）－GJR（1，1）－Skew-T 模型来描述其边缘分布。$F(r_t)|\Omega_{t-1}$ 表示已知 $t-1$ 时刻信息下的各个金融市场收益的联合分布，它采用 t-Copula 对边缘分布 F_i 进行连接，$\varepsilon_{i,t}$ 用自由度为 k 的 t 分布函数的反变换得到，不同市场的 $\varepsilon_{i,t}$ 之间就构成了自由度为 k，均值为 0，相关系数矩阵为 R_t 的 N 维 t 分布，这里的 R_t 就对应着本章公式中的形式，从而可以采用 DCC 模型对相关系数矩阵 R_t 进行动态相关性建模。

DCC-t-Copula 模型是 DCC 模型和 t-Copula 的联合模型。相对于 DCC 多元 GARCH 模型，t-Copula 联合分布函数对各个市场的边缘分布没有限制，可以根据金融市场收益率边缘分布的实际状况来灵活建模，t-Copula 本身无法测定不同市场之间的条件相关系数，而灵活且具有数据自适应性的动态化特征，正是 DCC 模型的优势所在。因此，DCC-t-Copula 联合模型可以集成 DCC 模型和 Copula 函数二者的优点，能实现对金融市场动态相关系数更为准确的测定。

（3）市场间极值传染效应的动态特征测定。

市场极值传染效应的测定采用动态 BB7-Copula 模型，这一模型的构建参考 Patton 的方法，首先将式（6-6）中 BB7-Copula 连接函数中的两个参数转化成上尾相关系数 τ^U 和下尾相关系数 τ^L，然后再对尾部相关系数进行动态化处理[175]，具体模型如下：

$$
\begin{aligned}
&\tau^U = 2-2^{1/\theta}, \tau^L = 2^{-1/\delta} \\
&\tau^U = \Lambda\left(\omega_U + \beta_U \tau_{l-1}^L + \alpha_U \bullet \frac{1}{10}\sum_{j=1}^{10}\left|v_{l-j} - v_{l-j}\right|\right) \\
&\tau^L = \Lambda\left(\omega_L + \beta_L \tau_{l-1}^L + \alpha_L \bullet \frac{1}{10}\sum_{j=1}^{10}\left|v_{l-j} - v_{l-j}\right|\right) \\
&\Lambda(x) = \left(1+\mathrm{e}^{-x}\right)^{-1}
\end{aligned}
\tag{6-8}
$$

其中，u、v 是 BB7-Copula 连接函数中的自变量，即两个市场收益率 $r_{1,t}$ 和 $r_{2,t}$ 的累积边缘分布，上式中逻辑变换 Λ（x）的目的是确保任何时点上尾部相关系数的值都介于 0~1。

6.2.2 欧美主权信用评级下调的传染效应

选择四个市场指数作为各个金融市场的代表，分别为中国内地沪深 300 指数（中国 A 股市场）、中国香港恒生指数（中国香港市场）、德国法兰克福 DAX 指数（欧洲市场）和美国标准普尔 500 指数（美国市场）。中国市场包含 A 股和香港两个市场，由于香港市场国际化程度较高，而当前内地资本市场的国际化程度还比较低，香港市场受国际金融危机的冲击要更直接一些，中国A股市场可能更多的是间接影响。国内沪深 300 指数是综合沪深两个证券交易所的大样本指数，代表性较强，并且有与此相对应的沪深 300 股指期货。选取德国 DAX 指数作为欧洲市场的代表性指数，一是因为德国是欧洲最大的经济体并且是欧元区的主导国家，能够较好地代表欧洲并且有利于考察欧元区主权债务危机的影响；另外德国是中国在欧洲的主要贸易伙伴，二者的经贸活动频繁，宏观经济的关联性较强。数据的时间周期从 2005 年 4 月 22 日至 2012 年 4 月 5 日，时间跨度为 8 年，共 1 690 个样本点，包括美国次贷危机前后及欧洲主权债务危机时间区间。数据首先进行了预处理，考虑到国家节假日不同造成的四个市场交易数据不同步，本章以中国 A 股市场交易日为基准，去除了其他市场中不匹配的数据。市场指数的收益率取对数复合收益率，即 $r_{i,t}=\left(\ln p_{i,t}-\ln p_{i,t-1}\right)\times 100$，$p_{i,t}$ 是第 i 个市场 t 时期的市场指数。本章所有数据均来自于锐思金融数据库（www.resset.cn），实验工具主要采用 Matlab 2012 进行编程计算，部分数据处理与计量分析工作则采用软件 Stata12 完成。

图 6-1 给出了四个市场在样本期内的收益率序列。可以看出，相对于其他三个市场，中国A股市场在样本期内的波动更为频繁，波动的持续性也更强，这反映了与中国香港、欧美等成熟金融市场相比，我国内地金融市场的稳定性和成熟度都有待进一步的提高。另外，图 6-1 也显示，在 2008 年前后美国次贷危机时期，各个市场都出现了大幅波动，中国香港市场甚至出现了超过 10%以上的波动幅度，而欧洲债务危机期间，市场的波动程度虽然也有了大幅增加，但其波动的程度相对于 2008 年次贷危机并不算剧烈，这说明，欧洲债务危机对单个金融市场的冲击力度要弱于前一次的美国次贷危机。四个市场的收益率序列图形都体现出了金融资产收益率典型的波动聚类特征，只是中国 A 股市场没有其他几个市场显著。总体来看，由于资本项目管制、市场发展程度、投资者状况等多种因素的不同，中国A股市场既具有国际市场的一些共同特征，也有着比较明显的个体特点。

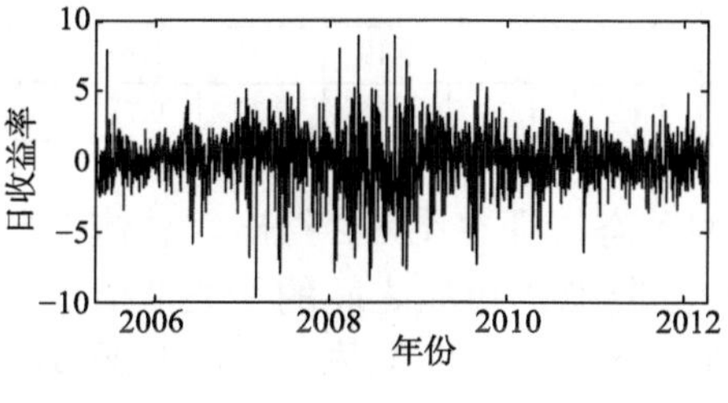

（a）中国 A 股市场

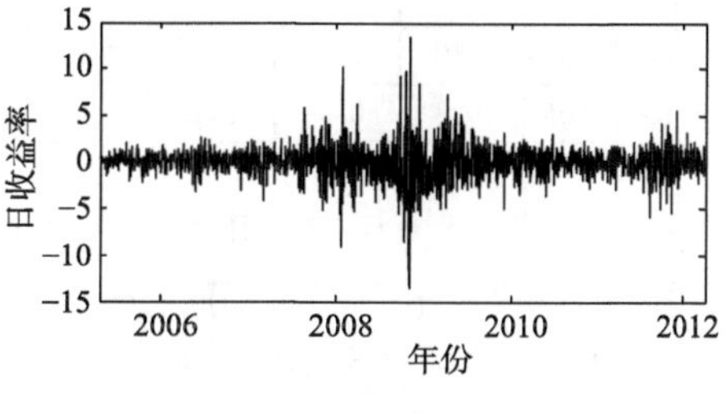

（b）中国香港市场

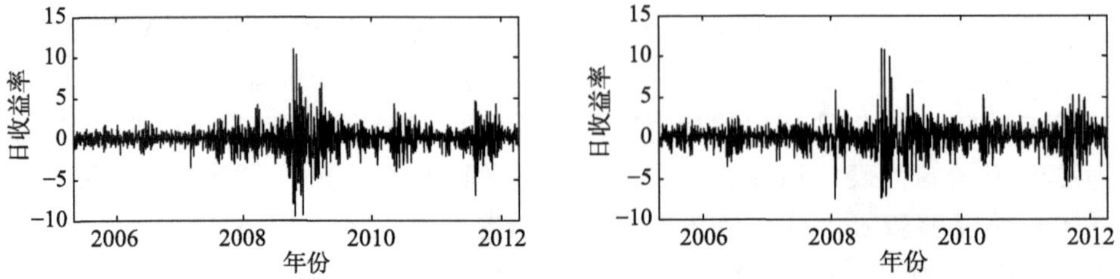

（c）美国市场　　（d）欧洲市场

图 6-1　四个市场的收益率序列

为比较传染效应在不同危机期间的异同，本章对样本划分成三个阶段，将 2005 年 4 月 22 日至 2007 年 4 月 3 日作为平稳期，以 2007 年 4 月 4 日美国第二大次级贷款公司 New Century Financial 破产作为次贷危机爆发的标志，将 2009 年 12 月 8 日希腊主权信用评级被下调至 BBB+级作为欧洲债务危机开始的标志性事件。表 6-1 给出了三个阶段不同市场间的静态样本相关系数，从中可以看出，相比于平稳期，次贷危机和欧洲债务危机阶段不同市场的相关系数都出现了大幅度的上升，表明金融危机的确引发了市场间的风险传染。但从两次危机的比较来看，欧洲债务危机阶段各个市场间的相关系数都要略大于美国次贷危机，表明欧洲债务危机期间不同市场的相关性有进一步增强的趋势，欧洲债务危机期间市场间的传染效应平均意义上要大于次贷危机时期。但是，这种分阶段考察相关系数的方法，只能初步确定某个特定时期市场相关性的静态特征，无法捕捉不同市场间相关性随着危机发展而动态演变的过程，在某些情况下，静态相关性甚至会掩盖市场的真实关联特征，从而使研究者得出错误的结论，这也是需要从动态相关性的角度来考察金融危机期间市场传染效应的原因所在。

表 6-1　分阶段样本相关系数

市场	平稳期				次贷危机				欧债危机			
中国 A 股市场	1.00				1.00				1.00			
中国香港市场	0.19	1.00			0.49	1.00			0.54	1.00		
美国市场	0.01	0.39	1.00		0.16	0.40	1.00		0.19	0.49	1.00	
欧洲市场	0.05	0.28	0.47	1.00	0.13	0.27	0.62	1.00	0.16	0.39	0.71	1.00

中国 A 股市场与欧美市场一般关联性的动态特征在图 6-2 给出。总体来看，在 2007 年 4 月危机爆发之前，中国 A 股市场与欧美市场之间的相关性很低，其相关系数甚至在 2005 年到 2007 年期间出现了逐渐下降的趋势，表明金融危机发生之前，中国 A 股市场相对于欧美金融市场的走势还是比较独立的，可能的原因一方面是由于中国资本项目管制的存在，国内外金融市场间联系的渠道并不通

畅；另一方面，中国政府刚刚启动了股权分置改革和汇率改革，这些改革对中国A股市场都产生了重要影响，中国A股市场这期间的走势绝大部分都是受国内政策所主导。从2007年第2季度开始，美国的次贷危机开始逐渐爆发，全球金融市场应声而动，危机所产生的传染效应即刻显现，中国 A 市市场与欧美市场的相关系数从接近于 0 的位置开始迅速上升到 0.2 左右，虽然上升的绝对数值并不高，但相对于平稳时期，其上升的相对幅度却增长了 3 倍以上，表明次贷危机冲击下欧美金融市场对中国 A 股市场产生了明显的传染效应。进一步观察图形，中国 A 股市场与欧美市场相关系数在 2008 年初到达相对高点后，几乎一直维持在相对较高的位置，虽然中间时有起伏，但都显著高于平稳时期，表明全球金融危机的影响在相当长的时间内仍然在持续，世界金融市场之间仍然处于金融危机期间的“羊群效应”阶段。

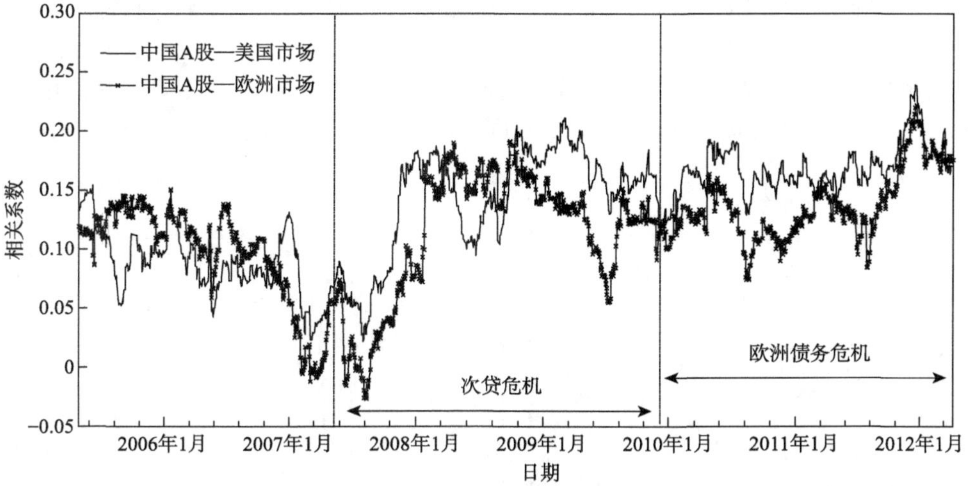

图 6-2　中国 A 股市场与欧美市场间一般关联性的动态演变

分别考察美国市场、欧洲市场对中国A股市场的影响，样本期内的绝大部分时段，美国市场对中国A股市场的影响都要略大于欧洲市场的影响，这与欧美市场在全球金融市场的地位是一致的。从两次危机的对比来看，美国市场对中国 A 股市场的传染在次贷危机和欧洲债务危机期间保持相对稳定，仅在 2011 年底随着欧洲债务危机的深化才有所加强；欧洲市场与中国A股市场的相关性在次贷危机后期发生了较大幅度的下降，甚至接近了危机爆发前的水平，说明在次贷危机后期欧洲债务危机爆发前，人们对于金融危机即将结束抱有比较乐观的预期，欧洲市场与中国 A 股市场间的传染效应显著消褪，但随着 2009 年 12 月欧洲债务危机逐渐浮出水面，二者之间的传染效应再次上升，并随着欧洲债务危机的发展进度而起伏，在 2011 年底，欧洲市场与中国 A 股市场间的传染效应出现了持续性上升，并一度超越了美国市场，虽然在随后的几个月中有所回落，但仍然高于美国市场，随着欧洲债务危机的日益深化，中国A股市场对来自于欧洲市场的传染日益敏感。

李红权等通过对中国A股市场与中国香港市场、美国市场的互动关系研究发现，中国香港市场对中国A股市场具有高度的影响，并且二者间的关联关系在次贷危机后进一步增强[176]。他们的结论在本书研究中也得到了进一步的证实，为便于比较，我们将中国A股市场与中国香港市场的一般相关系数和极值相关系数的动态特征在图 6-3 中一起给出，从图中可以看出，中国 A 股市场与中国香港市场之间的一般相关系数在 2007 年次贷危机开始后就出现了显著的上升，并在 2008 年底达到高点后一直维持在较高的位置。可见，金融危机发生后，中国 A 股市场和中国香港市场之间的常规传染效应迅速上升并一直保持在较高的程度。但从二者之间的上尾相关系数和下尾相关系数变化来看，均出现了随着时间而逐渐增加的趋势，表明从 2007 年次贷危机发生后的这几年，中国 A 股市场和中国香港市场在保持较高的常规传染效应的同时，二者之间的极值传染效应也在逐渐增大，中国 A 股市场和中国香港市场的相互依赖和融合程度的确在日益加深。

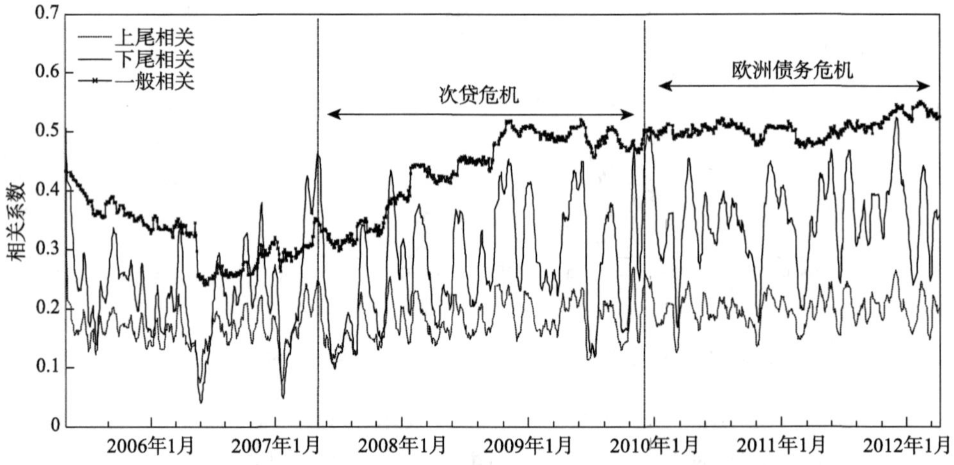

图 6-3 中国 A 股市场和中国香港市场一般和极值相关性的动态演变

根据 Johansson 的研究结论，随着政府管制的逐步放松与中国经济全球化的深入，即使在没有金融危机发生的时期，欧美市场与中国A股市场的关联性本身也可能有逐步增强的趋势，这可能会对我们判断中国市场与欧美市场传染效应的演变造成一些干扰[177]。相对于中国 A 股市场，中国香港市场从一开始就是一个开放、成熟的国际金融市场，它不存在近几年才与国际市场逐渐融合的时间趋势，而且在样本期内受股权分置改革和汇率改革等其他国内政策的影响较小，从而中国香港市场与欧美市场间的动态相关系数能代表更为纯粹的市场风险传染效应。本章引入中国香港市场与中国 A 股市场进行进一步的对比分析，图 6-3 给出了中国香港市场与欧美市场间传染效应的变化情况，我们将其与图 6-2 的中国 A 股市场传染效应进行对照分析，进一步明确了传染效应如下动态特征：

（1）欧美市场对中国香港市场和中国 A 股市场的传染效应具有相似的动态模式，只是相对于中国A股市场，对中国香港市场的传染效应有更为清晰的阶段性特征。而从传染效应的强度来看，欧美市场对中国香港市场的影响要远大于对中国A股市场的影响。这说明欧美金融市场的波动风险更多地是通过中国香港市场的传导来实现对中国A股市场的传染，中国香港市场受到的是欧美市场的直接传染，而中国 A 股市场则可能受到欧美市场间接传染的影响。

（2）两次危机期间欧美市场对中国金融市场传染效应的演变模式有所不同，次贷危机期间的传染效应呈现出前高后低的短期化特征，而欧洲债务危机期间的传染效应则表现出前低后高的长期化趋势。通过梳理两次危机发生的过程，可以较好地解释这一现象：2007 年爆发的次贷危机是自 1997 年亚洲金融危机之后的一次规模更大的世界性金融危机，在危机爆发前，国际金融市场都经历了相当长时间的空前繁荣，危机的突然爆发引发了国际金融市场的大恐慌，造成投资者风险偏好的急剧变化，金融市场间的传染效应迅速上升。面对危机，包括美国、中国在内的世界主要经济体迅速采取救助银行体系和扩大政府投资等措施来积极应对，这些应对措施的推出逐渐发挥了作用，投资者的恐惧得以逐渐消除，世界金融市场之间的传染效应也呈现出逐渐回落的态势。而欧洲债务危机则发生在人们刚刚经历完次贷危机之后，投资者对欧洲债务危机的爆发有一定的心里预期，初期并没有引发较大程度的金融市场传染，随后，欧洲各国为欧洲债务危机的解决方案开始了长达一两年的讨价还价，期间也提出了多种方案，但都没有使欧洲债务危机得到根本解决，危机开始持续发酵并进一步深化，金融市场间的传染效应也因此波动起伏。总之，欧洲债务危机本身具有复杂性，它不仅牵扯到经济层面，还带着浓厚的政治博弈色彩，需要多个国家甚至国际合作来解决，其对金融市场的影响也将是长期而复杂的。

（3）欧美市场在欧洲债务危机时期对我国金融市场传染效应的总体强度已超越次贷危机时期。本章表 6-1 的分阶段样本相关系数曾表明，欧洲债务危机期间欧美市场与中国A股市场的相关系数相比次贷危机时期有一定程度的增加；而从图 6-3 和图 6-4 的结果来看，欧美市场与中国 A 股市场和中国香港市场传染效应的高点也都出现在 2011 年底欧洲债务危机期间，值得注意的是，这一高点甚至已经超过了次贷危机时期传染效应的高点。需要强调的是，金融危机对单个市场的冲击力度和金融危机时期不同金融市场之间的风险传染强度是两个不同的概念，金融危机对单个市场的冲击力度由金融危机时期市场自身的波动风险来衡量，而风险传染强度则是金融危机时期引发的两个市场之间出现“齐涨共跌”的可能性，它描述的是一个市场对另一个市场引导或控制的外部力度。从两次危机发生的现实背景来看，造成这一现象的原因可能源自两次危机发生机理的本质差异，次贷危机主要涉及私人机构尤其是银行债务违约问题，而欧洲债务危机中涉及的主要是政府主权债务违约问题，私人机构违约时投资者预期有相应国家的政府出面解决，政府会充当最后的“保险人”，所以风险更多地限于危机发生国，金融风险主要集中在一国的金融市场内部。而当前的欧洲债务危机则是一国政府的主权债务违约问题，主权债务的解决往往超过了单个国家政府自身的能力，一国的主权债务违约可能会引发多个国家债务违约的“多米诺骨牌”。这种情况下，投资者对外围市场走势的关注度会显著提高，他们面临着更多跨市场的系统性风险，金融市场间更大的传染效应正是跨市场系统性风险的上升和投资者对外围市场关注度提高的集中表现。

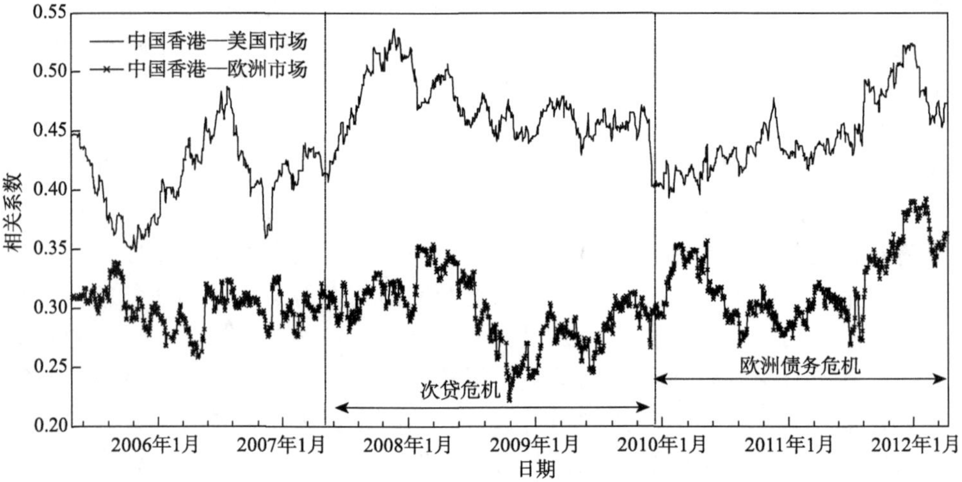

图 6-4 中国香港市场与欧美市场间一般相关性的动态演变

（4）对比次贷危机和欧洲债务危机期间欧美市场与中国 A 股市场和中国香港市场相关系数的走势，欧洲主权债务危机期间，欧美市场与中国香港市场之间的传染效应在 2011 年底创出新高后，从 2012 年初已经逐渐出现了下行的趋势，这与 2008 年次贷危机创出高点后的下降趋势类似，图形的对比表明，虽然当前欧洲债务危机仍在发展之中，危机何时结束无从知晓，但从金融市场之间传染效应在次贷危机和欧洲债务危机两个时期的动态演变来看，欧美金融市场与我国金融市场间的传染效应有逐步下降的趋势。

接下来考察市场间的极值传染效应。作为极值风险动态模型的参考，本章在表 6-2 给出了静态 BB7-Copula 模型估计的结果，静态 BB7-Copula 模型在式（6-6）中给出。从表 6-2 数据来看，中国 A 股市场与美国市场之间几乎不存在正向极值风险传染，但二者却存在着显著的负向极值风险传染，这表明中国 A 股市场在美国市场出现大幅上升时的跟随力度很弱，但在美国市场出现大幅下跌时却对中国 A 股市场有明显的传染效应，符合一般预期。对于中国 A 股市场与欧洲市场，二者之间的极值传染效应均不显著。中国香港市场的情况会有一些不同，它同美国市场之间出现了幅度为 0.175 6 的上尾传染效应和幅度为 0.3 的下尾传染效应，表明中国香港市场和美国市场之间存在极值风险依赖。虽然中国香港市场与欧洲市场的上尾相关系数不显著，但其下尾相关系数却达到了 0.199 3，可见欧洲市场出现极端负向冲击时，其对中国香港市场存在显著的极值传染效应。最后一列数据表明，中国 A 股市场与中国香港市场之间存在显著的双向极值传染效应，这符合预期。总体来看，所有市场之间的下尾相关系数都大于上尾相关系数，表明极值传染存在明显的非对称效应。

表 6-2　静态 BB7-Copula 模型估计结果

系数	中国 A 股—美国	中国 A 股—欧洲	中国香港—美国	中国香港—欧洲	中国 A 股—中国香港
上尾系数	0.000 1 （0.001）	0.000 2 （0.002）	0.175 6* （0.034）	0.050 2 （0.029）	0.178 5* （0.034）
下尾系数	0.047 8* （0.025）	0.383 （0.025）	0.3* （0.027）	0.199 3* （0.029）	0.282 7* （0.027）

*表示在 5%的水平下显著

注：括号内数字为标准差

图 6-5 给出不同市场之间尾部相关系数的时变特征。图形显示，中国 A 股市场与美国市场、欧洲市场之间的上下尾相关系数均非常微弱。中国 A 股市场与美国市场之间的下尾相关系数在 2007 年底、2010 年初及 2011 年底发生了较大程度的上升，这分别对应着次贷危机爆发、欧洲债务危机爆发及欧洲债务危机白热化这三个特定的时点；中国 A 股市场与欧洲市场的下尾相关系数也在 2007 年底次贷危机爆发后出现了脉冲式的上升，但其他时间段内却非常小，即便在 2009 年开始的欧洲债务危机阶段也没有出现大幅度变化。这从另一个角度说明，中国 A 股市场发生极端下跌情况更多地受美国市场的影响，即使这种影响的源头可能来自于欧洲市场。中国香港市场的情况稍有不同，首先中国香港市场与美国市场之间的上尾相关系数和下尾相关系数均随时间有所变化，但这种变化并没有显示出明显的趋势。可见，在次贷危机和欧洲债务危机的不同阶段，中国香港市场与美国市场之间的极值传染效应都相对稳定。中国香港市场与欧洲市场情况类似于美国市场，不同的是中国香港市场与欧洲市场的上尾相关系数在 2010 年初发生了一定幅度的跳变，但很快就再次趋于平稳。

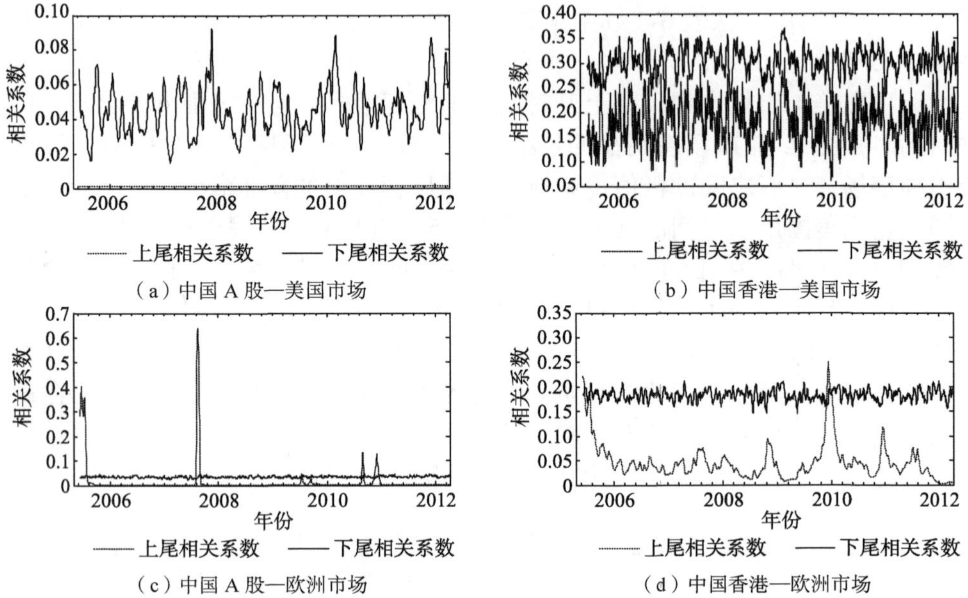

图 6-5 中国 A 股、中国香港市场与欧美市场间极值相关性的动态演变

6.3 多维经济空间演变度量模型

6.3.1 基于超度量空间与最小生成树模型

在多维经济空间理论基础上，结合超度量空间和 MST 理论，构建金融危机在全球范围内的跨地区、跨市场、跨实体经济行业的金融风险空间溢出拓扑结构图。度量空间在数学理论中被定义为一个集合，此集合中任意两元素之间的距离是可以定义与测度的。根据广义多维经济测度距离的定义与推导过程知道，本书新定义的经济测度距离满足欧几里得距离测度的三条性质。在此基础之上，引入超度量空间的概念，在超度量空间中，空间距离 d 满足式（6-9）三条性质，则此空间称为超度量空间。

$$\begin{cases} d\left(x_i,x_j\right) \geqslant 0, d\left(x_i,x_j\right)=0 \Leftrightarrow i=j \\ d\left(x_i,x_j\right)=d\left(x_j,x_i\right) \\ d\left(x_i,x_j\right) \leqslant \max\left\{d\left(x_i,x_k\right),d\left(x_k,x_j\right)\right\} \end{cases} \tag{6-9}$$

Mantegna 等[33]将超度量空间理论应用于股票市场的研究，认为超度量理论直接与空间分层理论关联。超度量空间为金融市场复杂系统的分层结构提供可能，在 n 个空间单元关联的超度量空间中，通过建立最小生成树可以得到超度量空间的一种特殊形式——亚超度量空间（subdominant ultrametric spaces）。

最小生成树是指在一个复杂系统中，n 个空间单元和 n−1 条边（无回路下的最小权重和的边集合）形成的树结构。即假设存在无向图 $G(V,E)$，其中 $V=\{v_1,v_2,\cdots,v_n\}$ 表示节点集，E 表示无向边集，$w(v,e)$ 代表边 e 的权重，若存在 $T\subset E$，且无回路，使得 $w(T)$ 最小，则称 T 为 G 的最小生成树。

根据以上分析，亚超度量空间与最小生成树一一对应，具有唯一的拓扑结构，金融市场复杂网络的拓扑结构对应唯一的分层结构。在广义多维经济空间下，建立的满足超度量空间度量性质的 MST 网络拓扑结构与金融市场空间特性吻合，是建立空间计量经济复杂网络层次模型和加权金融冲击网络关键性节点测算法，分析冲击动态演变的基础。

6.3.2 加权网络 Bonacich 关键节点度量模型

1. 多维空间复杂网络层次模型

随着空间计量经济学的兴起，空间计量经济模型得到不断丰富和演变。在网络拓扑分层结构下，借鉴 Cohen-Cole 等[172]提出的网络自回归模型，建立空间计量经济复杂网络自回归层次模型。接下来介绍复杂网络自回归层次模型的详细推导过程。

设金融系统复杂网络中 N 个单元分为 k=1,2,⋯,K 个网络，每个网络中有 $i=1,2,\cdots,n_k$ 个子单元，即 $N=\sum_{k=1}^{k}n_k$。

（1）先考察只有两个单元（i，j）的简单网络，空间计量经济网络自回归层次模型如式（6-10）所示：

$$y_{i,k}=\alpha_0+\sum_{m=1}^{M}\beta^m x_{i,k}^m+\gamma y_{j,k}+\varepsilon_{i,k} \tag{6-10}$$

其中，x^m 表示解释变量；γ 表示空间相关系数；ε 表示残差项。

（2）网络中有三个单元（i，j，k）时，其中 i 与 j、j 与 k 直接两连（1d），i 与 k 通过两步进（2d）相连，其对应的三元网络拓扑图如图 6-6 所示。

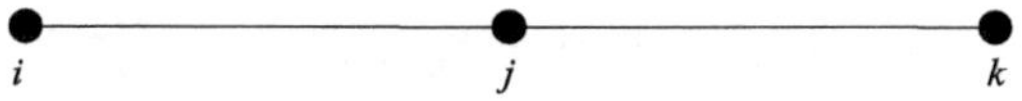

图 6-6 三元网络拓扑图

则三元空间计量经济网络层次模型如式（6-11）所示。

$$y_{i,k}=\alpha_0+\sum_{m=1}^{M}\beta^m x_{i,k}^m+\gamma_1 y_{j,k,1d}+\gamma_2 y_{s,k,2d}+\varepsilon_{i,k} \tag{6-11}$$

（3）当网络中存在多个单元时，空间计量经济复杂网络层次模型如式（6-12）所示。

$$r_{i,k}=\alpha_0+\sum_{m=1}^{M}\beta^m x_{i,k}^m+\rho\frac{1}{\boldsymbol{w}_{i,k}}\sum_{j=1}^{n_x}\boldsymbol{w}_{ij,k}y_{j,k}+\varepsilon_{i,k} \tag{6-12}$$

$$i=1,2,\cdots,n_k;k=1,2,\cdots,K$$

其中，$\boldsymbol{w}_{i,j}$ 表示 i 与 j 之间的连接权重。

式（6-12）矩阵形式表达形式如式（6-13）所示：

$$y=\rho\boldsymbol{W}y+\beta X+\varepsilon \tag{6-13}$$

其中，$\boldsymbol{W}$ 是复杂网络各节点之间的空间权重矩阵。

2. 加权网络 Bonacich 关键性节点测算及动态演变分析

度量网络关键节点是研究金融系统等复杂网络的热门。金融危机背景下，捕捉金融市场直接与间接空间关联的重要性，识别金融危机风险溢出网络中的最活跃、最具影响力的关键节点，进而分析冲击在全球金融网络中的溢出路径演变，有助于控制和防范金融危机对我国金融市场的冲击，为经济政策的制定提供依据。

关键性节点的测算方法主要包括度中心性、接近中心性和特征值向量关键性（EVC）等。EVC 测算既考虑了节点度（直接相连节点数），还考虑了“邻居”节点的关键性，成为目前应用最广泛的关键性测算方法。EVC 关键性测算方法将所有直接和间接“相邻”节点之间的“距离”权重定义为常量，而金融危机风险溢出网络各节点之间的经济距离权重随着各金融市场相关性、距离的不同而变化。本节在考察直接和间接节点的空间效应权重下，分析金融危机风险溢出路径的关键节点。在这里，我们采用 Bonacich 测算法度量金融冲击网络中的关键性节点。定义如下所示。

设存在足够下的值 $\theta\geqslant 0$，我们定义式（6-14）：

$$\left[\boldsymbol{I}-\rho\boldsymbol{W}\right]^{-1}=\sum_{P=0}^{+\infty}\rho^P\boldsymbol{W}^P \tag{6-14}$$

$\boldsymbol{W}^P$ 表示节点 i 到节点 j 的所有直接或间接路径，ρ^P 表示路径 P 的权重，ρ 的最大上限为空间权重矩阵的最大特征值。

我们将空间权重矩阵 $\boldsymbol{W}$ 进行标准化归一处理，因此其最大特征值为 1，当 $|\rho|<1$ 时，式（6-13）表示无限收敛，其经济意义表示为，在复杂网络中，无论两节点“距离”多远，式（6-13）都能捕捉其直接或间接空间效应，“相近”节点相互影响大于“距离”较远节点。矩阵 $\left[\boldsymbol{I}-\rho\boldsymbol{W}\right]^{-1}$ 能够捕捉复杂网络拓扑结果中的级联效应。

当 $|\rho|\geqslant 1$ 时，表示网络拓扑结构处于崩溃状态，对于金融系统复杂网络而言，表示系统处于完全的金融崩溃。重点考察 $|\rho|<1$ 时的金融系统网络拓扑结

构，研究一般性金融突发事件对金融系统引起的级联冲击效应。

由式（6-12）得

$$r = [\boldsymbol{I} - \rho \boldsymbol{W}]^{-1} \beta X + [\boldsymbol{I} - \rho \boldsymbol{W}]^{-1} \varepsilon \tag{6-15}$$

在网络 g 和参数 ρ 下的 Bonacich 关键性测算的向量定义式如式（6-16）所示。

$$b(g, \rho) = [\boldsymbol{I} - \rho \boldsymbol{W}]^{-1} \cdot 1 \tag{6-16}$$

因此，节点 i 的 Bonacich 关键性测算为 $b_i(g, \rho) = \sum_{j=1}^{n} m_{i,j}(g, \rho)$，即式（6-17）成立。

$$b_i(g, \rho) = m_{i,j}(g, \rho) + \sum_{j \neq i} m_{i,j}(g, \rho) \tag{6-17}$$

在 Bonacich 关键节点测算基础上，进一步举例说明金融危机风险空间溢出路径动态演变机制的分析方法。假设金融网络 MST 拓扑结构图由 5 个金融市场（节点）组成，我们分别基于 Bonacich 测算和 EVC 建立网络拓扑结构作比较分析，A 与 B 直接相连，C、D、E 与 B 相连，但不与 A 相连，如图 6-7 所示。在金融网络中，A 与 B 之间的金融投资行为和贸易额度，必然影响 B 同 C、D、E 之间的金融投资行为和贸易额，彼此间的经济行为产生空间联动性，形成复杂的金融传导网络，A 的市场波动，必然通过 B 对 C、D、E 形成冲击，因此，在金融危机风险空间溢出的网络拓扑结构中，捕捉间接空间单元的冲击影响至关重要。

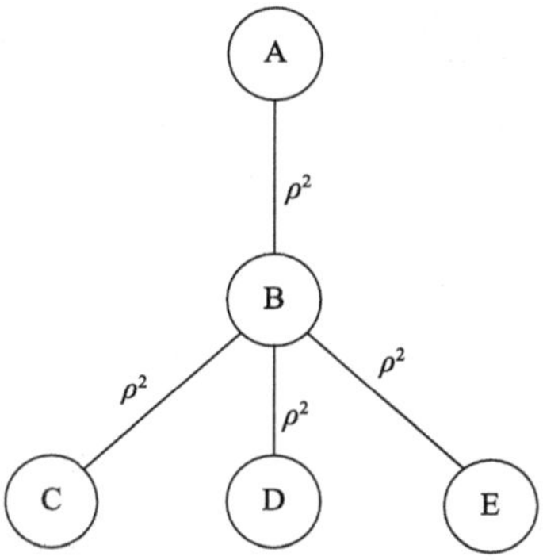

（a）Bonacich 关键性测算

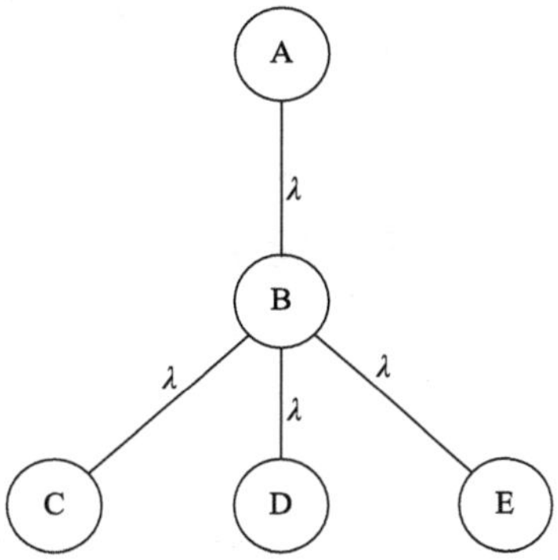

（b）EVC

图 6-7　网络拓扑结构

研究复杂金融系统空间结构的关键在于如何刻画间接关联的空间权重。Bonacich 关键性测算法正好能同时捕捉各节点之间的直接和间接相对权重。在这里，我们分析金融危机风险空间溢出动态演变过程。设某时刻金融市场 A 出现波动，并在网络中形成冲击，参数 ρ 表示与 A 直接相连节点间的空间权重，即冲击以概率 ρ 对直接关联节点形成冲击，$\rho \boldsymbol{W}$ 表示与所有与 A 直接相连的节点受到冲击的总权重，$\rho^2 \boldsymbol{W}^2$ 表示所有以步经 2 与 A 间接相连节点受到冲击的总权重，

$\rho^P W^P$ 表示以步经 P 与 A 间接相连节点受到冲击的总权重。通过分析，参数 ρ 及为各金融市场之间的空间效应参数，捕捉金融复杂网络的空间结构以及各市场间作用强度，ρ 的大小反映了网络系统受到冲击的程度。ρ 值越小，表示危机对网络的冲击程度越小，网络可能只是局部受到冲击；ρ 值越大，危机对网络的冲击程度越大，冲击路径越远。

通过以上分析，我们知道 ρ 表示 MST 网络中直接相连节点之间的平均空间权重，ρ^2 表示 MST 网络中两步进相连节点之间的平均空间相关性，ρ^P 表示 MST 网络中 P 步进相连节点之间的平均空间相关性。因此，利用 Bonacich 关键节点测算可以识别直接与间接冲击节点的权重，鉴别冲击网络中的关键性节点，ρ 的变化，将引起空间节点在金融危机风险空间溢出网络中角色的变化。例如，设 MST 网络中某节点受到一个单位的冲击，用 1 表示，则一步进相连节点受到的冲击为 $\rho*1$。两步进相连节点受到的冲击为 ρ^2*1。P 步进相连节点受到的冲击则为 ρ^P*1。因此，在这里我们参考 Cohen-Cole 等[172]使用的空间效应乘子（Space effect multiplier，ϕ）刻画金融系统网络对冲击的敏感性以及冲击的大小，其中 $\phi=1/(1-\rho)$，表示冲击在网络中以参数 ϕ 作为乘子迅速扩散，ϕ 越大，系统对冲击越敏感，冲击强度越大。

接下来，本节引用 Bonacich 的例子对 Bonacich 关键性测算与传统特征向量中心（EVC）进行对比分析，进一步检验 Bonacich 关键性测算在金融危机风险空间溢出网络中，随着 ρ 的不同，各空间单元在网络传导中的权重变化及间接溢出效应的重要性。我们构建如图 6-8 所示的空间网络拓扑结构图，基于 Bonacich 与 EVC 的中心性节点测算结果如表 6-3 所示，在这里，计算过程中的空间权重矩阵应用二元 0，1 矩阵，即式（6-18）所示。

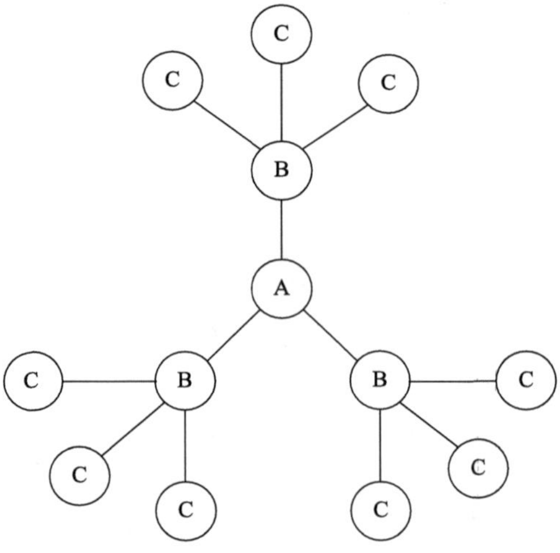

图 6-8　空间网络拓扑结构

表 6-3　Bonacich 与 EVC 关键性节点测算

ρ	A		B		C	
	Bonacich	EVC	Bonacich	EVC	Bonacich	EVC
0	1.33	0.50	1.78	0.41	0.44	0.17
0.1	1.52	0.50	1.67	0.41	0.51	0.17
0.2	1.65	0.50	1.59	0.41	0.55	0.17
0.3	1.74	0.50	1.53	0.41	0.58	0.17
0.4	1.8	0.50	1.48	0.41	0.60	0.17

$$
W = \begin{array}{cccc} & A & B & C \\ A & 1 & 1 & 0 \\ B & 1 & 1 & 1 \\ C & 1 & 0 & 1 \end{array} \tag{6-18}
$$

根据表 6-3，当 ρ>0.2 时，Bonacich 测算结果表明 A 比 B 在金融危机风险溢出网络结构中，处在更关键的节点位子。特征向量 EVC 的关键性节点测算值均相等。当 ρ<0.2 时，在网络结构中，B 的关键性比 A 更重要。当空间溢出参数 ρ 取不同值时，为什么关键性节点会出现不同测算结果呢？直觉告诉我们冲击效应随着空间溢出网络节点边缘化而递减。当空间溢出参数 ρ 较小时，危机爆发源的异常金融事件对整个网络的冲击力度较小，只有与爆发源节点“距离”更近的空间节点受到影响；当空间溢出参数 ρ 越大时，对整个网络的冲击力度越大。用 EVC 关键性节点测算时，设网络各空间单元之间的节点权重相同，这明显与实际不吻合。从广义上讲，Bonacich 关键性节点测算是特征向量 EVC 的关键性节点测算的一种特殊形式。采用 Bonacich 关键性节点测算不仅能够捕捉空间溢出过程中，间接空间节点的重要性，同时能够识别直接与间接“相邻”节点的不同空间权重，从而寻找金融危机风险空间溢出传导过程中的关键性节点，防范金融危机的扩散，减小金融危机对各地区金融市场和实体经济的冲击效应。

6.4　多维经济空间长期动态演变

选取全球最具代表性的 36 个经济体建立金融市场网络，经济体景气程度选用各自金融市场的重要股指对数收益率，各经济体解释变量继续采用前面章节各解释变量数据和说明，在本章对解释变量不作重点考察。在研究金融危机风险空间溢出对实体经济行业冲击效应的动态演变时，如第 5 章，以欧洲、美国、中国为例，研究金融危机风险冲击实体经济行业的动态演变过程。行业包括金融、基础材料、电信、工业、公用事业、科技、能源、消费服务、消费品、健康医疗。各指标仍然采用各行业股票指数的日度对数收益，并采用当地货币计量，目的在于以本地经济或投资者的角度分析金融行业对其他实体经济相关行业的冲击效应。样本时间跨度为 2005 年 1 月 1 日至 2014 年 12 月 31 日。以上相关数据来源于 Datastream 数据库，在构建引力空间权重矩阵过程中使用的宏观经济指标数据来源于 Wind 数据库。

为了研究空间溢出的动态演变过程，根据美国次贷危机和欧洲债务危机全球扩散加剧日为分界点（2007 年 8 月 10 日美国次贷危机蔓延，欧洲央行出手干预，次日世界各地央行注资 3 262 亿美元救市；2009 年 12 月 8 日惠誉评级机构下调希腊信贷评级），将数据分为三个阶段：①金融危机前（2005 年 1 月 1 日至 2007 年 8 月 9 日）；②次贷危机扩散后（2007 年 8 月 9 日至 2009 年 12 月 8 日）；③欧洲债务危机扩散后（2009 年 12 月 8 日至 2014 年 12 月 31 日）。在广义多维经济空间下，分析金融危机风险溢出不同阶段的空间效应和空间拓扑结构特性，进而捕捉评级下调冲击下的广义多维经济空间动态演变机制。

6.4.1 跨区域动态演变

利用经济测度距离度量在多维空间效应下金融市场之间的空间效应权重，经济测度距离越小表示两个空间单元之间的空间效应越强，因此，在这里借鉴 Mantegna 等[33]提出的最小生成树生成算法，结合超度量空间和最小生成树理论，采用 Kruskal 算法，利用 Matlab 程序设计，建立超度量空间下的三个时间段 MST 网络拓扑结构图，如图 6-9~图 6-11 所示。

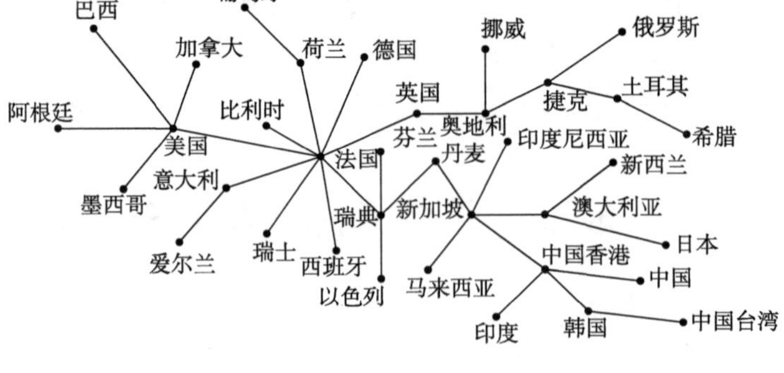

图 6-9 金融危机前跨地区金融风险溢出网络拓扑结构

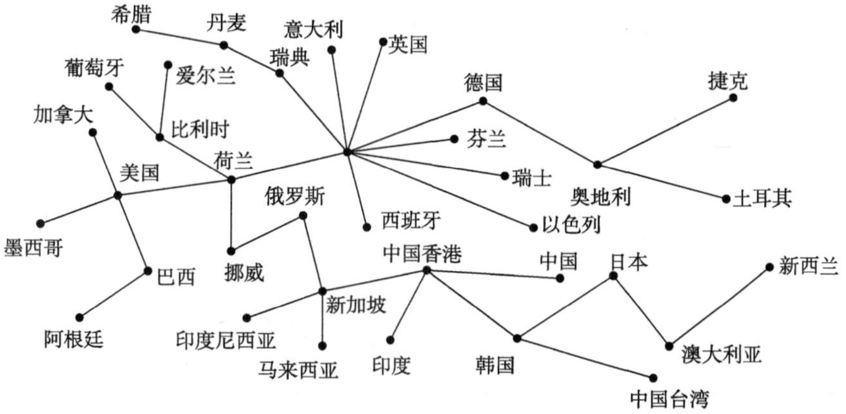

图 6-10　次贷危机扩散后跨地区金融风险溢出网络拓扑结构

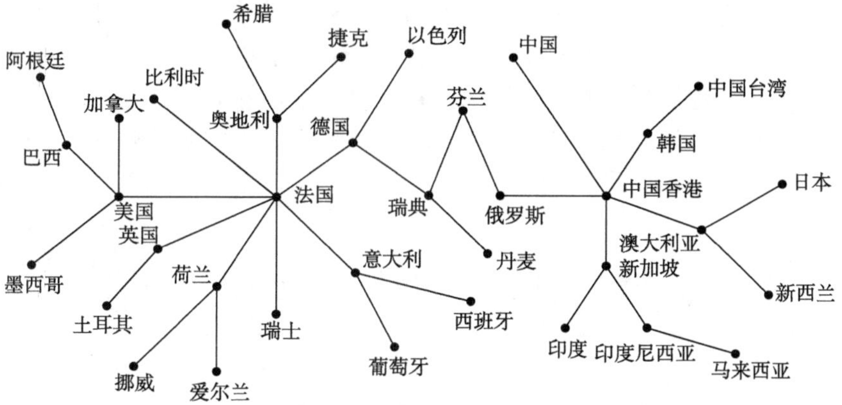

图 6-11　欧洲债务危机扩散后跨地区金融风险溢出网络拓扑结构

根据金融危机风险在金融危机前、次贷危机扩散后及欧洲债务危机扩散后三个不同时期，跨区域市场的网络拓扑结构的对比分析，我们可以得到如下结论：①各金融市场之间存在明显的区域聚集效应，主要分为欧美地区和亚太地区，存在明显的层次结构。②全球金融市场网络拓扑结构在整体上相对稳定，空间聚集内部各经济体之间的空间联动性较强。③全球金融市场之间大多采用电子交易，时间效应极短，同时根据最优化理论，我们利用最小生成树理论建立的超度量空间网络拓扑结构，即金融危机对全球金融市场冲击的优先扩散路径。

表 6-4 为根据不同时期网络拓扑结构图提取的空间各单元在网络中的节点度。根据表 6-4：①全球金融市场表现出以法国、美国、瑞典、中国香港、新加坡等经济体为中心的聚集性，而聚集性随时间动态演变，危机冲击路径也是一个动态演变的过程。②根据最后一列所有节点的度方差分析，三个时间段的度方差呈递减趋势，初步表明金融危机后全球金融市场中心作用更分散，传统金融强国

空间效应影响力在减弱，而一些金融小国空间影响力在增强，全球金融市场发展向多元化，多极化发展。

表 6-4 金融危机风险空间溢出跨区域网络节点度

时间段	排序	No.1	No.2	No.3	No.4	No.5	度方差（所有节点）
金融危机前	节点	法国	美国	新加坡	瑞典	中国香港	2.854 0
	度	9	5	4	4	3	
次贷危机扩散后	节点	法国	荷兰	美国	新加坡	中国香港	2.511 1
	度	9	4	4	4	4	
欧洲债务危机扩散后	节点	法国	中国香港	美国	澳洲	德国	2.168 3
	度	8	5	4	3	3	

表 6-5 为金融危机风险空间溢出网络拓扑结构图在三个不同阶段，36 个区域经济体之间的广义经济测度距离演变对比，图 6-12 为全球跨区域市场间广义经济测度距离的衰减趋势图。横坐标表示在网络拓扑结构图中广义经济测度距离数目。纵坐标表示遍历后的网络拓扑结构最小广义经济测度距离。金融危机发生后，随着金融危机风险的扩散，全球金融市场之间的空间“距离”在减小，金融市场之间的空间关联性在不断增强，金融危机加剧了各金融市场之间的空间效应。

表 6-5 金融危机风险空间溢出跨区域广义经济测度距离对比

时间段	Min（d_{MST}）	Max（d_{MST}）	Avg（d_{MST}）
金融危机前	0.26	0.73	0.49
次贷危机扩散后	0.2	0.66	0.43
欧洲债务危机扩散后	0.15	0.58	0.36

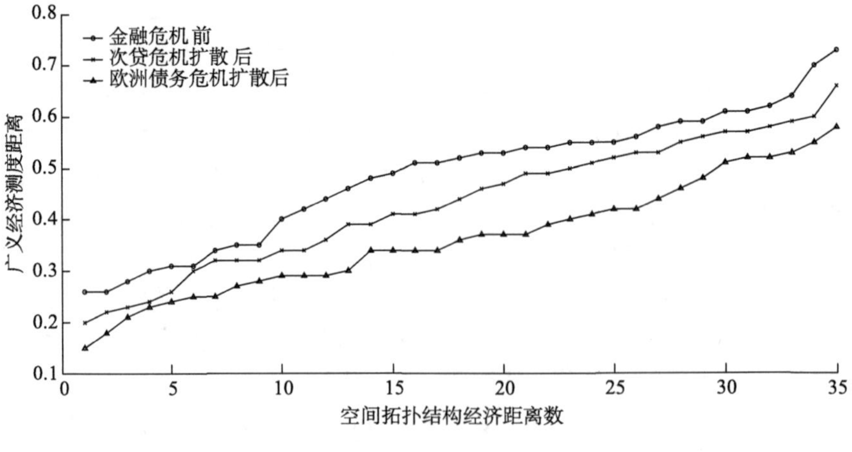

图 6-12 金融危机风险溢出跨区域广义经济测度距离衰减趋势

6.4.2　跨区域实体行业空间动态演变

利用经济测度距离和引力空间权重矩阵，度量在多维经济空间效应下，各区域经济体各实体经济行业之间的空间效应权重。根据全球实体行业的重要程度及数据的可获取性，在这里重点考察欧洲、美国和中国三个地区各自的 10 个实体经济行业，构建金融危机风险空间溢出的跨区域、跨实体经济行业多维经济空间在金融危机前，次贷危机扩散后以及欧洲债务危机扩散后三个不同阶段的 30 个空间单元的 MST 网络拓扑结构图，结果如图 6-13~图 6-15 所示。

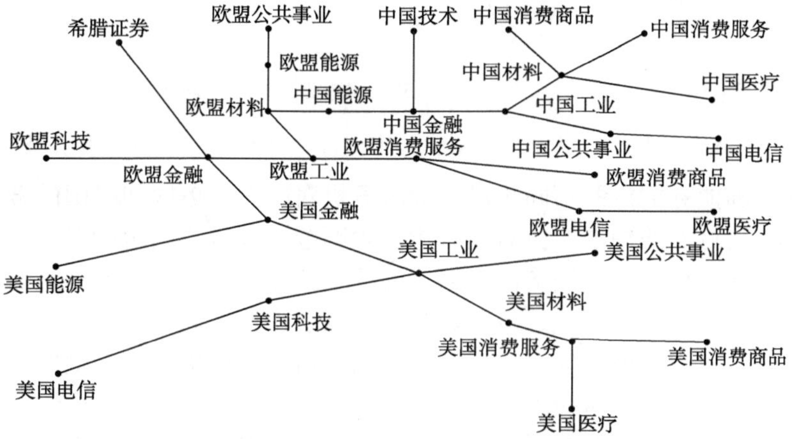

图 6-13　金融危机前跨区域实体行业金融风险溢出网络拓扑结构

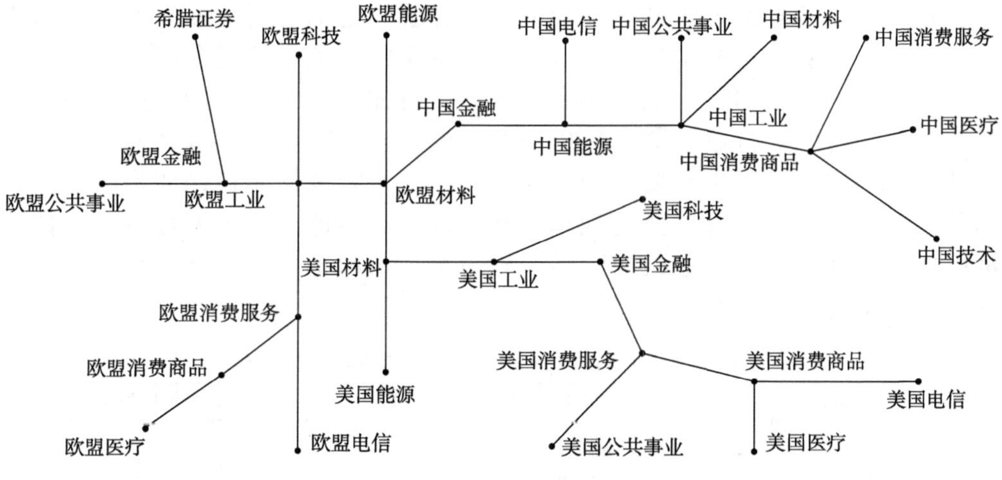

图 6-14　次贷危机扩散后跨区域实体行业金融风险溢出拓扑结构

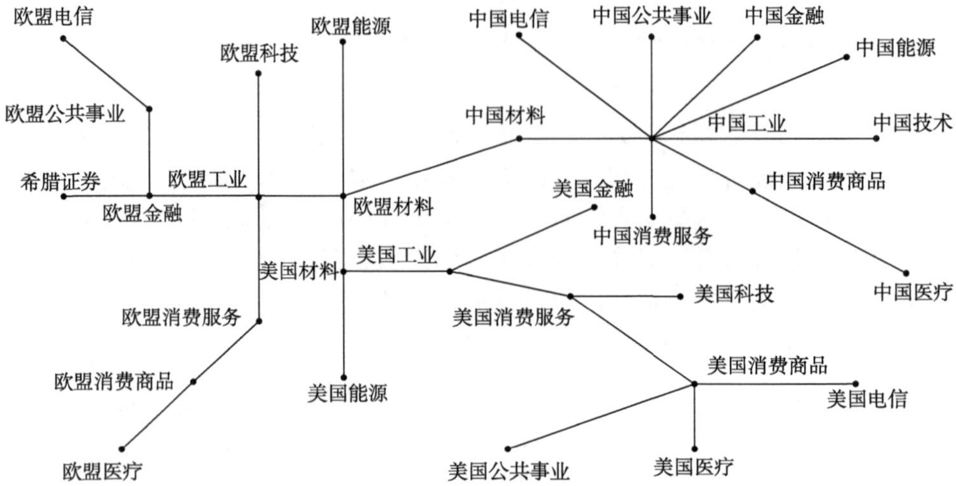

图 6-15 欧洲债务危机扩散后跨区域实体行业金融风险溢出网络拓扑结构

根据欧洲债务危机的不同阶段，金融危机对欧洲、美国和中国的金融市场及实体经济不同行业的冲击效应对比分析，表明金融危机不同阶段对欧洲、美国、及中国的金融市场和实体经济冲击路径的网络拓扑结构在整体上相对稳定。各金融市场之间存在明显的区域、行业聚集性以及层次性。同时，根据最优化理论，我们利用最小生成树理论建立的超度量空间网络拓扑结构，即金融危机对全球金融市场冲击的优先扩散路径。

表 6-6 为欧洲债务危机不同阶段网络拓扑结构图的中心节点度。根据统计结果得到如下结论：①三个地区实体经济行业均受到欧洲债务危机的冲击，而材料和工业基本都处于冲击路径的中心位置，电信、医疗处在冲击网络图的边缘位置，受到的冲击最小。因此，在本次欧洲债务危机期间，金融危机风险溢出具有明显的行业聚集性和层次性，首先遭受到冲击的实体经济是材料、能源、金融等行业。②在危机初期，金融行业在金融风险空间溢出网络拓扑结构图中的位置更重要，即在溢出中扮演更重要的角色，但是随着危机的恶化，材料和工业等行业受到越来越大的影响，即欧洲债务危机对实体经济形成巨大冲击，金融危机风险溢出随着金融危机的深入，在跨地区、跨实体经济行业之间不断演变。

表 6-6 金融危机风险跨区域实体行业网络节点度

时间段		金融危机前	次贷危机扩散后	欧洲债务危机扩散后
欧洲	最大节点度	金融（4）	工业（4） 材料（4）	工业（4） 材料（4）
	金融行业节点度	4	3	3

续表

时间段		金融危机前	次贷危机扩散后	欧洲债务危机扩散后
美国	最大节点度	工业（4）	工业（3） 材料（3） 消费品（3） 消费服务（3）	消费品（4）
	金融行业节点度	3	2	1
中国	最大节点度	材料（4）	消费品（4） 工业（4）	工业（8）
	金融行业节点度	3	2	1

表 6-7 为金融危机风险空间溢出网络拓扑结构图在三个不同阶段，跨地区、跨实体经济行业之间的广义经济测度距离演变对比。图 6-16 为全球跨区域、跨实体经济行业间广义经济测度距离的衰减趋势图。横坐标表示在网络拓扑结构图中广义经济测度距离数目。纵坐标表示遍历后的网络拓扑结构最小广义经济测度距离。随着金融危机的发展，全球各个经济体之间的空间“距离”在不断减小，空间关联性在不断增强，金融危机随时间演变，对实体经济行业也形成巨大冲击。

表 6-7　金融危机风险跨区域实体行业广义经济测度距离对比

时间段	Min（d_{MST}）	Max（d_{MST}）	Avg（d_{MST}）
金融危机前	0.24	0.63	0.38
次贷危机扩散后	0.23	0.60	0.34
欧洲债务危机扩散后	0.15	0.57	0.33

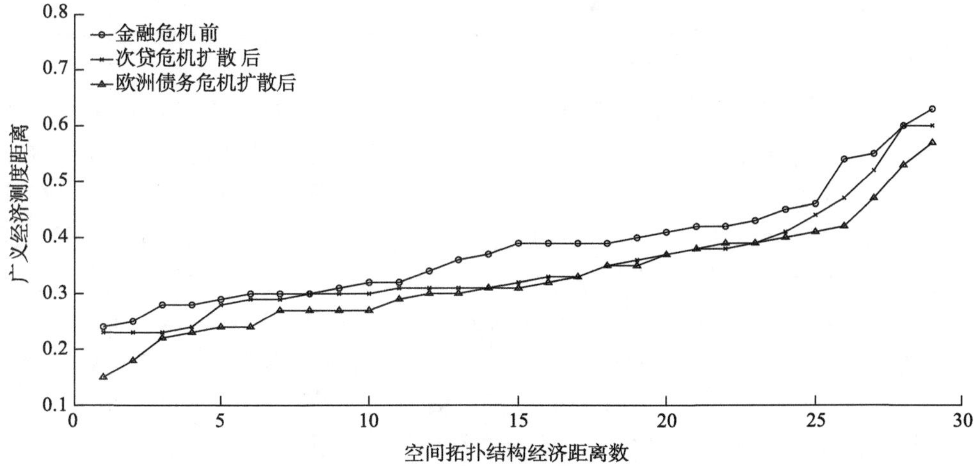

图 6-16　金融危机风险溢出跨区域实体行业广义经济测度距离衰减趋势

根据图 6-12 与图 6-16 的对边分析：①跨区域实体经济行业的广义经济测度距离衰减趋势比跨地区衰减趋势更平缓更接近，表明随金融危机的深入，跨地区实体经济行业的金融危机风险空间溢出网络拓扑结构图结构相对更稳定。②金融风险空间溢出的跨区域实体经济行业的混合传导网络拓扑结构图的遍历平均距离更小，这可能是随着金融危机深入，各市场间的空间关联性越强的结果，也说明各地区实体行业之间的空间关联性更强。

6.4.3 多维经济空间相关性动态演变

在前文构建的全球金融市场之间的金融风险空间溢出加权网络拓扑结构基础上，根据三个不同时间段，建立 3 个空间计量经济复杂网络层次模型，并借鉴 Arnold 提出的两阶段广义矩估计法（TSGMM）[138]对模型参数进行估计，并采用全局 Moran'I 对是否存在空间效应进行检验，结果如表 6-8 所示。

表 6-8 空间计量网络层次模型估计结果

变量	金融危机前	次贷危机扩散后	欧洲债务危机扩散后
网络空间效应系数（ρ）	0.577 1***	0.808 0***	0.892 0***
检验值	9.390 2	14.997 4	20.495 8
调整 R^2	0.564 9	0.634 9	0.775 1
Moran'I	0.492 8	0.697 8	0.764 1
$Z(I)$	7.264 2***	12.936 1***	16.412 6***
乘子（Φ）	2.364 6	5.208 3	9.259 3

***表示在 1%的显著性水平下显著

通过不同阶段空间计量模型的估计结果分析：①全局 Moran' I =$\in[-1,1]$，值越趋于−1，空间单元之间负相关性越强；值越趋于 1 则正相关性越强，趋于 0 则不相关。表 6-8 中，不同时间段的全局 Moran'I 指数都大于 0，且通过 $Z(I)$ 显著性检验，表明全球金融市场之间的确存在正的空间相关性，说明本文在广义多维经济空间下研究金融危机风险溢出网络结构和动态演变是可行和必要的；同时 Moran'I 指数在三阶段不断增大，全球金融市场空间效应越来越强，表明金融危机加剧了全球金融市场之间的空间联动性。②网络空间效应系数值 ρ 均明显大于 0，且通过显著性检验，欧洲债务危机后值为 0.892 0，再次表明随着金融市场全球化，全球金融市场空间相关性不断增长，金融危机风险溢出使得金融风险呈现区域聚集性。③空间效应乘子 ϕ 在金融危机爆发后呈递增趋势，自 2007 年以来的美国次贷危机和欧洲债务危机，金融市场对冲击越来越敏感，冲击迅速传导到全球各个经济体，传染速度越来越快、传染范围越来越广、传染渠道越来越多元化等新特性。

6.5　多维经济空间演变的内在机制

为了更好地理解金融危机风险空间溢出的多维经济空间演变的动态演变内在机制，本节利用复杂网络关键性节点测算思想，将前文利用空间计量经济复杂网络层次模型估计得到的参数 ρ 值代入 Bonacich 关键节点度量模型计算冲击在全球金融危机风险空间溢出网络结构中的关键性节点。在这里主要以全球跨区域的 36 经济体构建的金融危机风险溢出网络为研究对象，估计结果如表 6-9 所示。

表 6-9　金融危机风险关键节点

时间段	Bonacich 关键节点测算结果（Top 5）					
金融危机前	1. 瑞典	2. 新加坡	3. 法国	4. 美国	5. 中国香港	23. 中国
	5.788 4	4.757 0	4.472 4	4.317 8	4.088 7	1.906 7
次贷危机扩散后	1. 法国	2. 中国香港	3. 荷兰	4. 新加坡	5. 美国	18. 中国
	4.000	3.796 2	3.647 6	3.131 4	3.078 1	1.955 3
欧洲债务危机扩散后	1. 中国香港	2. 法国	3. 新加坡	4. 瑞典	5. 俄罗斯	13. 中国
	3.783 5	3.128 4	2.796 9	2.549 8	2.356 1	1.803 9

通过对金融危机风险的多维经济空间网络结构关键节点测算结果进行分析，不同时期的关键节点不同，我们可以看到冲击路径的动态演变过程。将表 6-9 与表 6-4 进行对比分析，表 6-4 的节点度大小更多反映各经济体金融市场的大小，而表 6-9 的金融系统网络关键节点的测算则反映的是金融风险溢出在全球金融网络传导过程中的关键市场，较大的金融市场不一定代表风险溢出过程中的关键性节点；在构建全球金融市场网络所选的 36 个经济体样本中，中国还属于"金融小国"，但是金融风险空间溢出路径关键性节点的度量结果表明，欧洲债务危机后，在全球金融危机风险溢出路径中，中国金融市场的关键性节点度量值处于第 13 位，占有举足轻重的地位，并且随着冲击路径的动态演变，中国在金融危机风险空间溢出动态演变中，越来越不可忽视。

本节以下部分以不同的关键节点作为金融事件爆发源，检验在金融危机风险多维经济空间溢出网络结构中，冲击效应的动态演变过程。在金融风险溢出的多维空间网络拓扑结构中，冲击在各金融市场之间的传染概率是由被传染经济体的经济实力和两市场之间的空间效应共同决定。我们根据前文的 Bonacich 关键性节点度量结果，结合危机传染 SIR 模型检验冲击路径的动态演变过程。将广义多维经济空间复杂网络中代表金融市场的空间单元分为三种状态，分别为 S 态、I 态和 R 态。三种状态的详细定义如下所示。

（1）健康状态（S 态）：表示空间单元还未受到冲击，即当其他空间单元表示的经济体发生金融事件并在网络中产生风险空间溢出时，处于 S 态的空间单元代表的经济体还未出现明显的异常波动现象。

（2）被传染状态（I 态）：表示该空间单元表示的经济体受到空间网络中其他经济体金融事件的冲击，出现明显的异常波动。

（3）移除状态（R 态）：表示该空间单元表示的经济体在金融危机风险溢出网络中对其他金融事件免疫或则已经退出金融事件的影响。

当处于健康状态 S 态经济体与处于 I 态的经济体接触后，会以一定的传染概率转化为 I 态，S 态与 I 态的空间单元也可能直接转化为 R 态。

在这里，我们用 S（t）、I（t）、R（t）分别表示 t 时刻 S 态、I 态、R 态所占金融系统网络中总市场数的比例，即有 $\mathrm{S}(t)+\mathrm{I}(t)+\mathrm{R}(t)=1$ 。我们基于三个不同时间段，分析在不同空间效应参数下、不同关键节点金融市场出现波动后，金融风险溢出路径的动态演变过程。在测算过程中，设传染概率参数 α 等于前面估计得到的空间效应参数；治愈参数 β 为常数 0.01；并假设初始网络只有一个金融市场受到冲击，即 $\mathrm{I}(0)=\dfrac{1}{36}=0.027\,8$ ， $\mathrm{S}(0)=\dfrac{35}{36}=0.972\,2$ ，利用 Matlab 程序算法，我们得到金融危机风险溢出路径的动态演变过程如图 6-17 的（a）、（b）、（c）所示。

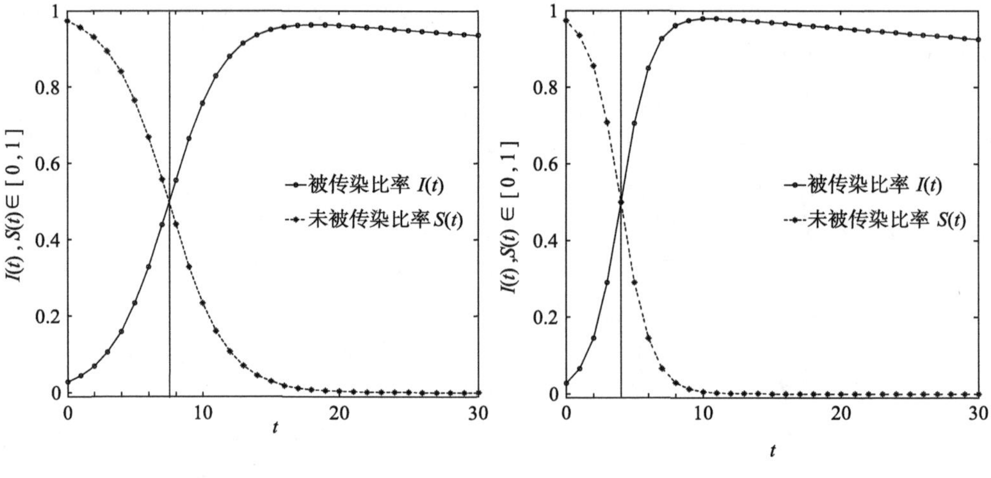

（a）　　　　　　　　　　（b）

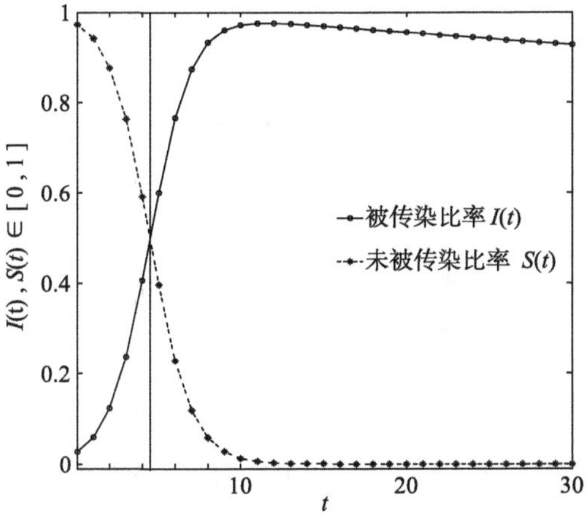

（c）

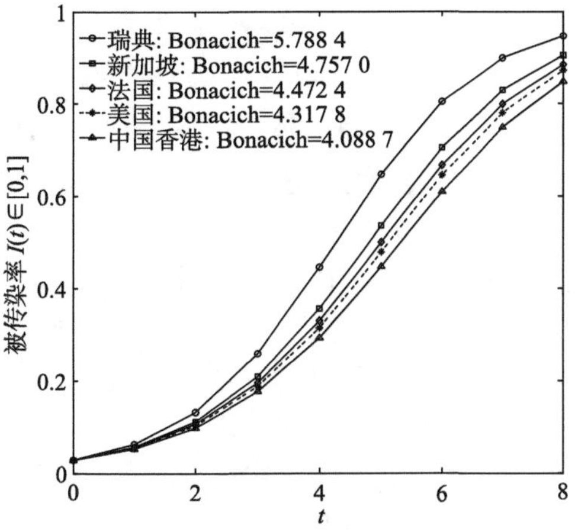

（d）

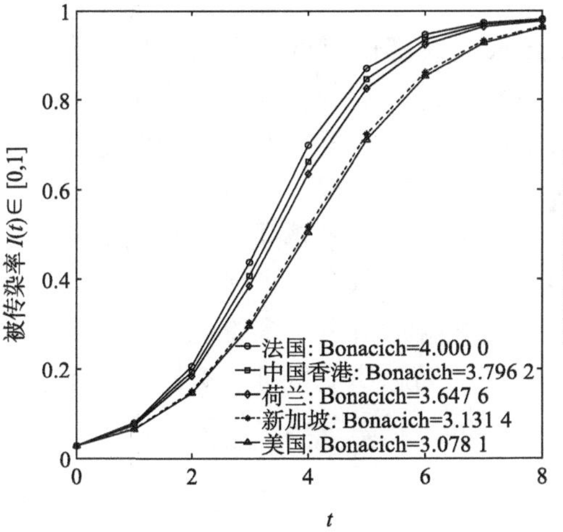

（e）

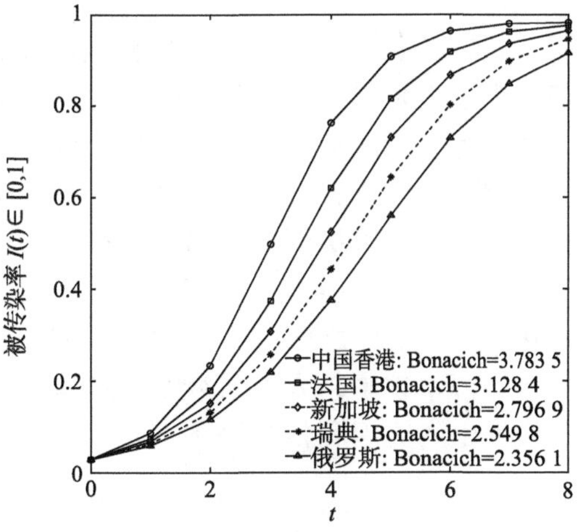

（f）

图 6-17　不同关键性节点为传染起始点的金融危机风险溢出的空间动态演变过程

在图 6-17 中，图（a）、（b）、（c）表示在不同时间段，空间效应参数依次为 0.577 1、0.808 0、0.892 0 条件下，金融危机风险在全球金融系统网络中的广义多维经济空间溢出路径动态演变过程。通过比较分析，表明在不同空间效应下，被传染金融市场比率递增斜率不同，被传染概率最大值不同当空间效应参数为 0.892 0 时，斜率最大，被传染概率最大值也最大，因此，金融危机加剧了全球金融市场之间的空间效应，金融风险溢出网络对冲击越敏感，冲击波及范围越广。随着全球金融市场之间的空间效应增大，空间溢出不断演变，全球性金融危机爆发的可能越来越大。

为了进一步分析在金融系统网络中，不同关键性节点对金融风险溢出路径演变过程的影响，检验全球金融市场关键性节点测算的准确性，在这里分别选择不同时间段网络拓扑结构中 Bonacich 关键性节点测算值前 5 的节点作为初始传染节点进行传染动态过程模拟分析，结果如图 6-17 的（d）、（e）、（f）所示。

在图 6-17 中，图（d）、（e）、（f）表示金融危机前、次贷危机扩散后及欧洲债务危机扩散后三个不同时间段的前 5 关键性节点作为初始传染源的金融风险溢出路径动态演变过程。通过对比分析，我们可以看到：被感染节点的密度随时间的变化迅速增大；以不同时间段、不同关键性节点作为初始传染源，形成的风险冲击在整个网络中的风险溢出速率不同，冲击力度也不同。在金融系统网络中，Bonacich 关键性节点值越靠前的金融市场出现波动时，被感染密度曲线斜率越大，相应的最大值也最大，即金融危机风险溢出速度越快，对整个网络的冲击力度越大。

同时，我们看到，金融危机前的 Bonacich 关键性节点最大值为瑞典金融市场，为 5.788 4，欧洲债务危机后的 Bonacich 关键性节点最大值为中国香港金融市场，为 3.783 5，Bonacich 关键性节点度量值随着时间的推移，金融危机的爆发，呈减小趋势，金融风险溢出存在一个动态演变的过程；金融危机后，风险溢出在全球金融市场网络中溢出速度加快，冲击力度也越来越强，这是由于随着全球金融市场的发展，各经济体金融市场重新洗牌，全球金融市场更加多元化、多极化，各经济体之间的空间关联性越来越强，金融危机风险多维经济空间溢出后的传染概率越来越大。研究金融风险溢出路径的动态演变机理，有助于揭示金融危机发生的成因和传导机制，防范全球金融危机对我国金融市场的冲击。

6.6 本 章 总 结

本章研究了金融危机风险多维经济空间的动态演变，是评级下调冲击下多维经济空间溢出形成短期聚集后的动态演变必然阶段，是前面章节研究内容的延续。首先，在多维经济空间理论下，引入复杂空间网络思想，将各区域金融市场，各实体经济行业视为空间网络节点。对金融危机风险的空间溢出演变阶段进行划分，根据金融危机风险空间溢出的跨区域聚集、跨区域行业的混合聚集，构建不同时空维度的空间网络拓扑结构；然后根据网络拓扑结构层次，提出多维复杂空间网络层次模型，度量空间相关性系数动态演变过程。其次，将估计的参数值引入加权 Bonacich 关键性节点测算模型，识别直接与间接关联节点对金融危机风险的权重，寻找金融危机风险空间溢出网络结构中的关键空间节点。最后，利用 SIR 传染模型分析空间溢出效应的动态演变机制，寻找金融危机风险的多维空间溢出的内在机制。对实证结果进一步分析和提炼，主要结论如下：

（1）欧洲债务危机时期，我国金融市场受到来自欧美金融市场的传染效应的强度有所增加。欧美市场对我国 A 股市场的传染效应均在 2011 年底创出新高，它们在欧洲债务危机时期对我国香港市场的传染效应强度高点也超越了次贷危机时期。同时，欧美金融市场对我国 A 股市场的风险传染主要通过我国香港市场进行传导。一方面，我国 A 股市场与香港市场之间的融合程度日益加深，二者间存在较高程度的常规风险传染效应和日益增加的极值风险传染效应；另一方面，欧美金融市场对我国香港市场的传染效应强度更大，但这种传染效应与对我国 A 股市场的传染效应却具有相似的动态模式。从极值风险来看，我国 A 股市场与欧美市场之间的极值风险传染效应较弱，并且我国 A 股市场发生极端下跌情况更多地受美国市场的影响，即便这种影响的源头来自于欧洲市场。

（2）相比于次贷危机，欧洲债务危机期间欧美金融市场对我国金融市场的风险传染呈现出长期化、复杂化特征。次贷危机来势迅猛，短期对金融市场冲击较大但持续性较差，传染效应呈现前高后低的阶段性特征；欧洲债务危机初期较为温和，但持续多年发酵，几起几伏而得不到根本解决，传染效应呈现长期化和复杂化特征。

（3）金融危机风险溢出网络关键节点的测算反映的是溢出传导过程中的关键性市场，较大的金融市场不一定代表金融风险溢出过程中的关键性节点，中国还属于“金融小国”，但是在欧洲债务危机后，在所选 36 个经济体中，金融危机风险溢出关键性节点的度量值处于第 13 位，占有举足轻重的地位，随着金融风险溢出的动态演变，中国在冲击传导动态演变中，越来越不可忽视。

（4）金融危机风险多维经济空间溢出网络关键性节点测算值越靠前的金融市场出现波动时，其形成的冲击传染速度更快，冲击力度更大；金融危机后，关键性节点测算值不断减小，冲击在全球金融市场网络中传导速度反而加快，冲击力度也越来越强，表明全球金融市场更加多元化、多极化，空间关联性越来越强，挖掘金融风险空间溢出路径的动态演变机制，有助于揭示金融危机发生的成因和传导机制，防范全球金融危机对我国金融市场的冲击。

第7章　欧美主权信用评级下调冲击的短期波动与长期均衡

本章在欧洲债务危机背景下的短期聚集与长期均衡后，进一步研究欧美主权信用评级下调冲击市场的短期波动与长期均衡的关系。以我国股票市场为实证对象，检验股票市场的波动与均衡的偏离程度及影响因素。

目前，由评级机构引起的欧洲主权债务危机对这些国家和全球的经济发展有着巨大的负面影响。在此次危机中，评级机构主要根据各国政府财政收支不均衡的问题下调国家主权信用评级。Afonso 和 Mora 指出，主权信用评级反映了一个国家债券史和整体经济状况（如外债、人均 GDP、经济增长速度、通货膨胀及还债能力等），非常具有参考价值[17, 189]。我国市场经济还不够成熟、透明，信用评级一般是投资者和监管部门进行决策时需要参考的重要数据之一。1992年，评级机构开始对中国发布主权信用评级报告，评级结果的改变对我国金融市场的稳定有着非常重大的影响。如果我国主权信用评级遭到下调，全球资本必然大量撤离，给我国金融市场带来严重的后果。因此，在当前欧洲各国出现严峻的主权债务危机的背景下，研究主权信用评级变动对股票市场的冲击，度量评级下调冲击下股票市场的短期波动大小，检验股票市场是否偏离均衡，波动与均衡的关系具有重要的现实意义。

7.1　主权信用评级变动冲击下的短期波动

7.1.1　股票市场波动的衡量方法

由于股票指数的波动，主要表现在收益率序列的波动，因而本章用股票指数的日收盘价来计算股票指数的收益率。

波动性与反映证券市场质量和效率的其他指标如流动性、交易成本、市场信息流动等密切相关，因此波动性是综合反映股票市场的价格行为、质量和效率的最简洁和最有效的指标之一。由于不能直接获取到波动率数据，我们通过使用参数波动模型来估计波动率。具体应用指数广义自回归条件异方差性的模型来描述市场收益率对于评级机构信息披露的波动。这个模型通过具体的条件边缘分布来过滤条件波动率的过程。随后对于稳健型的检验，使用含绝对值和平方项替代收益的波动性。

$$r_{i,t}^{s} = \ln\left(\text{stock}_{i,t}\right) - \ln\left(\text{stock}_{i,t-1}\right) \tag{7-1}$$

$$r_{i,t+1} = u_i + \varepsilon_{i,t+1}, \varepsilon_{i,t+1} = \sigma_{i,t+1} z_{i,t+1} \tag{7-2}$$

$$\ln\left(\sigma_{i,t+1}\right) = \omega_i + \beta_i \ln\left(\sigma_{i,t}\right) + \gamma_i z_{i,t} + \alpha_i \left(\left|z_{i,t}\right| - E\left|z_{i,t}\right|\right) \tag{7-3}$$

$$z_{i,t} = \varepsilon_{i,t} / \sigma_{i,t} \tag{7-4}$$

根据 Asai 和 McAleer 的分类，式（7-3）是一个 EGARCH 模型，用来检验和刻画对于正项与负向冲击的非对称性模型[91]。$z_{i,t} = \varepsilon_{i,t} / \sigma_{i,t}$ 定义了标准化的残差，α_i 刻画了非对称效应的波动性，相比于同等程度的正向冲击，负向冲击产生更高的波动。对于上面的式子来说，正向的冲击斜率系数就是 $\gamma_i + \alpha_i$。负向的冲击斜率系数就是 $\gamma_i - \alpha_i$。如果 α_i 是正的，γ_i 是负的，那么负向冲击产生的波动大于正向冲击的波动。因为 $|\gamma_i - \alpha_i| \geqslant |\gamma_i + \alpha_i|$。

选取欧盟国家、亚洲市场国家和美国等国家的股票指数数据：希腊 ASE 指数、西班牙 IBEX35 指数、米兰 SP/MIB 指数、爱尔兰 ISEQ 指数、葡萄牙 PSI20 指数、北欧交易所 OMX 里加（OMXR）指数（拉脱维亚）、维尔纽斯（OMXV）指数（立陶宛）、巴黎 CAC40 指数（法国、德国、英国）、德国法兰克福 DAX30、伦敦金融时报 100 指数、奥地利 ATX 指数、中国沪深 300 指数、美国标准普尔 500 指数和日经 225 指数（I01021）。为保持样本数据时间跨度的一致性，时间区间选择 2008 年 1 月到 2013 年 10 月。样本数据部分来源于 RESSET 金融研究数据库，部分来源于 STOCKQ 国际股票市场指数行情。由于各个国家节假日等的不同，使得股票交易日期存在差异，因而各个股票指数所包含的样本数据均不同，经过时间匹配后，有效数据有 4 060 个。

从表 7-1 中的结果来看，在 10%的显著性水平下，参数估计系数基本都是显著的，说明 EARCH 模型能较好地拟合样本序列。高 β 说明波动是持久的。系数 γ 均大于零，说明股票指数收益率的波动具有明显的杠杆效应：利空消息比等量的利好消息可以产生更大的波动。当出现利空消息时，该消息会对股票价格指数收益率带来 $\gamma_i + \alpha_i$ 倍的冲击，但是当出现利好消息时，该消息只会对股票指数收益率带来 $\gamma_i - \alpha_i$ 倍的冲击。也就是说，各国股票市场上的投资者对坏消息的敏感度较高，源于心理预期给股票指数带来了更大的波动，这也进一步说明了股票市场是需要信心维持的。在欧洲的十个国家中，利空消息对希腊股票市场的冲击效果最大，其次为爱尔兰和葡萄牙的股票市场，最后为英国的股票市场，这说明在危机时代，希腊、爱尔兰、葡萄牙等严重危机国家较英国等发达国家股票市场的波动性显著大。另外，由于系数之和接近 1，表示过去波动和外界的冲击对波动率的影响持久，且持续性强，即冲击对未来所有的预测都具有重要的作用。D.F.代表 t 分布残差项的自由度。通过结果可以看到，波动存在尖峰厚尾特征。

表 7-1 EGARCH（1，1）模型估计结果

国家	γ	α_i	β	D.F.
希腊	−0.053***	0.158***	0.985***	7.78
葡萄牙	−0.073***	0.219***	0.978***	6.46
爱尔兰	−0.072***	0.169***	0.986***	6.52
意大利	−0.109***	0.105***	0.985***	8.95
西班牙	−0.121***	0.127***	0.989***	8.05
奥地利	−0.074***	0.186***	0.981***	8.79
拉脱维亚	−0.056***	0.346***	0.950***	3.22
立陶宛	−0.053***	0.491***	0.870***	5.25
法国	−0.153***	0.102***	0.982***	15.44
德国	−0.129***	0.113***	0.985***	11.41
英国	−0.135***	0.108***	0.987***	13.84
美国	−0.169***	0.101***	0.982***	15.90
中国	−0.189***	0.008***	0.890***	12.98
日本	−0.148***	0.103***	0.799***	10.90

***代表在 1%的水平下显著

注：D.F.是表明方程中的 t 统计量的自由度

对于股票市场波动，这种模式是比较不显著，具有 AAA 级的国家的股票市场波动性与 BBB 国家和地区持平，而投机级评级的国家也只有约 50%以上的波动幅度，见表 7-2。

表 7-2 不同信用等级国家的波动率平均值

评级	S&P	Moody	Fitch
AAA	0.003 7	0.003 7	0.003 7
AA+	0.003 3	0.003 2	0.004 0
AA	0.003 0	0.002 9	0.002 1
AA−	0.002 2	0.002 5	0.001 7

续表

评级	S&P	Moody	Fitch
A+	0.003 8	0.003 2	0.002 2
A	0.003 5	0.003 3	0.009 0
A−	0.002 9	0.004 3	0.003 0
BBB+	0.004 0	0.003 2	0.003 7
BBB	0.003 5	0.003 3	0.004 6
BBB−	0.004 6	0.005 1	0.006 5
<BB+		0.004 0	0.010 3

7.1.2 评级变动对波动率的影响

在本节中，研究股票市场波动对欧洲国家主权评级升级和降级的反应。因此，我们通过借鉴 Afonso 等提出的国家固定效应面板回归模型来进行估计[17]：

$$\log\left(\sigma_{i,t}\right)=u_i+\sum_{j=0}^{k}\lambda_i\text{down}_{i,t-j}+\sum_{j=0}^{k}\alpha_j\text{up}_{i-j}+\beta\log\left(\sigma_{i,t-1}\right)+\zeta^T X_{t-1}+\varepsilon_{i,t} \quad (7\text{-}5)$$

用指数函数过程代表条件波动性来保证它是正的，$\sigma_{i,t}$ 使用 EGARCH 条件波动性替代。u_i 代表方程的固定效应，X 代表控制变量。数据依然是前文罗列的各国股票指数。

表 7-3 说明了利用两个滞后项的方程的估计结果。我们测试了若干个滞后项，一般来说，两个滞后项足以捕捉动态的股票市场收益波动性。如表所示，我们注意到关于波动率的主权信用评级的发展有着不对称性的存在。主权的升级对波动性没有显著影响。另一方面，股票市场的主权信用评级下调以一个滞后增加了波动性。这些回归的 R^2 很高，高于 0.95，可以解释为持久性的波动（滞后波动）。本节已经运行附加回归，这个回归不包括滞后波动。这些替代的 R^2 回归也披露在表 7-3 中，在方括号内，约为 0.3。

表 7-3　波动率对升级和降级的反应

变量	评级上调	评级下降
T	0.015 5（0.31）	0.036***（4.63）
t−1	0.022（0.58）	0.072***（4.02）
t−2	−0.013（0.54）	0.008（0.59）
波动的滞后项	0.963***（156.87）	
R^2	0.955[0.322]	
国家	14	

续表

变量	评级上调	评级下降
F-Test3rdlag	0.561	
F-Test5rdlag	0.003	

***代表在 1%的水平下显著

注：表格中 R^2 后面中括号里面的数字，代表着没有滞后因变量时方程的拟合度

估计三种替代波动模型，允许残差项服从不同的分布的不对称波动性。对于时变的预期收益率序列，应用 GJR-GARCH model，高斯分布 EGARCH 模型，和自相关收益率的 EGARCH 模型来进行检验。使用过滤的波动性来得到的回归结果。

我们依然发现两个滞后项足以捕捉动态的股票市场收益波动性。如表 7-4 所示，我们注意到关于波动率的主权信用评级的发展有着不对称性的存在。主权的升级对波动性没有显著影响。另一方面，股票市场的主权信用评级下调以一个滞后增加了波动性。说明上面的结果是稳定的。

表 7-4　股票市场对评级时间波动率的稳健性检验

评级变动		EGARCH Gaussian	GJRGARCH	EGARCH auto correlated returns
评级上调	t	0.016（0.83）	0.021（1.01）	0.027（0.99）
	t−1	0.028（0.70）	0.044（0.074）	0.029（0.59）
	t−2	−0.011（−0.60）	−0.022（−0.77）	−0.015（−0.068）
评级下调	t	0.019***（2.33）	0.015（1.01）	0.025**（2.26）
	t−1	0.064**（3.78）	0.081**（3.96）	0.070***（3.94）
	t−2	0.005（3.34）	0.009（0.59）	0.008（0.54）
波动滞后项		0.961***（272.97）	0.960***（138.86）	0.977***（150.72）
R^2		0.947	0.959	0.948

***和**分别代表在 1%和 5%的水平下显著

7.2　主权信用评级变动对股票价格波动冲击的动态分析

有关金融市场资产风险的分析一般存在两个概念，即价格收益和价格波动，其中，价格收益类似收益率。在金融领域，Molodovsky 较早系统地分析了价格收益的经济含义[89]。首先，收益率指的是资产投资的回报率，一般采用一段时间内的百分数表示，在公司和企业，收益率则表示净利润除以使用平均资本的百分数。本节实证的研究对象主要就是股票指数的收益率，具体采用的是价格收益率。Milonas 将

价格波动定义为随机变量的离散程度，在残差正态分布的假设下，价格波动由标准差或者是方差来刻画[90]。尽管后续众多的经济学家和金融学家通过大量实证表明，价格波动的正态性假设与实际存在偏差，其更多是呈现尖峰厚尾特征，但是运用标准差或者是方差来刻画波动率的方法还是得到了学术界的一致认可。通过一系列对价格收益和价格波动概念的分析与界定可知，价格收益和价格波动虽然都表示资产价格的变化程度，但两者仍存在较大差异：价格收益属于一种静态且内生的变量，而价格波动属于一种动态且随机的变量，根据一组已知的时间序列可以计算每个时间点的价格收益，而根据这组时间序列能得到整体的价格波动。

本节在 7.1 小节的基础上，进一步研究欧盟区外部国家股指波动的变化情况，具体包括美国，日本和中国，选取的股票指数为美国纳斯达克指数，日经 225 指数和沪深 300 指数。样本时间区间从 2009 年 12 月到 2012 年 7 月，各个国家节假日不同造成了股票交易日的不同，对不同国家股指数据进行了时间上的匹配，剔除了样本区间内不相匹配的数据，有效数据达到 511 个。

对样本数据进行描述性统计分析，结果如表 7-5 所示。比较各国股票市场价格收益的均值，我们发现，美国纳斯达克指数最大，日经 225 指数紧随其后，中国沪深 300 指数最小。从标准差来看，中国沪深 300 指数最大，日经 225 指数最小。从偏度来看，各国股指收益绕其均值都表现出非对称性，都为左偏。最后观察表的最后两项，我们发现各个国家股票指数的收益序列均不是正态分布，序列呈现出尖峰厚尾性。因而，估计模型前，我们应进一步检验样本序列是否平稳，可以有效防止发生伪回归。进行数据平稳性检验我们采用的是 ADF 检验，即单位根检验，具体检验结果见表 7-6。我们发现，各个样本序列的 ADF 值均小于显著性水平 1%的临界值（3.442 9），拒绝原假设，样本序列平稳。

表 7-5　样本数据的描述性统计量

市场	平均值	中间值	最大值	最小值	标准差	偏度	峰度	J-B 检验
美国	0.000 3	0.001 3	0.052 9	−0.069	0.013 9	−0.328 9	5.770 3	172.62
日本	−0.000 2	0.000 1	0.056 8	−0.105 5	0.013 6	−0.943 3	10.37 2	1 233.2
中国	−0.000 4	−0.000 1	0.049 0	−0.062 1	0.014 5	−0.291 2	4.376 3	47.55 8

表 7-6　单位根检验

样本序列	美国	日本	中国
ADF	−23.887 94	−22.484 61	−22.835 09
P 值	0.000 0	0.000 0	0.000 0
结论	平稳	平稳	平稳

对样本序列的自相关性检验表明，在 1%的显著性水平下，美国纳斯达克指数序列在滞后 6 阶有自相关性，日经 225 指数在滞后 2 阶有自相关性，中国沪深

300 指数在滞后 5 阶有自相关性。通过对残差平方的相关图检验，发现样本序列存在自相关，即有 ARCH 效应。本节在残差服从 t 分布的假设下对模型进行参数估计。本章采用 TARCH（1，1）模型，参数估计如下（表 7-7）。

表 7-7　TARCH（1，1）模型的估计结果

样本序列	α_0	β_1	α_1	γ_1	t 分布
美国	5.99E−06***	0.883 035***	−0.082 163***	0.293 130***	8.366 614**
日本	1.27E−05***	0.855 900***	−0.038 012	0.200 634***	22.536 95
中国	6.45E−05	0.699 561**	−0.040 775	0.076 855	9.404 131**

和*分别表示在 5%和 1%的显著性水平下显著

由上述估计结果可知，在 90%的置信水平下，美国和日本股票市场用模型估计出的系数基本都显著，系数 γ_1 都为正，表明上述国家股票价格的波动具有显著的杠杆效应，即是利空消息产生的波动更大。市场出现利空消息时，带给股票价格的冲击为 $\alpha_1+\gamma_1$ 倍，而市场出现利好消息时，带给股票价格的冲击为 α_1 倍。这说明了欧洲债务危机后，投资者们对市场坏消息的反应更快，股票市场的波动是由投资者的心理预期引起的。我们发现，危机时期，利空消息对美国股票市场的冲击效果最大，其次为日本股票市场，对中国的股票市场的冲击不显著，这说明了欧洲债务危机爆发阶段，相较于发展中国家的中国，市场发达且自由度高的美国和日本股票市场更易受到风险的负向冲击。

EGARCH 模型也经常被用来检验股票价格波动的杠杆效应，我们运用如上的样本序列，进行 EGARCH（1，1）模型的估计，参数如表 7-8 所示。从参数估计结果来看，非对称项 γ_1 的参数估计值 $\prec 0$，则股票价格的波动具有显著的杠杆效应，这个结果与 TARCH 模型得出的结论相同。市场出现利空消息时，该消息对 $\ln\left(\delta_t^2\right)$ 有一个 $a_1' - \gamma_1'$ 倍的冲击；市场出现利好消息时，该消息对 $\ln\left(\delta_t^2\right)$ 有一个 $a' + \gamma_1'$ 倍的冲击。因为 $\gamma_1' \prec 0$，所以坏消息引起的股票价格的波动更加显著。

表 7-8　EGARCH（1，1）模型的估计结果

样本序列	α_0'	β_1'	α_1'	γ_1'	t 分布
美国	−0.615 152***	0.942 680***	0.124 836**	−0.217 251***	7.816 816**
日本	−0.894 426***	0.905 032***	0.073 552	−0.205 881***	26.937 00
中国	−4.382 2**	0.467 61*	−0.148 43**	5.877 83***	0.789 6***

***、**和*分别表示在 1%、5%和 10%的显著性水平下显著

通过分析主权信用评级变动冲击股票市场的短期波动特征，我们发现评级下调对市场的冲击更为显著，并且波动率序列的动态相关性很强。

7.3　主权信用评级变动冲击下的长期均衡

为了防范评级下调对股票市场带来的负向冲击，这一节探究冲击造成的股票市场的负向波动相对于长期均衡的偏离程度。

由于 Cooper 等[179]的研究表明标准普尔发布的评级的事件总体上领先与穆迪和惠誉，并且领先发布的评级信息对市场的冲击最大。所以本节评级数据采用了标准普尔长期主权信用评级。本节数据来源于标准普尔官方网站。将标准普尔官方网站上的评级符号以附表中的方式进行转化。股票市场的变化采用股票市值占 GDP 比率这一指标来衡量。此外，为防止遗漏重要变量而对估计结果的准确性产生影响，本节还加入了如下控制变量：GDP 增长率、通货膨胀及广义货币存 M_2。数据来源于世界银行 WDI 数据库、国际清算银行（The Bank For International Settlements）。GDP 增长率代表了一国经济增长速率，较高的 GDP 增速表明一国正处于经济增长的轨道，未来前景良好，也会刺激股票市场的发展，对股票市场应具有正影响；通货膨胀对股票市场的影响较为复杂，一方面，它表明资产价格的上升，社会资金较为充裕，对股票市场利好；另一方面，较高的通货膨胀也说明一国经济存在一定的问题，尤其是恶性通货膨胀，严重冲击一国经济的增长；广义货币存量作为政府的货币政策，起着调控市场流动性的作用，尤其对于我国股票，由于受政策影响较大，广义货币存量的增减直接影响着股票市场的涨跌。因此，预期也对股票市场具有正影响。

表 7-9 列出了最近几年股票市值占 GDP 比率的描述统计，从均值来看，所选新兴经济体的股票市值比率在 40%左右，且在 2008 年牛市中达到峰值 54.93%，随后全球金融危机爆发，股票市值也逐渐缩水，2009 年股票市值占 GDP 比率低于了 50%。从各国股票市值比率差异中分析，金融自由化程度最高的我国香港地区 2008 年股票市值占 GDP 比率一度达到了 775.8%，远远高过其他新兴经济体。而另外一些国家这一比率 1%都不到，发展程度极为低下。因此，本节的分析考虑到了国家间的差异，具有一般性。

表 7-9　股票市值占 GDP 比率描述统计

年份	均值	中位数	最大值	最小值	标准误
2007	58.856	20.156	446.907	0.034	89.987
2008	54.932	19.915	755.825	0.053	120.438
2009	39.368	13.747	707.435	0.019	114.483
2010	42.258	16.558	725.236	0.021	117.263

续表

年份	均值	中位数	最大值	最小值	标准误
2011	39.222	17.588	729.227	0.022	115.247
2012	45.254	18.689	788.285	0.019	118.581
2013	49.255	20.598	798.693	0.025	119.587

从均值来看，伦敦金融时报 100 指数最大，德国法兰克福 DAX 指数紧随其后，希腊 ASE 指数最小，西班牙 IBEX35 指数、米兰 SP/MIB 指数、爱尔兰指数、葡萄牙 PSI20 指数居中。从标准差来看，希腊 ASE 指数最大，伦敦金融时报 100 指数最小。结合均值和标准差，可以看出西班牙、意大利、爱尔兰、葡萄牙股票市场收益与风险相匹配；希腊和英国股票市场收益与风险不相匹配。从偏度来看，八个股票指数绕其均值具有非对称性，负的偏度值意味着左偏。从峰度和 J-B 检验来看，八个股票指数收益率序列均不服从正态分布。根据表 7-10，样本数据具有典型的金融数据特征，即尖峰和厚尾。因而，在模型估计之前，需要对样本数据的平稳性进行检验，以防止出现“伪回归”现象。此处采用的方法是 ADF 检验，即检验样本序列是否服从单位根过程。

表 7-10 股指收益率的描述性统计量

变量	希腊	葡萄牙	爱尔兰	意大利	西班牙	法国	德国	英国
平均值	−0.002 3	−0.000 8	6.2E−05	−0.000 9	−0.000 6	−0.000 4	0.000 6	0.000 7
中间值	−0.002 0	−0.000 5	0.000 2	−0.000 5	−0.000 6	−0.000 5	0.000 1	−0.000 2
最大值	0.096 4	0.107 3	0.078 6	0.112 8	0.144 3	0.096 6	0.053 5	0.051 6
最小值	−0.073 7	−0.128 7	−0.057 8	−0.068 0	−0.066 4	−0.054 8	−0.058 2	−0.046 7
标准差	0.022 8	0.015 5	0.014 8	0.018 7	0.018 2	0.016 2	0.015 0	0.011 9
偏度	0.124 4	−0.475 6	−0.018 4	0.073 7	0.825 5	0.245 8	−0.096 8	−0.113 9
峰度	4.289 2	16.544	5.396 7	6.238 1	11.147	6.698 3	5.108 7	4.682 2
J-B 检验	36.706	3 924.9	122.3	223.2	1 468.2	296.36	95.470	61.239

注：1%临界值：−3.445 1；5%临界值：−2.867 9；10%临界值：−2.570 2。此处采用的检验类型为（c，0，0），ADF 检验中的滞后阶数的选取依据是 SIC 信息准则，在最大滞后阶数为 18 的情况下选取最优的滞后阶数

7.3.1 动态面板协整模型

为检验主权信用评级变动对股票市场的冲击，本节构建了如下动态面板协整模型：

$$\text{STrade}_{i,t}=\alpha_i+\beta_1\text{STrade}_{i,t-1}+\beta_2\text{Rating}_{i,t-1}+\beta_3\text{Event}_{i,t}+\sum_{k=1}^{p}\gamma_k\text{EC}_{i,t}^{k}+\varepsilon_{i,t} \tag{7-6}$$

其中，STrade 表示股票市值占 GDP 比率；Rating 是评级数据；Events 分别代表评级上升事件和评级下降事件。为得到评级上升事件和评级下调事件是否对股票市

场的不同影响，对评级上升事件和下降事件将分开估计。EC 是经济控制变量。α_i 是个体效应。ε是前文通过 GARCH 模型过滤的收益率的波动。i、t 分别代表了国家和时间。在进行动态面板数据回归之前，为防止数据非平稳导致“伪回归”问题，有必要对股票市值占 GDP 比例进行单位根检验。股票市值比率的面板单位根检验结果如表 7-11 所示。

表 7-11　股票市值占 GDP 比率单位根检验

项目	统计量	P 值
Levin 等的检验 H_0：普通单位根	−17.286 7	0.000 0
ADF-Fisher-Chi-Square 检验 H_0：个体单位根	148.495	0.000 0
Im，Pesaran and Shin W-stat 检验 H_0：个体单位根	−4.532	0.000 0
PP-Fisher Chi-square 检验 H_0：个体单位根	183.094	0.000 0

从表 7-11 中可看到，股票市值占 GDP 比率即不存在普通单位根也不存在个体单位根问题，数据是平稳的，可以进行动态面板回归。

表 7-12 结果表明，各变量的水平值都存在着单位根，要么是普通单位根要么是个体单位根或者两者都存在。而变量的一阶差分均不存在单位根。

表 7-12　主权信用评级和控制变量的单位根检验

项目	Rating	GDP	$M2$	Exchangerate
水平值				
Levin 等的检验 H_0：普通单位根	−3.224 1***	−1.003 9	2.258 2	−1.083 9
ADF-Fisher-Chi-Square 检验 H_0：个体单位根	0.167 8	−2.699 5***	3.180 0	−3.558***
Im，Pesaran and Shin W-stat 检验 H_0：个体单位根	97.230 4	133.097 0***	95.590 8	111.090***
PP-Fisher Chi-square 检验 H_0：个体单位根	76.499 4	140.354 0***	79.123 6	140.354 0***
一阶差分				
Levin 等的检验 H_0：普通单位根	−9.054 9***	−11.807 0***	−4.876 8***	−11.569 0***
ADF-Fisher-Chi-Square 检验 H_0：个体单位根	−5.773 2***	−7.773 8***	−4.600 1***	−5.753 0***
Im，Pesaran and Shin W-stat 检验 H_0：个体单位根	182.155 0***	234.605 0***	172.531 0***	204.600 0***
PP-Fisher Chi-square 检验 H_0：个体单位根	256.964 0***	384.239 0***	202.808 0***	364.236 0***

***代表在 1%的水平下显著

如表 7-13 所示，分析以上结果可以发现，各系数的符号符合预期，股票市值比率存在滞后效应。主权信用评级滞后项的符号也符合预期，对股票市值比率具有正向影响。评级符号改变对股票市值比率的影响也符合预期。当评级机构提高一国主权信用评级时，该国的股票市值比率将会上升，然而这种影响并不显著，投资者对利好的刺激反应较为平静。而当评级机构下调一国主权信用评级时，股票市值比率将大幅下降，各类资本撤离股票市场，而且模型中评级下调事件的系数在 1%水平显著。通过比较系数还可以发现，评级的下调带来的股票市值比率的下降幅度远大于评级上升带来的股票市值比率上升幅度，即主权信用评级对股票市值的影响存在着显著的非对称效应。

表 7-13 实证结果

变量	评级上升	评级下调
滞后项	0.790 1*** （0.059 1）	0.801 5*** （0.058 7）
评级滞后项	2.122 6* （1.227 8）	3.131 5*** （1.187 7）
评级事件	1.298 1 （4.124 5）	−19.335 1*** （5.604 1）
GDP 增长率	2.102 3*** （2.344 4）	1.905 2*** （4.345 5）
通货膨胀	0.021 2 （0.032 5）	0.022 0 （0.032 3）
$M2$	0.729 5*** （0.119 7）	0.709 0*** （0.118 3）
实际有效汇率	0.258** （2.455）	0.563*** （6.119 7）
R^2	0.63	0.63

***、**和*分别表示在 1%、5%和 10%的显著性水平下显著

此外，控制变量的符号也符合预期，GDP 的增长坚定了投资者的信心，促进股票市场的上涨，且涨幅高于 GDP 增幅；广义货币存量对股票市场也具有正影响，广义货币存量的提高增加了股票市场的资金来源，进而推动股票市场的上涨；通货膨胀对股票市场的影响十分复杂，即有可能推高股票市场也有可能引起股票市场下跌，模型中结果表明通货膨胀对股票市场比率的影响不显著，不是简单的单向刺激。

7.3.2 短期波动与长期均衡测度分析

在误差修正模型中，差分项反映了长期非均衡误差对短期波动的影响，短期波动相对于长期均衡的偏离程度。误差修正项的系数大小反映了将非均衡状态拉回到均衡状态时对偏离长期均衡的调整力度。负的误差修正项的系数，表示下一

个时期，研究对象回落并恢复均衡。确定滞后阶数，再用一般到特殊的建模方法，去掉不显著的解释变量。确定股票市场收益率的误差修正模型：

$$\begin{aligned}\Delta \text{strade}_{i,t} &= c + \alpha_0 \text{ecm}_{t-1} + \sum_{i=1}^{n} \alpha_1 \Delta \text{strade}_{i,t-1} + \sum_{i=1}^{n} \alpha_2 \Delta \text{Rating}_{i,t-1} \\ &+ \sum_{i=1}^{n} \alpha_3 \Delta \text{Event}_{i,t} + \sum_{i=1}^{n} \alpha_4 \Delta \left(\sum_{k=1}^{p} \gamma_k \text{EC}_{i,t}^{k} \right) + \varepsilon_{i,t}\end{aligned} \tag{7-7}$$

分析误差修正项的系数大小，反映了将非均衡状态拉回到均衡状态时对偏离长期均衡的调整力度。剔除掉不显著的控制变量。由于考虑到波动率的特殊性，ε为前文通过 GARCH 模型过滤的收益率的波动。考虑到评级变动次数比较多，选择评级变动前后每 4 个月数据作为一组。应用面板数据得到如下结果：

表 7-14 中误差项的修正系数为−0.68，说明股票市场股指收益率自身具有误差修正机制。其自身的滞后项系数为 0.711，意味着，股票市场处于连续上升或者连续下降的过程中。评级下调事件发生的系数是 0.95，对股票价格的波动影响显著。意味着当有突发事件的冲击下，短期会有大幅度波动。股票市场的变动在短期对评级变动的冲击方向是相同的。当有正向冲击条件下，股票市场收益率的变动呈现非显著的增长，对与负向冲击，信用等级高的股票市场收益率会出现不显著的小幅度增长；对于信用等级高的国家股票市场而言，会出现显著地大幅度下降。对外债务在当期的系数是 0.05，相比于滞后期的 0.004 而言非常显著；说明当期对外债务过高对于股票市场波动产生的影响是显著的，滞后期并没有显著影响，从而说明对外债务仅仅呈现出短期影响；经济含义解释为对外债务越多，到期的流动性风险越大，偿还能力就会减弱，对评级具有负面影响，它的均衡状态与评级的等级之间没有显著的影响，只有当债务存量增加达到很难持续的状态时（由量变到质变），即短期严重偏离时，评级机构才会下调其评级，进而在股票市场上呈现剧烈的波动。当期实际 GDP 增长率，以及滞后期都对股票市场显著影响而且相对于其他系数而言，0.24 比较高，说明短期内呈现出积极信号对股票市场的有上升的影响；因为实际 GDP 增长表示一国的发展速度，对股票市场的稳定具有促进作用，长期稳定的 GDP 增长是未来有能力偿还到期债务的最终保证，而短期财政政策刺激的 GDP 不具备可持续性，仅仅只有短期内对股价有影响，且影响作用随着时间的推移会降低。实际有效汇率对股票市场具有负向的影响，但此影响不显著。可能存在的原因是汇率的变动表现在外部冲击效应，美元凭借其国际货币地位使其具有明显的溢出效应。尤其是在欧洲主权债务危机期间，一旦市场对欧元区信心不足，出于避险考虑资金往往回流美国，导致美元走强，欧洲股票市场齐跌。

表 7-14　误差修正模型估计结果

变量	系数	标准差	t 统计量
ecm（t−1）	−0.68	0.25	−5.96
$\Delta \text{strade}_{t-1}$	0.711	0.11	4.69
even	0.962	0.05	4.39
Δ GDP 增长率（t−1）	0.24	0.06	2.5
Δ GDP 增长率（t−2）	0.05	0.04	3.46
Δ 对外债务（t）	0.05	0.04	5.45
Δ 对外债务（t−2，3）	0.004	0.012	0.56
Δ 实际有效汇率（t）	−0.46	0.12	−1.15

图 7-1 为股票市场错位水平的估算：结合协整模型和股票市场的实际值，进一步得到股票市场短期波动相对于长期均衡的错位水平。

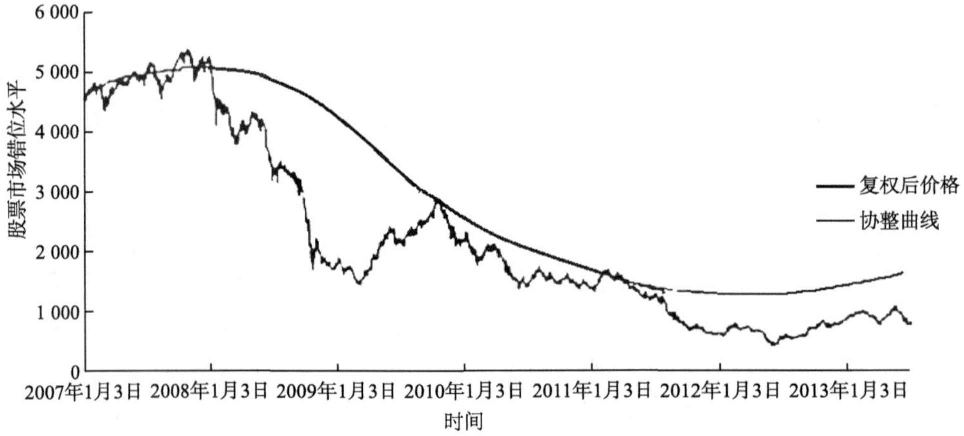

图 7-1　股票市场错位水平的估算

而在 2008 年金融危机爆发之前，股票市场实际表现与均衡拟合，处于均衡状态。金融危机爆发波及欧洲市场，股票市场出现大幅下跌。2009 年欧盟统计局公布希腊财政赤字占 GDP 的比例 15.6%加之外汇储备过低，短期对外债务过高，导致 2009 年 1 月评级机构首次下调主权信用评级。直到 2009 年 2 月 23 日，股票市场一直处于下跌状态。在 2009 年内实际 GDP 和实际 GDP 的增长率都大幅下降，财政赤字居高不下，投资者将资金撤离股票市场。2009 年 12 月标准普尔将希腊主权评级首次由 A 调至 BBB+，欧洲债务危机正式爆发。希腊政府不得不实施严厉的紧缩政策，以换取欧盟和 IMF 1 100 亿欧元的资金支持。2010 年 5 月，欧盟和 IMF 决定对希腊提供 1 100 亿欧元的第一轮救助贷款，2010 年股票市场整体下降较为平缓。希腊 2011 年的财政赤字总额为 196 亿欧元，其占 GDP 的比例低于 2010 年的 10.3%和 2009 年的 15.6%，但仍然没有达到欧盟和 IMF 向希腊提供援助贷款时规定的目标。同时 2011 年 7 月 21 日欧元区领导人 21 日就希腊新一轮救助方案达成一致，同意再为希腊提供 1 090 亿欧元的贷款，通过现有的临时救助机制——欧洲金融稳定工具筹集；并对希腊提供的贷款的还款期限将从现在的 7 年半延长到最少 15 年，最多 30 年。同时新贷款的利率也将由目前的 4.5%降低到 3.5%左右。但又由于 2011 年 11 月 10 日，因希腊总理宣布将举行全面公投，以决定是否实施财政紧缩和结构性改革的计划。由于此举可能将导致希腊违约，令欧洲债务危机的不确定性再度加大。2012 年 6 月希腊股票市场却在连续下跌 5 年之后迎来了反转，12 月也出现了大幅的反弹，股指已经较今年 6 月 5 日上涨了 71.92%。欧盟统计局公布，希腊 2013 年赤字与 GDP 之比降至 2.1%，该数值较 2012 年 6.2%大幅下滑，股票市场表现为上涨。从长期来看，希腊实际 GDP 在增长，财政赤字在缩减，长期趋于均衡。

7.4　本 章 总 结

主权信用评级变动的短期效应主要是指评级变动冲击发生时对市场波动性立即产生的影响。尤其是评级下调，它会使得股票市场的波动性上升，也即提高了市场的整体风险。本章通过主权信用评级变动对股票市场冲击的短期波动，以及长期均衡的研究，得出以下结论：

（1）采用非对称的 GARCH 模型研究债务危机期间欧盟区内部国家及欧洲外部国家股票市场价格波动的非对称性和杠杆效应，通过对股票收益波动率的走势图及 TARCH 和 EGARCH 模型的估计，我们发现，债务危机时期，欧洲的八个国家中，市场坏消息基本都对其产生了冲击影响，其中希腊股票市场的冲击效果最显著，接着是葡萄牙和爱尔兰的股票市场，相比而言，对德国的股票市场的冲击最小。

（2）通过对数据的检验分析，使用误差修正模型来反映长期非均衡误差对短期波动的影响，以及评级下调冲击的短期波动相对于长期均衡的偏离程度。由于最后得到的是显著的负误差修正项的系数，说明非均衡状态拉回到均衡状态时对偏离长期均衡的调整力度，股票市场自身具有误差修正机制。

（3）在欧洲债务危机的背景下，检验宏观经济基本因素当期及滞后期在评级变动的冲击下对股票市场的影响，得出对外债务、评级下调、实际 GDP 的增长率等在当期对股票市场有显著的影响，实际 GDP 的增长率、实际有效汇率等对股票市场的长期均衡稳定发展具有影响。

第8章 研究结论

8.1 主要结论

主权信用评级的评定已有近百年历史，政治制度及风险、经济结构及前景、外部流动性及投资、财政表现及负债和货币灵活性等五个因素决定了一国的主权信用评级。由于全球金融市场和实体经济的高度发展，世界各国的金融与经济联系辅车相依，主权信用评级的影响也逐渐体现出群发性和传导性的特点。自 20 世纪 80 年代以来，历史上已经发生了数十次主权债务危机，其中以 2009 年的欧元区债务危机和 2011 年美国首次丧失 3A 主权信用评级的影响最为严重。欧美主权信用评级的下调在造成社会动荡、经济损失、金融市场运作失调的同时，也引发了地缘政治结构和战略格局的改变。主权信用评级的下调不仅仅是事件国及其周边国家所要面临的问题，包括中国在内的世界各国理应防微杜渐。

2009 年，全球三大评级机构先后下调希腊主权信用评级为导火索引发欧洲债务危机，导致国际资本在各国之间大规模流动，造成欧洲国家的实体经济和金融市场大幅度波动，并引发金融危机风险。随着各经济体的合作加强，欧美主权信用评级下调对我国金融市场和实体经济产生一系列影响，传统计量方法无法捕捉多维空间效应，经典的空间计量方法无法对金融领域抽象空间进行测度，现有理论方法对实际问题建模的估计结果会产生偏差。同时，针对当前全球金融领域的虚拟化趋势加快，实现金融市场与实体经济两者的匹配刻不容缓。基于此，本书以空间计量经济学理论与金融地理学理论为基础，从多维角度出发，借助于区域经济空间引力效应和经济空间理论，融合金融市场指标和实体经济指标，通过定义新的经济测度距离和引力空间权重矩阵，构建广义多维经济空间理论；在此空间理论下，根据评级下调冲击下的空间溢出扩散演变规律，分析评级下调冲击下的广义多维空间溢出路径、评级下调冲击的多维经济空间聚集、扩散与动态演变。

首先，通过构建博弈模型，来分析在评级下调存在风险传染和投资转移的前提下，投资者追求收益最大化的利益驱动下，资金的非正常加速流动对股票市场的冲击，以及各方角色之间的博弈。本书研究了主权信用评级变动对我国资本市场的冲击风险，即涵盖了全球化背景下对我国经济发展越来越重要的国际资本，又包括处于资本市场核心地位的股票市场、债券市场和信贷市场，检验了主权信用评级不同变动方向（上升或下调）对资本市场的非对称效应。此外，还综合使用了动态面板数据模型、面板 VAR 模型，以避免可能的模型偏误。主权信用评级的变动会导致资本市场的非正常波动，评级的不同变动方向对资本市场也存在着显著的非对称效应。当评级下调会出现股票市值大幅缩水，债券市场规模缩减，国际资本的大幅撤离，而评级的上升对这些市场的影响不大。基于面板 VAR 模型的实证结果表明主权信用评级与商业银行信贷规模存在显著的正相关性，评级的下调会导致信贷收缩。

其次，针对现有空间计量经济学理论的不足，通过结合区域物理距离和金融市场非线性时变 *t*-Copula 相关性指标定义广义经济测度距离，并引入区域引力效应融合金融市场指标和实体经济指标构建引力空间权重矩阵，继而构建能够对抽象“空间”进行测度的广义多维经济空间理论。在此经济空间下，构建多维空间自回归面板模型，并提出两阶段广义矩估计法（TSGMM）的改进形式对模型进行参数估计。通过实证比较分析，检验广义多维经济空间的有效性；建立广义多维经济空间 SVAR 模型和条件风险在险价值模型（S-CoVAR），实证检验金融危机风险是否存在广义多维空间溢出效应，度量空间溢出效应大小，证明以多维经济空间视角研究评级下调引发金融危机风险溢出的合理性和必要性。实证结果表明，建立的多维经济空间理论能够对金融危机风险溢出等金融领域实际问题的抽象空间进行有效测度，促进了金融市场和实体经济指标相融合分析实际问题的手段，表现出更强的适应性和有效性；在新理论下构建的 SVAR 和 CoVAR 等模型的测算精度明显提高，忽略多维空间效应的传统计量模型和经典空间计量模型估计结果会产生偏差；全球金融危机风险通过跨地区、跨市场、跨行业等方面显著的多维空间效应，迅速对“相邻”空间单元产生空间溢出效应，金融危机迅速对全球形成冲击。在证明了金融危机风险多维经济空间溢出效应存在性的条件下，进一步分析金融危机风险的多维空间溢出路径及方式。将金融危机风险溢出路径指标引入动态空间引力空间权重矩阵，建立空间计量 SAR 面板和 SEM 面板模型。采用 *t*-Copula 技术刻画金融市场复杂的非线性结构，定义 Copula 传染指数作为被解释变量，以欧洲债务危机为背景，将金融危机风险溢出路径指标通过空间权重矩阵的动态参数引入，对欧洲债务危机金融危机风险空间溢出进行研究，分析金融危机在多维经济空间下的溢出路径。本书将金融风险溢出路径指标通过空间权重矩阵结构的动态参数引入，同时考察传染过程中的时空效应，其研究视角和方法这是一种全新的尝试，对其他领域的研究或许能够提供借鉴。实证结果表明最近的欧洲债务危机金融风险溢出路径的根本为金融资本渠道，金融市场开放程度越大越容易遭受金融危机的冲击，金融危机风险溢出往往随着资本流动的突变。金融危机风险空间溢出是主体双向性溢出和间接关系性溢出合力的结果，信用危机风险溢出是金融危机风险溢出的实证，各经济体处在“授信主体—信用—受信主体”的关系网络中，当网络中的任意一方出现影响其信用行为时，犹如神经网络中的刺激传递性，整个网络中的信用就会发生变化，从金融危机空间溢出的角度分析，这就发生了金融危机风险的空间溢出。

再次，运用事件研究法分析了欧洲危机爆发后欧洲各行业股指的异常收益率，通过GARCH 模型分析了2010~2012年样本期间内的各行业股指波动率，分析其异常波动情况。通过 Copula 函数分析样本期内的行业间相关系数，并以此作为SVAR模型的限制结构矩阵，进一步来分析行业间的价格溢出效应，同时通过BEKK模型对行业间的波动溢出效应进行分析，最后构建指标确定行业间的聚集效应。欧洲国家行业股指在欧洲债务危机爆发后出现了明显的价格溢出效应和波动溢出效应，从而在行业间表现出明显的聚集性，金融、服务、材料行业最为明显，其价格波动不仅受到自身前期的影响，同时受到多个行业的前期波动的影响，并对多个其他行业也造成类似的溢出效应。其中，金融行业反映最为迅速，对其他行业造成的直接溢出效应最大，受到其他行业的直接溢出效应也最大，处于整个行业聚集效应最关键的位置。工业是欧盟各国发展的核心，在希腊评级下调后，欧盟国家爆发债务危机，能源价格波动、公共事业收缩，经济的萧条引起出口减少等因素都会引发工厂减产，从而引起工业的股价波动。在希腊等国评级被下调后，金融行业反应最明显，最先受到冲击，不仅直接受到金融危机的冲击，还间接受到其他行业的影响，股价大幅下跌，同时带动材料、服务、工业等多个行业股价波动。能源行业不易受到其他行业影响，但会对其他 9 个行业造成直接影响，因此在欧洲债务危机爆发后，由于各个行业的股价波动使得能源行业受到较大的影响。

然后，在主权信用评级对债券市场和股票市场造成不同冲击的研究基础上，进行了冲击的跨市场效应检验。参考相关研究的模型和方法，构建了似不相关模型，并在模型中加入定单流指标以捕捉资金的流向，通过对不同市场的订单流和收益率的相关关系进行分析，实证检验了主权信用评级下调在我国债券市场和股票市场间产生的跨市场投资转移和跨市场风险传染。研究发现，欧美主权信用评级下调会引起我国债券市场和股票市场间的跨市场效应，投资者为了规避主权信用风险，将在我国债券市场和股票市场间进行投资转移。运用BEKK模型从行业间的波动率角度分析行业间的单向、双向传导效应，同时通过网络拓扑空间模型，对行业间的扩散路径图像化，从而形成行业间的动态扩散路径图。在欧洲债务危机爆发 3 个月后，危机的影响开始从聚集性最明显的行业向其他行业扩散，并形成新的均衡，表现出新的聚集性特点。其中，工业、金融、服务行业为整个行业扩散路径中的关键节点，工业与材料、金融、公用行业形成双向传导，金融与公用、消费品、服务、工业形成双向传导，服务与消费品、金融行业形成双向传导。形成这种传导关系的原因主要是欧洲债务危机开始由虚拟经济爆发，因此金融、服务行业最先受到冲击，并由此向实体经济扩散，同时由于欧盟“再工业化”进程的加快，最终形成以工业为中心的传染路径。

最后，对金融危机风险的空间溢出演变阶段进行划分，根据金融危机风险空间溢出的跨区域聚集、跨区域行业的混合聚集，构建不同时空维度的空间网络拓扑结构，建立广义多维复杂空间网络层次模型分析空间相关性系数演变过程，利用加权 Bonacich 关键性节点测算模型识别金融危机风险空间溢出网络结构中的关键空间节点，利用 SIR 传染模型分析空间溢出效应的动态演变，寻找金融危机风险的多维空间溢出的内在机制。研究结果表明全球金融系统空间结构是一个动态演变的过程，金融危机加剧了风险溢出路径的空间关联性，传染速度以空间效应乘子递增；金融系统风险溢出空间网络关键节点的测算反映的是冲击传导过程中的关键性市场，较大的金融市场不一定代表金融危机风险溢出传导过程中的关键性阶段，例如研究结果表明中国属于“金融小国”，但是在欧洲债务危机后，中国在研究的 36 个样本内，在全球金融危机风险空间溢出网络中关键性排名为 13 位，占有举足轻重的地位。金融危机风险空间溢出路径关键性节点测算值越靠前的金融市场出现波动时，其形成的冲击传染速度更快，冲击力度更大。

8.2 研究展望

国内外学者利用空间计量经济学方法分析金融市场实际问题才刚刚起步，本书新建立的广义多维经济空间理论是空间计量经济理论的扩展，在研究金融危机风险的空间溢出时表现出较高的适应性和有效性，但仍然存在一些不足。随着空间统计学和空间计量经济学的发展，空间计量经济学在金融市场领域应用的不断成熟，相关理论及应用仍然值得更进一步研究。

（1）多维经济空间构建中指标的选取。本书通过经济测度距离和引力空间权重矩阵对金融市场指标和实体经济指标相融合，由于现有空间权重距离理论基础在多维指标处理能力上仍然受到空间统计技术的制约，特别是相关指标权重的刻画。因此后续对参数的设置和指标的选取精确度，如本书对金融危机风险空间溢出路径指标的设置，可以随着空间统计方法的丰富作更进一步的研究。

（2）多维空间尺度的选择。本书主要针对欧洲、美洲、亚洲主要经济体的金融市场（主要通过重要股指刻画）、实体经济 10 个行业为金融危机风险空间单元。金融市场空间单元还可以进一步划分为股票市场、债券市场、外汇市场、信贷市场等，实体经济空间单元也可以根据研究对象、行业的不同而对空间尺度进行扩展。金融危机风险的跨不同金融市场的空间溢出的研究值得学者更进一步研究，这有助于更精确捕捉金融危机传染的本质，这也是后续研究工作的重点。

随着金融数据空间效应的加强，将空间计量经济学理论与传统金融计量方法相结合是一个非常有价值而热点的领域。如何通过相关理论将金融市场和实体经济指标相结合分析经济金融实际问题，促进两者的协同发展也是学界和业界研究的主题和目标。金融危机不可避免，金融危机风险溢出也是一个永恒的研究课题。本书尝试对空间计量经济理论进行扩展，对金融危机风险的空间特性进行测度，本书的探索也仅是一个开始，构建的理论框架需要更进一步完善。

参 考 文 献

[1] 李立，田益祥，张高勋，等. 空间权重矩阵构造及经济空间引力效应分析——以欧债危机为背景的实证检验[J]. 系统工程理论与实践，2015，35（8）：1918-1927.

[2] 李立，田益祥，张弘磊. 考虑广义多维空间效应的 S-VAR 测算[J]. 系统工程理论与实践，2015，35（12）：3008-3016.

[3] 李立. 金融危机风险广义多维经济空间溢出、聚集与演变[D]. 电子科技大学博士学位论文，2016.

[4] 田益祥. 金融市场计量经济分析[M]. 北京：中国市场出版社，2011.

[5] 罗恂. 主权信用评级下调冲击行业的短期聚集效应与长期扩散研究[D]. 电子科技大学硕士学位论文，2016.

[6] Viner J. The customs union issue[R]. Carnegie Endowment for International Peace，1950，New York.

[7] Despres E，Kindleberger C P，Salant W S. The dollar and world liquidity：a minority view[R]. Brookings Institution Reprint，No.115，1996.

[8] Christopher R，Kim S J，Wu E. Do sovereign credit ratings influence regional stock and bond market interdependencies in emerging countries？[J]. Journal of International Financial Markets，Institutions and Money，2012，22（4）：1070-1089.

[9] 倪晋武，段希文，蒲斯伟. 金融危机前后股票市场传染效应比较分析[J]. 证券市场导报，2011，（5）：61-66.

[10] 苏飞，沈永皎. 欧洲股票市场非线性动态系统风险研究——基于行业指数的经验分析[J]. 金融经济学研究，2013，28（1）：70-83.

[11] 罗明华，田益祥，靳飞，等. 定单流、流动性与股票市场的投资转移[J]. 管理评论，2011，23（7）：131-137.

[12] Xie Y，Tian Y，Xiao Z，et al. Dependence of credit spread and macro-conditions based on an alterable structure model[J]. PLoS One，2018，13（5）：e0196792.

[13] Kaufman B E. Managing the Human Factor：The Early Years of Human Resource Management in American Industry[M]. Ithaca：Cornell University Press，2008.

[14] Tran V，Alsakka R，ap Gwilym O. Sovereign rating actions and the implied volatility of stock index options[J]. International Review of Financial Analysis，2014，34：101-113.

[15] Depken C A，LaFountain C L，Butters R B. Corruption and creditworthiness：evidence from sovereign credit ratings[R]. 2006.

[16] Afonso A，Gomes P，Taamouti A. Sovereign credit ratings，market volatility，and financial gains[R]. ECB Working Paper，No.1654，2014.

[17] Afonso A，Furceri D，Gomes P. Sovereign credit ratings and financial markets linkages：application to European data[J]. Journal of International Money and Finance，2012，31（3）：606-638.

[18] 靳飞，田益祥，谭地军. 股票之间的风险传染和投资转移[J]. 系统工程，2009，（7）：14-21.

[19] Yang L，Hamori S. Dynamic linkages among foreign exchange，stock，and commodity markets in Northeast Asian countries：effects from two recent crises[J]. Journal of Reviews on Global Economics，2013，2：278-290.

[20] 谭地军，田益祥，黄文光. 中国企业债券特征与风险补偿[J]. 数量经济技术经济研究，2008，26（2）：74-87.

[21] 张涤新，冯萍. 国际金融危机对我国内地与香港股票市场的冲击研究：以交叉上市公司为视角[J]. 上海经济研究，2013，（2）：70-85.

[22] 陈秀荣. 金融风险传染的 DAI 空间计量模型及实证研究[D]. 电子科技大学博士学位论文，2018.

[23] Caves R E. Multinational Enterprise and Economic Analysis[M]. Cambridge：Cambridge University Press，1996.

[24] Delios A，Henisz W I. Japanese firms' investment strategies in emerging economies[J]. Academy of Management Journal，2000，43（3）：305-323.

[25] Delios A，Henisz W J. Political hazards，experience，and sequential entry strategies：the international expansion of Japanese firms，1980–1998[J]. Strategic Management Journal，2003，24（11）：1153-1164.

[26] Fratianni M，Oh C H. Expanding RTAs，trade flows，and the multinational enterprise[J]. Journal of International Business Studies，2009，40（7）：1206-1227.

[27] Berry H，Guillén M F，Zhou N. An institutional approach to cross-national distance[J]. Journal of International Business Studies，2010，41（9）：1460-1480.

[28] Bodman P，Le T. Assessing the roles that absorptive capacity and economic distance play in the foreign direct investment-productivity growth nexus[J]. Applied Economics，2013，45（8）：1027-1039.

[29] Hutzschenreuter T，Kleindienst I，Lange S. Added psychic distance stimuli and MNE

performance：performance effects of added cultural，governance，geographic，and economic distance in MNEs' international expansion[J]. Journal of International Management，2014，20（1）：38-54.

[30] Bergstrand J H，Larch M，Yotov Y V. Economic integration agreements，border effects，and distance elasticities in the gravity equation[J]. European Economic Review，2015，78：307-327.

[31] 赵放，刘秉镰. 行业间生产率联动对中国工业生产率增长的影响——引入经济距离矩阵的空间 GMM 估计[J]. 数量经济技术经济研究，2012，（3）：34-48.

[32] 陈岩，翟瑞瑞，郭牛森. 基于多元距离视角的中国对外直接投资决定因素研究[J]. 系统工程理论实践，2014，34（11）：2760-2771.

[33] Mantegna R N，Stanley H E. Introduction to Econophysics：Correlations and Complexity in Finance[M]. Cambridge：Cambridge University Press，2000.

[34] Paas T，Schlitte F. Regional income disparities：convergence or divergence within the EU25? [C]. The 14th Inforum Conference，Traunkirchen，Austria，2006.

[35] Diebold F X，Yilmaz K. On the network topology of variance decompositions：measuring the connectedness of financial firms[J]. Journal of Econometrics，2014，182（1）：119-134.

[36] Tinbergen J. Shaping the World Economy：Suggestions for an International Economic Policy[M]. New York：Twentieth Century Fund，1962.

[37] Ewing B T. Macroeconomic news and the returns of financial companies[J]. Managerial and Decision Economics，2002，23（8）：439-446.

[38] Ewing B T，Malik F. Re-examining the asymmetric predictability of conditional variances：the role of sudden changes in variance[J]. Journal of Banking & Finance，2005，29（10）：2655-2673.

[39] Hassan S A，Malik F. Multivariate GARCH modeling of sector volatility transmission[J]. Quarterly Review of Economics & Finance，2007，47（3）：470-480.

[40] 李昆. 上海证券交易所行业数的收益扩散和波动扩散效应[J]. 经济体制改革，2003，（2）：104-107.

[41] 陈梦根，曹凤岐. 中国证券市场价格冲击传导效应分析[J]. 管理世界，2005，（10）：24-33.

[42] Li H，Jeon N，Cho Y，et al. The impact of sovereign rating changes and financial contagion on stock market returns：evidence from five Asian countries[J]. Global Finance Journal，2008，19（1）：46-55.

[43] Arezki R，Candelon B，Sy A N R. Sovereign rating news and financial markets spillovers：evidence from the European Debt Crisis[R]. IMF Working Papers，2011.

[44] Lee L F，Yu J. Some recent developments in spatial panel data models[J]. Regional Science

and Urban Economics，2010，40（5）：255-271.

[45] Longstaff F A. The subprime credit crisis and contagion in financial markets[J]. Journal of Financial Economics，2010，97（3）：436-450.

[46] Adelino M，Ferreira M A. Does sovereign credit risk affect bank lending? Evidence from sovereign rating downgrades[Z]. 2014.

[47] Caccioli F，Shrestha M，Moore C，et al. Stability analysis of financial contagion due to overlapping portfolios[J]. Journal of Banking & Finance，2014，46：233-245.

[48] Grilli R，Tedeschi G，Gallegati M. Markets' connectivity and financial contagion[J]. Journal of Economic Interaction and Coordination，2015，10（2）：287-304.

[49] Aït-Sahalia Y，Cacho-Diaz J，Laeven R J A. Modeling financial contagion using mutually exciting jump processes[J]. Journal of Financial Economics，2015，117（3）：585-606.

[50] 蒋志平，田益祥，杜学锋. 中国与欧美金融市场间传染效应的动态演变——基于欧洲债务危机与次贷危机的比较分析[J]. 管理评论，2014，（8）：63-73.

[51] 程棵，陆凤彬，杨晓光. 次贷危机传染渠道的空间计量[J]. 系统工程理论与实践，2012，32（3）：483-494.

[52] 周舟，董坤，汪寿阳. 基于欧洲主权债务危机背景下的金融传染分析[J]. 管理评论，2012，24（2）：3-11.

[53] 田益祥，陆留存，李成刚，等. 主权信用评级变动对股票、债券和信贷市场的冲击比较——基于国际面板数据动态模型的实证检验[J]. 投资研究，2013，32（4）：72-80.

[54] Chen X，Tian Y. Impact effects and spatial volatility spillover effects of sovereign credit rating downgrades—empricial analysis of multivariate spatial-BEKK-GARCH model based on symbolic transfer entropy. Boletín técnīco，2017，9（55）：614-623.

[55] Acharya V V，Pedersen L H，Philippon T，et al. Measuring systemic risk[R]. Denver Meetings Paper，2010.

[56] Patro D K，Qi M，Sun X. A simple indicator of systemic risk[J]. Journal of Financial Stability，2013，9（1）：105-116.

[57] Wied D. CUSUM-type testing for changing parameters in a spatial autoregressive model for stock returns[J]. Journal of Time Series Analysis，2013，34（2）：221-229.

[58] Durante F，Foscolo E，Jaworski P，et al. A spatial contagion measure for financial time series[J]. Expert Systems with Applications，2014，41（8）：4023-4034.

[59] 余星，孙红果，陈国华. 基于CVAR的融入期权的投资组合模型[J]. 数学的实践与认识，2014，44（1）：11-14.

[60] 张高勋，田益祥，李秋敏. 基于 Pair Copula 模型的资产组合 VAR 比较研究[J]. 系统管理学报，2013，（2）：223-231.

[61] 庞晓波，王姗姗，陈守东. 欧洲债务危机对全球及中国传染性的测度分析——基于复杂

网络的模拟研究[J]. 世界经济研究，2015，（12）：35-46.

[62] 罗明华，田益祥. 基于时变参数状态空间模型的利率变动跨市场效应研究[J]. 预测，2012，31（4）：63-68.

[63] Bekaert G，Ehrmann M，Fratzscher M，et al. The global crisis and equity market contagion[J]. Journal of Finance，2014，69（6）：2597-2650.

[64] Afnouch A，Hammami S. Contagion during the 2008 Financial Crisis：the case of BRIC group financial markets and five developed markets[J]. Journal of Business Studies Quarterly，2014，6（2）：159-187.

[65] Gonzalo J，Olmo J. Contagion versus flight to quality in financial markets[R]. IDEAS Working Paper，2005.

[66] Baur D G，Lucey B M. Flights and contagion—an empirical analysis of stock-bond correlations[J]. Journal of Financial Stability，2009，5（4）：339-352.

[67] Cho J W，Choi J H，Kim T，et al. Flight-to-quality and correlation between currency and stock returns[J]. Journal of Banking and Finance，2016，62：191-212.

[68] 王永巧，刘诗文. 基于时变 Copula 的金融开放与风险传染[J]. 系统工程理论与实践，2011，31（4）：778-784.

[69] 梁芹，陆静. 国际金融危机期间的汇率风险传染效应研究[J]. 当代经济科学，2013，35（2）：1-10.

[70] 谭地军，田益祥，黄文光，等. 流动性补偿、市场内及跨市场"流动性转移"行为[J]. 金融研究，2008，（9）：23-43.

[71] Li C，Tian Y，Luo C. The cross-market effects of stock market system risk factors on the corporate bond pricing：empirical study based on the panel data model[J]. Canadian Social Science，2011，7（4）：110-118.

[72] Chen X，Tian Y，Zhao R. Study of the cross-market effects of Brexit based on the improved symbolic transfer entropy GARCH model—an empirical analysis of stock-bond correlations[J]. PLoS One，2017，12（8）：e0183194.

[73] 陈秀荣，田益祥，田伟. 欧洲主权信用评级下调对我国金融市场冲击的空间效应和跨市场效应研究——基于空间似不相关模型的实证研究[J]. 投资研究，2017，36（11）：133-144.

[74] Elhorst P，Vega S H. On spatial econometric models，spillover effects[C]//ERSA Conference Papers，European Regional Science Association，2013.

[75] Diebold F X，Schuermann T，Stroughair J D. Pitfalls and opportunities in the use of extreme value theory in risk management[J]. The Journal of Risk Finance，2000，1（2）：30-35.

[76] Dimitriou D，Simos T. Contagion channels of the USA subprime financial crisis：evidence from USA，EMU，China and Japan equity markets[J]. Journal of Financial Economic

Policy，2013，5（1）：61-71.

[77] 杨谊，刘军，皮天雷. 欧洲债务危机背景下的金融危机传染：逻辑与机制[J]. 西南金融，2012，（9）：44-47.

[78] 杜晓蓉. 美国金融危机对中国溢出的传染渠道检验[J]. 数理统计与管理，2014，33（6）：1070-1079.

[79] Masson P. Contagion：macroeconomic models with multiple equilibria[J]. Journal of International Money and Finance，1999，18（4）：587-602.

[80] Inci A，Li H C，McCarthy J. Financial contagion：a local correlation analysis[J]. Research in International Business and Finance，2011，25（1）：11-25.

[81] 崔百胜，姜逸菲. 欧洲主权债务危机的传染效应及空间传染渠道分析[J]. 国际贸易问题，2015，（9）：133-144.

[82] 李立，田益祥，牟胜东，等. 广义多维空间效应下的金融冲击路径动态演变机制[J]. 系统工程，2017，（4）：56-64.

[83] 田益祥，庄作钦. 中国股市短期波动的非线性ARCH效应显著性分析及参数估计[J]. 数理统计与管理，2004，23（4）：73-76.

[84] 靳飞，田益祥，谭地军. 区间均值条件波动率模型[J]. 管理评论，2009，21（6）：31-37.

[85] 谭地军，田益祥，黄文光. 有信息冲击、无信息冲击与波动率非对称性[J]. 管理工程学报，2009，23（2）：92-98.

[86] Fratzscher M. Capital flows，push versus pull factors and the global financial crisis[J]. Journal of International Economics，2012，88（2）：341-356.

[87] Missiuro P V，Liu K，Zou L，et al. Information flow analysis of interactome networks[J]. PLoS Computational Biology，2009，5（4）：e1000350.

[88] Harju K，Hussain S M. Intraday seasonalities and macroeconomic news announcements[J]. European Financial Management，2011，17（2）：367-390.

[89] Molodovsky N. A theory of price-earnings ratios [J]. Financial Analysts Journal，1953，9（5）：65-80.

[90] Milonas N T. Price variability and the maturity effect in futures markets [J]. Journal of Futures Markets，1986，6（3）：443-460.

[91] Asai M，McAleer M. Alternative asymmetric stochastic volatility models[J]. Econometric Reviews，2011，30（5）：548-564.

[92] 欧阳敏华，雷钦礼. 一般门限非对称误差修正模型的估计与检验[J]. 统计研究，2013，30（10）：97-107.

[93] 田益祥，韩穆盼. 欧洲主权信用评级变动对股票市场冲击的波动与均衡及政策选择[J]. 金融，2017，7（1）：7-21.

[94] 袁晨，傅强. 我国金融市场间投资转移和市场传染的阶段时变特征——股票与债券、黄金间关联性的实证分析[J]. 系统工程，2010，28（5）：1-7.

[95] Reinhart C M，Rogoff K S. Serial default and the paradox of rich-to-poor capital flows[J]. American Economic Review，2004，94（2）：53-58.

[96] Ratha D，De P K，Mohapatra S. Shadow sovereign ratings for unrated developing countries[J]. World Development，2010，39（3）：295-307.

[97] Fuentesl M，Saravia D. Sovereign defaulters：do international capital markets punish them？[J]. Journal of Development Economics，2010，91（2）：336-347.

[98] 杨飞. 次贷危机和欧洲债务危机对新兴市场的传染效应研究——基于 DCC-MVGARCH 模型的检验[J]. 国际金融研究，2014，（6）：40-49.

[99] 程棵，魏先华，杨海珍，等. 金融危机对金融机构的冲击及政府救助分析[J]. 管理科学学报，2012，（3）：1-15.

[100] 陆留存，田益祥. 主权信用评级的决定因素研究——基于一般面板数据和面板有序概率方法的分析[J]. 管理学家（学术版），2011，（5）：39-48.

[101] Tian Y，Li C，Lu L. Early-warning and risk prevention of sovereign credit rating downgrades—empirical test from 35 country panel data[J]. Management Science & Engineering，2012，6（3）：51.

[102] Sims C A. Macroeconomics and reality[J]. Econometrica，1980，48（1）：1-48.

[103] Love I，Zicchino L. Financial development and dynamic investment behavior：evidence from panel VAR[J]. The Quarterly Review of Economics and Finance，2006，46（2）：190-210.

[104] Norden L，Weber M. Informational efficiency of credit default swap and stock markets：the impact of credit rating announcements[J]. Journal of Banking and Finance，2008，24：2813-2843.

[105] Hull J C，Predescu M，White A. The relationship between credit default swap spreads，bond yields，and credit rating announcements[J]. Journal of Banking and Finance，2004，28：2789-2811.

[106] Chiang T C，Jeon B N，Li H. Dynamic correlation analysis of financial contagion：evidence from Asian markets[J]. Journal of International Money and Finance，2007，26（7）：1206-1228.

[107] Kim S J，Wu E. Sovereign credit ratings，capital flows and financial sector development in emerging markets[J]. Emerging Markets Review，2008，9（1）：17-39.

[108] 田益祥，陆留存. 主权信用评级影响因素的长短期效应检验及对策 评级下调冲击经济的非对称效应启示[J]. 中国软科学，2011，（12）：46-56.

[109] 闫俊娟，田益祥. 欧债危机对国际股票市场的冲击效应——基于欧盟、美国、日本和中国股市的实证分析[C]//中国企业运筹学第九届学术年会会议论文集，2014.

[110] Didier T，Love I，Pería M S M. What explains comovement in stock market returns during the 2007-2008 crisis? [J]. International Journal of Finance & Economics，2012，17（2）：182-202.

[111] 张兵，范致镇，李心丹. 中美股票市场的联动性研究[J]. 经济研究，2010，（11）：141-151.

[112] 赵胜民，谢晓闻，方意. 中国在全球股市风险传染网络中的角色研究：基于次贷危机和欧洲债务危机时期的样本分析[J]. 财经论丛，2013，174（5）：59-65.

[113] 李广众，杨子晖，杨铠维. 汇率波动性与股市收益率联动性：来自国际样本的经验证据[J]. 金融研究，2014，409（7）：16-31.

[114] 肖璨，田益祥，朱冬. 运用 Copula 方法对债市相关性的测度[J]. 统计与决策，2007，（18）：91-94.

[115] Engle R. Dynamic conditional correlation：a simple class of multivariate generalized autoregressive conditional heteroskedasticity models[J]. Journal of Business & Economic Statistics，2002，20（3）：339-350.

[116] Gande A，Parsley D C. News spillovers in the sovereign debt market[J]. Journal of Financial Economics，2005，75（3）：691-734.

[117] Kaminsky G，Schmukler S. Emerging market instability：do sovereign ratings affect country risk and stock returns? [J]. World Bank Economic Review，2002，（16）：171-195.

[118] 王璐，庞皓. 中国股市和债市波动溢出效应的 MV-GARCH 分析[J]. 数理统计与管理，2009，（1）：152-158.

[119] 刘平，杜晓蓉. 对金融危机风险传染效应的比较研究——基于静态与动态 copula 函数的分析[J]. 经济经纬，2011，（3）：132-136.

[120] 刘维奇，张茵. 股指收益率与利率的关系研究——基于状态转移 ARCH 的异方差识别法[J]. 中国管理科学，19（S）：344-350.

[121] Eckel S，Löffler G，Maurer A，et al. Measuring the effects of geographical distance on stock market correlation[J]. Journal of Empirical Finance，2011，18（2）：237-247.

[122] Bekaert G，Ehrmann M，Fratzscher M，et al. Global crises and equity market contagion[R]. National Bureau of Economic Research，2011.

[123] Baur D G. Financial contagion and the real economy[J]. Journal of Banking & Finance，2012，36（10）：2680-2692.

[124] Yang R，Li X，Zhang T. Analysis of linkage effects among industry sectors in China’ s stock market before and after the financial crisis[J]. Physica A：Statistical Mechanics and Its Applications，2014，411：12-20.

[125] Horta P，Mendes C，Vieira I. Contagion effects of the subprime crisis in the European NYSE Euronext markets[J]. Portuguese Economic Journal，2010，9（2）：115-140.

[126] Tse Y K，Tsui A K C. A multivariate generalized autoregressive conditional heteroscedasticity model with time-varying correlations[J]. Journal of Business & Economic Statistics，2002，20（3）：351-362.

[127] Forbes K J，Rigobon R. No contagion only interdependence：measuring stock market comovements[J]. The Journal of Finance，2002，57（5）：2223-2261.

[128] Conrad C，Karanasos M，Zeng N. Multivariate fractionally integrated APARCH modeling of stock market volatility：a multi-country study[J]. Journal of Empirical Finance，2011，18（1）：147-159.

[129] Bekaert G，Harvey C R，Ng A. Market integration and contagion[J]. Journal of Business，2005，78（1）：39-70.

[130] Kelejian H H，Tavlas G S，Hondroyiannis G. A spatial modelling approach to contagion among emerging economies[J]. Open Economies Review，2006，17（4~5）：423-441.

[131] Dell' Erba S，Baldacci E，Poghosyan T. Spatial spillovers in emerging market spreads[J]. Empirical Economics，2013，45（2）：735-756.

[132] Tam P S. A spatial-temporal analysis of East Asian equity market linkages[J]. Journal of Comparative Economics，2014，42（2）：304-327.

[133] Fernandez V. Spatial linkages in international financial markets[J]. Quantitative Finance，2011，11（2）：237-245.

[134] Fernández-Avilés G，Montero J M，Orlov A G. Spatial modeling of stock market comovements[J]. Finance Research Letters，2012，9（4）：202-212.

[135] Asgharian H，Hess W，Liu L. A spatial analysis of international stock market linkages[J]. Journal of Banking & Finance，2013，37（12）：4738-4754.

[136] Pirinsky C，Wang Q. Does corporate headquarters location matter for stock returns? [J]. Journal of Finance，2006，61（4）：1991-2015.

[137] Liu K，Daly K，Varua M E. Determinants of regional distribution of FDI Inflows across China's four regions[J]. International Business Research，2012，5（12）：119.

[138] Arnold M，Stahlberg S，Wied D. Modeling different kinds of spatial dependence in stocker turns[J]. Empirical Economics，2013，44（2）：761-774.

[139] Lee L，Liu X. Efficient GMM estimation of high order spatial autoregressive models with autoregressive disturbances[J]. Econometric Theory，2010，26（1）：187-230.

[140] Adrian T，Brunnermeier M K. CoVaR：a method for macroprudential regulation[J]. Federal Reserve Bank of NewYork Staff Report，2009，（1）：286-300.

[141] 李成刚，田益祥，罗聪. 定单流冲击下证券投资最优组合模型及应用[J]. 系统工程，2011，（6）：17-21.

[142] Chordia T，Roll R，Subrahmanyam A. Order imbalance，liquidity，and market returns[J].

Journal of Financial Economics，2002，65（1）：111-130.

[143] Chordia T，Subrahmanyam A. Order imbalance and individual stock returns：theory and evidence[J]. Journal of Financial Economics，2004，72（3）：485-518.

[144] Subrahmanyam A. Liquidity，return and order-flow linkages between REITs and the stock market[J]. Real Estate Economics，2007，35（3）：383-408.

[145] Rimea D，Sarno L，Sojli E. Exchange rate forecasting，order flow and macroeconomic information[R]. Norges Bank，Working Papers，2007.

[146] Underwood S. The cross-market information content of stock and bond order flow[J]. Journal of Financial Markets，2009，12（2）：268-289.

[147] 谭地军. 债券市场流动性：资产定价与流动性转移行为[D]. 电子科技大学博士学位论文，2010.

[148] Zellner A. Anefficient method of estimating seemingly unrelated regression equations and tests for aggregation bias[J]. Journal of the American Statistical Association，1962，57：348-368.

[149] Zellner A. Estimators for seemingly unrelated regression equations：some exact finite sample results[J]. Journal of the American Statistical Association，1963，58：977-992.

[150] Schreiber T. Measuring information transfer[J]. Physical Review Letters，2000，85（2）：461-464.

[151] Bekiros S，Nguyen D K，Junior L S，et al. Information diffusion，cluster formation and entropy-based network dynamics in equity and commodity markets[J]. European Journal of Operational Research，2017，256：945-961.

[152] Staniek M，Lehnertz K. Symbolic transfer entropy[J]. Physical Review Letters，2008，100（15）：158101.

[153] Wu S，Li J，Zhang M L，et al. Coupling analysis of electrocardiogram and electroencephalogram based on improved symbolic transfer entropy[J]. Acta Physica Sinica，2013，62（23）：238701.

[154] Lee C M C，Ready M J. Inferring trade direction from intraday data[J]. The Journal of Finance，1991，46（2）：733-746.

[155] Brooks R，Faff R W，Hillier D，et al. The national market impact of sovereign ratings changes[J]. Journal of Banking and Finance，2004，28（1）：233-250.

[156] Girardin E，Tan D，Wong W. Information content of order flow and cross-market portfolio rebalancing：evidence for the Chinese stock，treasury and corporate bond markets[R]. SSRN Working Paper Series，2010.

[157] Connolly R，Stivers C，Sun L. Stock market uncertainty and the stock-bond return relation[J]. Journal of Financial and Quantitative Analysis，2005，40（1）：161-194.

[158] Keim D B，Stambaugh R F. Predicting returns in the stock and bond markets[J]. Journal of

Financial Economics，1986，17（2）：357-390.
[159] Ilmanen A. Stock-bond correlations[J]. Journal of Fixed Income，2003，13（2）：55-66.
[160] King M A，Wadhwani S. Transmission of volatility between stock markets[J]. Social Science Electronic Publishing，1989，3（1）：5-33.
[161] Metiu N. Sovereign risk contagion in the Eurozone[J]. Economics Letters，2012，117（1）：35-38.
[162] Gai P，Kapadia S. Contagion in financial networks[J]. Proceedings of the Royal Society：A Mathematical Physical & Engineering Sciences，2015，466（2120）：2401-2423.
[163] Mustafa N N S，Samsudin S，Shahadan F，et al. Flight-to-quality between stock and bond markets：pre and post global financial crisis[J]. Procedia Economics & Finance，2015，31：846-855.
[164] Rodriguez J C. Measuring financial contagion：a Copula approach[J]. Journal of Empirical Finance，2007，14（3）：401-423.
[165] Cheng K，Lu F，Yang X. Copula contagion index and its efficiency[J]. Applied Financial Economics，2012，22（12）：989-1002.
[166] Dornbusch R，Park Y C，Claessens S. Contagion：understanding how it spreads[J]. The World Bank Research Observer，2000，15（2）：177-197.
[167] Chudik A，Fratzscher M. Liquidity，risk and the global transmission of the 2007-08 financial crisis and the 2010-11 sovereign debt crisis[R]. ECB Working Paper，No. 1416，2012.
[168] Kenourgios D，Dimitriou D. Contagion of the global financial crisis and the real economy：a regional analysis[J]. Economic Modelling，2015，44：283-293.
[169] Garas A，Argyrakis P，Rozenblat C，et al. Worldwide spreading of economic crisis[J]. New Journal of Physics，2010，12（11）：113043.
[170] 马源源，庄新田，李凌轩. 股市中危机传播的 SIR 模型及其仿真[J]. 管理科学学报，2013，16（7）：80-94.
[171] 鲍勤，孙艳霞. 网络视角下的金融结构与金融风险传染[J]. 系统工程理论与实践，2014，34（9）：2202-2211.
[172] Cohen-Cole E，Kirilenko A，Patacchini E. Trading networks and liquidity provision[J]. Journal of Financial Economics，2014，113（2）：235-251.
[173] Hansen B E. Autoregressive conditional density estimation[J]. International Economic Review，1994，35：705-730.
[174] 林宇，魏宇，程宏伟. 非对称结构下金融市场动态风险测度研究[J]. 管理评论，2012，24（1）：18-25.
[175] Patton A J. Modeling asymmetric exchange rate dependence[J]. International Economic Review，2006，47（2）：527-556.

[176] 李红权，洪永淼，汪寿阳. 我国 A 股市场与美股、港股的互动关系研究：基于信息溢出视觉[J]. 经济研究，2011，（8）：15-25.

[177] Johansson A C. China's financial market integration with the world[J]. Journal of Chinese Economic and Business Studies，2010，8（2）：293-314.

[178] Mora N. Sovereign credit ratings：guilty beyond reasonable doubt?[J]. Journal of Banking and Finance，2006，30（7）：2041-2062.

[179] Cooper R C，Day T E，Lewis C M. Following the leader：a study of individual analysts，earnings forecasts[J]. Journal of Financial Economics，2001，61（3）：383-416.